문화로 읽는 세상

— 시사프로에서 사라진 새로운 문화 이야기들 —

문화로 읽는 세상

— 시사프로에서 사라진 새로운 문화 이야기들 —

김헌식 지음

평민사

차례

　요즈음의 방송을 보면 어느새 문화를 다루는 미디어 매체는 잘 찾아 볼 수 없고, 이를 대신해 시사 프로가 주를 이루고 있습니다. 이유는 시사가 영화나 드라마보다 더 재미있어서라고 합니다. 영화나 드라마 등 문화적인 것보다 시사가 더 재미있다고 말하는데 엄밀하게는 재미라기보다는 자극적이고 선정적인 시사 이슈들이 많아진 때문이겠지요.

　그런데 여기에는 한 가지 당연해 보이지만 간과한 점이 있어 보입니다. 바로 재미라는 단어의 역설입니다. 물론 의미보다 재미를 추구하는 시대가 되었고, 그래서 문화도 당연히 재미가 있어야 한다고 생각하더니 어느새 시사 프로도 재미를 더 우선하게 되었습니다. 시사가 재미있기만 하다면 정말 그 본질에 맞는 것일지 의문이 들지 않을 수가 없습니다.

　문화도 마찬가지입니다. 더구나, 문화를 엔터테인먼트 즉 오락과 혼동하는 경우가 많지만, 문화는 오락과는 다릅니다. 문화는 당대의 사람들이 바람직하다고 여기고 실천하려는 모든 행태를 말하는 것으로, 문화를 작품으로 표현하면 미술, 연극, 오페라, 클래식이 되겠지요. 문화에는 사람들이 꿈꾸는 바람직한 이상향과 그에 관한 가치가 있습니다. 그런 것들이 서로 충돌하기도 합니다. 그렇기에 문화 분야에도 심각하고 진지하게 바라봐야 할 점들이 많습니다. 그 형태는 정책일 수도 있고 법이나 원칙, 나아가 인식적 개선이 필요한 프레임 문제도 있습니다.

따라서 문화는 단순히 게임이나 영화, 드라마, 음악, 예능 콘텐츠를 의미하는 것이 아니지요. 기계적으로 그렇게 생각하니 재미와 엔터테인먼트를 혼동합니다. 문화가 없다면 이런 장르나 분야는 그냥 콘텐츠에 불과할 것입니다. 이런 콘텐츠를 관통하는 가치들이 중요하게 작동하고 있어야 할 것입니다. 극장이나 무대에만 존재하는 것이 아니라 문화는 온통 우리 삶과 연결되어 있는 공기와 같습니다. 그것이 정치, 경제, 사회 현상을 발생시킵니다.

이를 반영하는 시사프로에서 다루는 내용들은 종국적으로 문화의 차이와 갈등에서 벌어지는 일입니다. 갈수록 문화의 중요성은 커지고 있습니다. 왜냐하면, 민주주의가 진행될수록 다양한 문화 가치들이 설왕설래하기 때문입니다. 이를 단지 취향이라고 한다면 미래가치를 간과하는 면이 있습니다.

물론 인터넷에는 문화에 대한 이슈들이 등장하기는 합니다. 하지만 알다시피 그런 이슈들은 단말마적인 디지털 환경 속에서 쉽게 사라져가기 일쑤입니다. 본질적인 내용들은 쉽게 눈에 들어오지 않습니다. 오히려 다루지 않느니만 못한 일이 됩니다. 모바일 문화가 급속하게 진전되면서 더욱 이러한 일들이 강화되었습니다.

그런 면에서 이 책은 여전히 이런 파편화되어 전달되는 이슈들에 대해 전체적으로 파악할 수 있는 기회를 준다고 할 수 있습니다. 이 책에서는 문화 현상을 통해 우리 사회를 짚어보고 대안을 생각해 보려고 합니다. 이런 맥락에서 이 책의 제목도 '문화로 읽는 세상'입니다. 다만 그전의 기술방식으로는 한계가 있을 수 있습니다. 그래서 인터렉티브한 모바일 문화도 반영하려 하는 시도에서 사소할 수 있지만 중요한 우리 사회의 본질과 해법을 대화방식을 통해서 모색해 보고자 합니다.

Q 사람들이 책을 많이 읽지 않는다고 하는 요즘, 인터넷에는 북튜브가 주목받고 있다는데 북튜브란 무엇인가요?

1

'북튜버'의 명과 암과 하울

북튜브는 책(Book)과 유튜브(Youtube)의 결합어입니다. 책을 다루는 유튜브의 채널을 뜻합니다. 책을 보여준다고 하는 표현이 맞을 수 있습니다. 북튜버는 북튜브 채널을 운영하는 사람을 말합니다. 읽어주기도 하고, 요약을 해주는가 하면 책을 읽는 모습 그 자체를 보여주거나 책을 읽는 방식을 보여주기도 합니다. 이런 채널은 보는 것만이 아니라 듣기도 합니다. 영화나 드라마처럼 반드시 몰입을 하는 것은 아닙니다. 그동안 해외에서 많이 활성화되었는데 최근에는 국내 유튜버들도 등장하고 있습니다.

Q 책을 읽는 것만이 아니라 소장하게 만들고 싶은 책하울이라는 것이 있다는데 이게 뭔가요?

책하울은 북하울이라고도 할 수 있는데 하울은 '쓸어담다'라는 뜻의 영어 단어 'haul'에서 왔습니다. 유튜브에서 하울은 많은 물건을 대량 구매해서 이를 품평하면서 방송하는 것으로 말하자면 북하울은 많은 책을 사서 그것을 놓고 여러 평가를 하는 것입니다. 이는 소유 욕망을 대리 실현해주는 것을 말합니다. 새 책을 대량으로 사고 싶지만 사지 못하는 사람들에게 구매 경험 그 자체를 제공하는 것입니다. 책을 다 읽는가는 별로 중요하지 않고 내용의 전달도 책 소개의 주안점이 아닙니다. 하울은 본래 명품, 신상에 대한 욕망을 대리 충족시키는 것인데 이것이 책에도 이어진다는 것은 바람직해 보이지는 않습니다. 지적 허영심을 자극하는 것보다 더 허영적인 것 같습니다.

Q 그런데 최근 북튜버들이 돈을 받고 책을 추천한다고 해서 출판계의 눈살을 찌푸리게 만든다죠?

북튜버가 인기를 끌게 되면서 유명한 셀럽이 북튜버로 나서는 경우가 있습니다. 도서나 출판 평론을 오래한 전문가나 순수하게 독자인 일반인이 아니라 유명세로 단번에 구독자를 늘리고 이를 바탕으로 북튜버를 하는 것입니다. 한 사례의 경우 소정의 제작비만을 받고 책을 소개한다는 유명 인사가 있어 좋은 평가가 내려지기도 했습니다. 하지만 그 소정의 제작비가 과연 소정의 제작비인지 의문이 든다는 출판가의 지적이 나오고 있는 것입니다. 부르는 것이 값이라는 말도 있고 기본이 500만 원이거나 큰 출판사에게는 1000만 원을 받는다는 말도 나오고 있습니다. 과연 작은 출판사들이 북튜버에게 500만 원을 지급하고 홍보를 해야 하는 것인지 의문입니다. 좋은 책의 기준이 결국 돈인 것인지 씁쓸합니다.

Q 돈을 받고 홍보를 할 수도 있겠지만, 그 같은 사실을 알려야 하는 것 아닌가. 그렇지만 실제로는 돈을 받고 홍보한다는 사실을 알리지 않고 있는 것이죠?

다른 상품들도 그렇지만 인플루언서들이 책을 소개할 때 객관적으로 할 것이라고 생각을 합니다. 자신이 읽어봤는데 권하고 싶은 책이고 순수하게 소개한다고 생각하는 것입니다. 그러나 돈을 받고 홍보한다는 사실을 알리는 것과 그렇지 않은 것은 매우 큰 차이가 있을 수 있습니다. 만약 그렇지 않다면 이는 사기와 다를 바가 없기 때문입니다. 공정거래위원회에 따르면 협찬 광고를 받는 경우 이를 고지해야 합니다. 관련 법에서도 협찬 광고 고지 없는 온라인 게시물은 원천적으로 금지하고 있습니다. 위법 시 제재를 받는 것은 당연한데 북튜버가 아니라 광고주 그러니까 출판사가 받을 수 있기 때문에 유의가 필요합니다. 그러나 출판사들이 이를 잘 모르는 경우가 많은 듯합니다.

Q 북튜버들이 이렇게 책을 소개하고 많은 돈을 번다는 이야기가 돌고 그러는데 저작권 위반문제도 생각해야 하지 않나요?

일단 이런 채널을 통해서 독서를 많이 할 수 있게 하는 것은 바람직해 보입니다. 북튜버를 많이 하는 것 자체도 중요하고 여기에서 다른 이용자들이 참여하는 것도 적극 권할 만합니다. 그러나 기본적인 저작권 사항을 모르거나 무시하는 북튜브 활동 등은 좋지 않은 결과를 낳을 수 있습니다. 출판계에 따르면, 북튜버들 가운데 상당수가 저작권을 침해하고 있다고 말하고 있습니다.

관련 법조항을 보면, 저작권법 136조에 따르면 저작재산권을 복제, 공연, 공중송신, 전시, 배포, 대여, 2차적 저작물 작성의 방법 등으로 침해한 자는 5년 이하의 징역 또는 5,000만 원 이하의 벌금에 처하게 할 수가 있습니다. 또한 이 두 징벌을 동시에 부과할 수도 있기 때문에 더욱 주의가 필요합니다. 책 소개를 하면 출판사에도 좋은 것 아닌가 할 수 있고 영세한 출판들이 묵과하는 경우도 있는데 사실 이는 바람직하지 않습니다.

Q 구체적으로 어떻게 저작권을 쉽게 위반할 수 있나요?

귀에 감성적인 ASMR(Autonomous Sensory Meridian Response, 자율감각 쾌락반응)이 유행인데 북튜버들이 가장 쉽게 제작하는 '책 읽어주는 ASMR' 등 책을 직접 읽어주는 경우 저작권 침해의 대표 사례가 됩니다. 아무리 짧은 문장을 읽어준다고 해도 저작권자의 허락을 받지 않으면 저작권 침해에 해당되기 때문입니다. 짧은 문장의 경우에도 저작권에 위반된다는 실제 판례가 있습니다. 다만, 미리보기 정도는 가능합니다.

두 번째로 많이 하는 것이 책의 내용을 요약하는 북튜버입니다. 특히 책 한 권을 요약하는 것이 대표적입니다. 또한 책의 핵심적인 내용을 담아버리면 더 이상 책을 읽지 않아도 되기 때문에 이는 저작권 침해로 법적인 문제가 될 수 있는 것입니다.

고전의 경우 가능하긴 하지만 어떤 고전인가가 중요합니다. 저작권에 해당이 되는가의 문제는 작가의 사망시점을 잘 보는 것도 필요합니다. 1962년 12월 31일 이전에 사망한 작가의 작품은 사후 50년까지 보호되고 1963년 1월 1일 이후에 사망한 작가의 작품은 개정 저작권법(법률 10807호)에 따라 사후 70년까지 보호됩니다. 예컨대, 1961년 7월 2일 사망한 어니스트 헤밍웨이의 소설『노인과 바다』는 책 내용을 제작해도 됩니다.

Q 저작권 위반은 저작권자가 직접 신고를 해야 하지만 영리목적으로 상습적인 경우에는 누구나 고발할 수 있다죠? 그런데 이 조항이 악용당하고 있다는 지적도 있더군요.

저작권법 제140조는 저작재산권 등을 상습 침해할 경우 권리자의 고소 없이도 형사 처분이 가능하도록 하고 있습니다. 그런데 이는 법파라치들의 행태를 양산한다는 법학학술단체의 개정 요구를 받기도 했습니다. 저작권자에게서 위임을 받지 않고 고소를 남발하고 합의금을 받아내는 수법으로 악용을 하고 있기 때문입니다. 그래서 청소년들이 소설 등을 인터넷에서 다운로드 받고 협박에 시달리다가 극단적인 선택을 하는 경우도 있습니다.

이렇게 악용될 소지 때문에 저작권법 제140조를 친고죄로 개정할 것을 요구하기도 합니다. 아무 관계없는 제 3자의 고발권은 부당하다는 것입니다. 이는 또한 북튜버들을 상대로 이른바 법파라치들이 저작권 위반 고소의 타깃이 될 수 있습니다. 저작권자들의 허락을 받고 하는 것이 제일 좋습니다. 어차피 출판사에서도 좋은 것 아닌가 하는 점은 생각하지 못할 결과를 낳을 수 있음을 인지해야 합니다. 책에 대한 경험이나 주관적인 해석, 추억, 얽힌 이야기를 말하는 것이 좋지 않을까 싶습니다.

Q 다루는 책들도 좀 편협하다는 지적이 있더라구요 어떤가요?

출판 다양성이 보장되어야 하는 인터넷이 오히려 편협합니다. 출판 시장을 보면 처세실용서가 많이 출간되고 소비됩니다. 돈을 많이 벌고 성공할 수 있다는 막연한 내용들이 많습니다. 이런 책들은 원래 많은 돈을 들여 홍보도 많이 합니다. 이런 점 때문에 항상 출판의 편중성이 지적됩니다. 그런데 유명 유튜버의 경우에도 이런 답습을 많이 합니다. 좋은 책을 추천한다는 북튜버들이 이런 고질적인 문제를 반복한다는 것은 바람직해 보이지 않습니다. 근본적으로 많은 분들의 불안감 자극에 영합해 돈을 버는 것은 양서의 철학이나 정신에 어긋나기 때문입니다. 더구나 돈을 받고 소개하는 방식이라면 이런 행태를 독자들이 용인하고 따를지 의문입니다.

2
'마이크로 어그레션'
(microaggression)

Q 관짝 소년단 흑인 분장을 고등학생들이 따라한 것을 두고 사회적 논란이 일었는데, '마이크로 어그레션'(microaggress-ion)이라는 개념이 부각되었어요. 이게 무슨 뜻인가요?

2015년 영국 옥스퍼드 사전에 추가되었는데요. 아주 작은 것을 의미하는 '마이크로(micro)'와 공격성을 의미하는 '어그레션(aggression)'의 합성어입니다. 일상에서 일어나는 미묘한 차별을 말합니다. 소수 집단에 대해 일상에서 가해지는 언어적·비언어적 차별인데요. 무엇보다 악의가 없어도 다른 사람에게 상처를 줄 수 있는 것을 말합니다. 이런 언행은 의도하지 않은 말이나 행동이 상대방에게 모욕감을 느끼도록 만들 수 있습니다.

컬럼비아대학교 대럴드 수 박사는 마이크로 어그레션은 "의도하지 않아도 언어적 혹은 비언어적으로 무시 혹은 모멸감을 주어 상대방이 소외감을 느끼게 하는 것"이라고 했습니다. 구체적으로 흑인 같은 유색인종, 성소수자 등에 대한 무의식적인 차별 발언이나 행동을 말합니다.

예컨대 관짝 소년단 사례처럼 흑인을 흉내 내는 분장을 한 것에 차별하거나 폄하할 뜻이 없었어도 흑인들이 그렇게 느낄 수 있으면 그 것이 작지만 미묘한 공격이 될 수 있다는 겁니다. '웃자고 한 말'이라 고 하면서 상대방에게 상처를 주면 곤란하겠죠. 웃자고 한 말인데 누 군가에게는 성희롱이 되는 것과 같이 아주 작은 행동에서도 드러날 수 있습니다.

Q 그래서일까요. 대체적으로 다수자가 소수자에게 가하는 차별 공격이 라고 알려져 있는데 최근에는 이런 개념을 바꾸어야 한다는 주장이 나오는가 봅니다.

일반적으로 '마이크로 어그레션'은 다수자 집단이 소수자 집 단을 하찮은 존재로 규정할 때 사용합니다. 영국 노팅엄 트 렌드 대학교 심리학과 연구팀이 마이크로 어그레션 개념의 정의를 달리 했습니다. 마이크로 어그레션의 가해자는 다수그룹, 피해자는 소수그룹이라는 규정이 맞는지 실험을 했는데요. 진보, 보수, 중도 등 세 집단에 걸쳐 이뤄진 실험 결과를 보면 다수자가 소수자에 대해서 공격을 하는 경우도 있지만 소수자가 다수자 그룹을 공격하는 경우 도 있었습니다. 이유는 자신이 속한 집단에 대한 자부심이 지나칠 때 이런 미묘한 차별 공격이 이뤄졌습니다. 즉 집단적 나르시시즘에 더 치우쳐 있을수록 소수자 그룹일지라도 다수자 그룹에게 이런 차별적 공격을 했습니다. 집단적 나르시시즘에 빠지지 않도록 너나없이 주 의가 필요합니다.

Q 그러니까 '집단적 자기도취'에 빠지지 않아야 한다는 말씀인데요. 그

간에는 흑인이나 아시아인에 대한 '마이크로 어그레션'이 부각이 되었죠?

미할리우드 영화에서 아시아인을 등장시키며 쌍꺼풀 없는 눈을 옆으로 크게 강조하거나 낮은 코를 애써 부각하는 것도 그렇습니다. 할리우드 영화만이 아니라 한국 영화나 방송 예능프로에서 동아시아나 흑인들의 피부색을 검게 표현하는 이른바 블랙 페이스라든지 입술을 두툼하게 하고 머리를 지나치게 곱슬거리는 모습으로 부각하는 것도 마찬가지입니다. 이런 행동들은 비록 인종 차별적인 의식이 없다고 해도 '마이크로 어그레션'에 속할 수 있습니다. 유색인종이 매장에 들어오면 유독 따라다니는 행위도 여기에 속합니다. 영화 〈스파이더맨〉의 주인공이 한국에 와서 자신을 인터뷰하는 리포터에게 "영어 잘하는데 영어를 어디에서 배웠어요"라고 말하는 것도 '마이크로 어그레션'에 해당할 수 있습니다. 영어 실력을 칭찬한 것이지만 그것은 전혀 칭찬이 아닌 것입니다.

Q 일상적으로 하는 말과 행동 가운데 이런 '마이크로 어그레션'에 해당하는 게 또 어떤 게 있을까요?

얼굴이 동남아시아나 필리핀 사람 닮았다라고 하는 말은 이미 잘 알려진 것입니다. 점차 사라지는 추세이기는 하지만, "아시아인치고 눈이 크다"라던가 "외모가 혼혈이다"라는 말도 마찬가지입니다. 인종만이 아니라 장애인을 위하는 말인 것 같은데 그렇지 않은 예도 있습니다.

장애인들에게 "희망을 가지세요"라는 말을 하는데, 이런 말도 사실은 차별적인 언행입니다. 장애인들에게 희망이 없다는 것을 거꾸로 규정하는 것이기 때문입니다. 장애인을 배려해야 한다거나 정치인들이 휠체어를 밀어주는 것을 사진 촬영하는 것, 장애인 의사와 관계없이 무조건 도와줘야 한다는 말도 마찬가지입니다.

이주민들에게 "이제 한국인 다 되었네요"라고 말하는 것도 마찬가지입니다. 한국 사람이 아니라는 점을 강조하는 말이기 때문입니다. 거꾸로 백인이면 다 영어를 해야 한다거나 미국인이라고 말하는 것도 '마이크로 어그레션'에 해당합니다. 본토 발음을 강조하는 것도 마찬가지일 것이고, 콩글리시라는 말도 적절하지 않다고 생각합니다.

Q 듣고 보니까 생각해 볼 대목이 한두 가지가 아니네요. 스포츠 경기에서 미디어가 여성들에게 '미묘한 차별', 즉 '마이크로 어그레션'을 많이 한다는 연구도 있나요?

여성 운동선수가 미디어에게서 '미묘한 차별'을 받고 있다는 연구 결과가 있습니다. 미국 미주리 대학교의 연구에 따르면, 올림픽 관련 기사와 잡지 글 723건을 분석해보니 여성 스포츠 선수는 인종과 성별 차별, 운동선수로서 능력에 대한 과소평가 등에서 차별적 공격을 받았습니다.

2012년보다 2016년 여성 올림픽 선수에 대한 '마이크로 어그레션'이 40% 늘었습니다. 백인 여성 선수보다 흑인 여성 선수에게 더 많았습니다. 테니스 선수에 대한 다른 연구사례를 보면 백인 여성에 대한 미세한 차별이 18번에 불과했고 흑인 선수는 758번의 미세한 공격이 있었습니다. 지금 이 시간에도 일어나고 있을 텐데요. 신문과 방송 등 언론미디어의 각성과 변화도 필요할 것입니다.

Q 이런 잘 보이지 않는 미세한 차별에 어떻게 대처해야 할까요?

별거 아닌 것 같은데 왜 민감하게 반응하느냐고 할 수 있지만 이를 겪는 사람은 수십 번 수백 번 겪는 일일 수 있다는 인식이 필요합니다. 무심코 한마디 할 수 있지만 그간 많이 겪어온 일이라는 점을 생각해야 합니다. 이러한 언행들이 심리적 육체적으로 문제를 일으킬 수 있고 사회적 행동과 조직 생활과 성과에도 악영향을 미칠 수 있다는 점을 생각해야 합니다.

이렇게 누적되는 미세한 차별은 스트레스와 불안, 최악의 경우에 잘 드러나지는 않지만 약물 중독으로 이어지기도 합니다. 피해자들에게 이런 일이 반복되면 정신 건강에도 좋지 않고 나중에는 화를 참지 못해 욱하는 모습으로 보일 수도 있습니다. 그렇기 때문에 표현을 적절하게 하는 것이 필요하고 이러한 표현방식을 장려하는 문화를 만들어야 합니다.

만약 자신이 누군가에게 이런 미세한 차별을 당했다면 방어적이 되지 말고 대화를 통해 무엇이 문제인지 파악하는 것과 아울러 이런 고충과 고민을 털어놓고 해결을 위한 공간을 마련하는 것이 필요합니다. 2010년 만들어진 〈마이크로 어그레션 프로젝트(The Microaggression Projec)〉 웹사이트가 대표적인데, 우리나라도 이러한 조치나 제도가 필요하다고 생각합니다.

Q 코로나19 장기화로 이런 보이지 않는 차별이 심화될 수도 있을까요?

방역당국이 '손 씻기 요령', '사회적 거리두기 행동지침', '공적 마스크 구입안내' 등을 전하는 정보는 물론이고 감염 등 필수 정보를 알리는 긴급재난문자는 한국어로만 되어 있기 때문에 외국인은 정확히 알 수 없습니다. 번역 어플리케이션이 만들어졌지만 제대로 알려지지 않았습니다. 주거환경이나 노동환경이 전염병에 취약한 외국인들에게 정보제공이 결핍된다면 결국 한국인들에게도 집단감염의 위험이 커질 수가 있기 때문에 그들만의 문제는 아닐 것입니다.

경기도 공공보건의료지원단과 서울대 보건대학원 유명순 교수팀의 '경기도 내 코로나19 확진자와 접촉자 인식조사'에서 코로나19 확진자가 느끼는 '주변에서 받을 비난과 피해에 대한 두려움'은 3.87점(5점 만점)이었습니다. 이는 '완치되지 못할 수 있다는 두려움'(2.75점)이나 '완치 후 다시 감염될 수 있다는 두려움'(3.46점)보다 높았다는 데 주목해야 합니다.

일본에서 코로나19 감염자의 인권 침해를 막기 위해 지자체들이 관련 조례 제정을 잇따라 추진했습니다. 코로나19 환자와 가족, 그리고 의료종사자에 대한 차별을 금지하는 내용의 조례입니다. 우리나라에서도 우선 확진자와 격리자에 대한 인권 조사가 이뤄져야 하는데 특히 '마이크로 어그레션'에 관한 개념 적용이 필요해 보입니다. 이는 앞으로 어떤 감염병이 발생할 때도 똑같이 적용되어야 합니다.

Q 코로나19 때문에 자녀관리 앱이 많이 사용되고 있다는데, 이게 어떤 건가요?

3

자녀 관리앱
학부모는 호평,
자녀들은
반인권 고통

자녀관리 앱은 PC는 물론이고 모바일에서 쓸 수 있는 앱인데요. 부모와 자녀 휴대폰에 부모용, 자녀용 앱을 각각 설치하면 부모가 자녀 휴대폰을 관리할 수 있습니다. 앱에 따라 앱의 차단과 승인은 물론이고 위치추적을 할 수도 있고 사용시간 한도 설정, 위해 사이트 차단 등 자녀폰의 앱 관리부터 통화 내역 확인까지 가능합니다.

구체적으로 패밀리 링크, 모바일펜스, 키위 플레이, 엑스키퍼 등 종류가 다양합니다. 코로나19 사태가 확산하면서 늘었는데요, 데이터로도 확인 가능합니다. 모바일 앱 데이터 분석 솔루션에 따르면 패밀리링크는 부모용, 자녀용 모두 1년 만에 일간 활성 사용자수(DAU)가 배 이상 증가했습니다. 그렇기 때문에 갈등도 늘어났습니다.

Q 보기에 따라선 자녀를 관리할 수 있는 효율적인 앱이라고 생각할 수도 있을 텐데, 그런데 인권 침해 아니냐, 이런 반발이 나오고 있다면서요?

부모들의 지나친 통제와 원격 감시의 수단으로 사용되어, 자녀의 스마트폰 사용 상태를 한눈에 열어볼 수 있는 기능이 문제라고 봅니다. 자녀가 이용한 웹사이트 목록과, 통화·문자기록을 실시간으로 모니터링 할 수 있게 기능이 탑재되어 있기 때문에 인터넷 접속을 통제하는 것은 물론이고 자녀들이 선택하는 앱 이용을 제한할 수 있습니다.

이렇게 통화 문자 등 그 사용기록을 조회하는 것은 통신의 자유, 사생활 침해라고 주장합니다. 청와대 국민청원 게시판에 청원이 올라오기도 했는데요. '청소년의 인권을 침해하는 청소년 보호앱을 없애주세요'라는 제목의 게시글에서 청원인은 "올바른 성 관념 형성을 위해 유해 사이트 차단은 필요하다고 생각하지만 원격 위치 조회, 메신저 내용 확인, 통화기록 확인, 접속 사이트 확인 등 사생활 침해가 될 수 있는 기능은 없어져야 한다고 생각한다"고 적었습니다. 청소년 관련 시민단체는 "철저히 기성세대의 편의를 위해서만 행해지며 청소년을 통제의 대상으로만 여기는 태도가 가장 큰 문제"라고 주장도 합니다. 이러한 점은 어떤 가치관이나 세계관의 문제라고 보는 것이며 이는 일정하게 공감할만한 점이 있습니다.

Q 그런데 학부모들 입장에선 코로나19 사태 때문에 자녀관리 앱이 더더욱 필요하다, 그렇게 여길 수도 있지 않을까요?

학부모들 중에선 코로나19로 학교나 학원보다 집에 머무는 시간이 늘어나 스마트폰 이용을 관리해야 한다고 봅니다. 인터넷 접속이 잦아지면서 인터넷 콘텐츠에 과몰입을 할 수 있기 때문에 더욱 관리가 필요하다고 보는 것이죠. 더구나 이른바 n번방 사건으로 높아진 디지털 성범죄 우려 때문에 무분별한 유해 사이트에서 자녀들을 보호할 필요가 있어 자녀관리 앱을 찾는 학부모가 늘고 있다고 합니다. 특히 나이가 어린 자녀의 경우 온라인 강의를 들어야 해서 스마트폰을 사주었지만 걱정이 된다는 것입니다.

휴대폰 중독의 경우, 작년 코로나19 사태를 기점으로 늘어났습니다. 여성가족부에 따르면 지난해 인터넷과 스마트폰 과의존 위험군 진단 청소년은 22만 8120명이었습니다. 이전 해보다 2만 2018명이 늘었습니다. 과의존 위험군이란 일상생활에서 스마트폰과 인터넷을 사용하지 않으면 금단 현상을 나타내는 심각한 장애를 겪는 수준을 말합니다. 한편 언론진흥재단은 만 세 살에서 아홉 살 아이들의 하루 평균 TV, 스마트폰 이용시간도 4시간 45분 정도라고 잠정 결론을 내리기도 했습니다. 분명 우려할 수 있는 현상은 있어 보입니다.

Q 자녀들은 학습에 오히려 방해가 된다, 교우 관계에도 영향을 미칠 수 있다, 이런 반응을 보이고 있다면서요?

자녀들의 입장에서는 사실상 스마트폰을 2G폰으로 바꾸어 놓는다고 하는데요. 이용할 수 있는 사이트나 이용시간을 제한하게 되면 정작 모르는 문제에 대해 인터넷을 통해 자유롭게 찾아서 풀이를 할 수 없다고 합니다. 소프트웨어 업데이트를 했더니 시간이 다 지나서 쓸 수 없는 경우도 있고 시간 압박 때문에 집중이 되지 않는다고도 합니다. 통제 모드 때문에 친구와 메시지를 나누다가 끊기게 되어 사이가 나빠진 경우도 있다고 하고, 부모가 통제하고 있다는 것을 알게 되면서 대화하기를 거부하는 친구들도 생겨난다고 합니다. 코로나19 때문에 비대면 시간이 많아졌는데 말입니다. 물론 어떤 서비스는 부모와 자녀가 합의한 시간만큼 자녀가 스마트폰 사용시간을 이용할 수 있게 했지만, 대체적으로 자녀 의견이 반영되지 않고 부모의 일방적인 자녀 통제용으로 사용되는 경우도 많습니다.

Q 자녀관리 앱들은 앱 마켓에서 별점 즉 고객 평가 점수가 낮은 편이라죠. 이렇게 낮은 게 학모들에게는 마케팅 수단이 될 수도 있을 것 같은데, 어떤가요?

별점 테러가 사회적으로 문제가 되기도 하는데요. 이런 자녀관리 앱에서는 묘한 현상이 일어나고 있습니다. 자녀관리 앱은 평점이 1점과 5점의 극단으로 치닫게 되는데 이용자가 많은 앱일수록 그러합니다. 학부모들이 5점을 주는 앱들은 학생들에게는 1점이 많습니다. 청소년들이 쌓인 불만에 별점 평가를 매우 낮게 주기 때문에 거의 테러 수준이라고 합니다. 부모 입장에서는 매우 마음에 드는 앱일수록 자녀들에게는 매우 마음에 들지 않는 것입니다.

단순히 평점을 낮게 주는 것만이 아니라 청소년들은 관리 앱의 통제에서 벗어나려고 방법을 모색하는데 이 때문에 '패밀리oo 뚫는 법' '모바일os 삭제'라는 제목의 게시물이 인기를 끌고 있습니다. 이런 상황에서 앱 개발사들은 청소년들 별점 하나는 이 앱의 진정한 가치를 반대로 증명한다고 주장합니다. 별점 테러를 오히려 홍보에 적극 활용하는 웃지 못할 상황도 펼쳐지고 있습니다. 인권 침해요소가 많을수록 훌륭한 앱이라는 것이라는 홍보는 바람직하지 않을 것입니다.

Q 스마트폰 통제 앱이 실효성이 있다고 봐야 하는 건지, 전문가들의 평가는 어떤가요?

부모 주도의 통제는 효과가 없다는 주장들입니다. 더구나 자녀가 마음만 먹으면 앱의 통제를 벗어나는 방법에 쉽게 접근 가능하다는 것입니다. 실제 온라인 커뮤니티나 사회관계망서비스(SNS)에서 일시적으로 이런 앱들을 해제하는 방법이 공유되고 있습니다.

오히려 불법적인 행동을 조장하거나 강화할 수 있다는 지적도 나오고, 통제를 받으니 욕설 등 언어적인 측면에서 바람직하지 않게 된다고도 합니다. 게다가 이런 욕설조차 부모에게 통지가 되니 사회관계망에서 터놓고 이야기할 수도 없습니다. 또한 이런 통제가 오히려 더 일탈을 강화하는데 머물지 않고 교묘한 방법을 찾게 만든다는 것입니다.

문제는 자율이 아니라 강제라는 점입니다. 디지털 이용에 문제가 있을 때 부모 등이 개입을 하는 것이 아니라 자율 역량을 길러주어야 한다는 지적도 나옵니다. 앞으로도 많은 정보와 관련 기술들이 나올 텐데 그것을 하나하나 통제라는 방법으로 관리한다는 것이 과연 유효한지 의문이라는 것입니다.

청소년의 스마트폰에 관리앱을 강제로 설치하는 방식에 대해 설문조사를 했는데요, 강제 설치에 찬성하는 응답자는 12.6%에 머물렀습니다. 이에 비해 '설치 자체를 반대한다(38.7%)', '청소년의 자율에 맡겨야 한다(31.9%)', '부모의 선택에 맡겨야 한다(16.8%)' 등이었습니다. 대체로 반대가 많고 무엇보다 자율을 더 우선하는 것을 알 수가 있습니다. 무조건 학부모의 개입이 인권 침해라고는 볼 수 없겠지만 자녀들의 의견을 얼마나 반영했는지는 언제나 살펴야 합니다.

Q 현행법이 문제라는 주장도 나온다는데, 현행법에서는 어떻게 규정하고 있습니까?

현행법은 통신사에게 청소년의 스마트폰에 대해 의무적으로 부모에게 통제수단을 제공하도록 규정하고 있습니다. 전기통신사업법 제32조와 동법 시행령 제37조에 따르면 청소년 보호법과 정보통신망법에 의거해 통신사업자는 청소년 유해매체물, 불법음란정보에 대한 접속을 차단하는 수단을 제공해야 할 의무가 있습니다. 이뿐만이 아닙니다. 만약 차단 앱이 삭제되었거나 15일 이상 작동하지 않을 경우에도 의무사항이 있는데요, 통신사업자가 매월 청소년의 부모에게 이 같은 점을 통지해야 하는 의무까지 있습니다. 이런 법 조항이 있는 국가는 세계적으로 한국이 유일합니다.

관련 시민단체는 이런 전기통신사업법 조항을 '스마트폰 감시법'이라고 지칭합니다. 청소년 사생활 침해 및 기본권 침해 등을 들어위헌이라며 헌법소원을 청구한 바가 있습니다. 자녀와 부모의 문제인데 국가가 나서서 개입하는 것은 적절하지 않다고 봅니다. 이런 문제에 대해서 정부는 개정안을 발의하기도 했습니다 '해당 청소년의법정대리인이 서면으로 불법유해 정보 차단 수단을 이용하지 않는다는 신청을 하면 차단 수단을 설치하지 않아도 되는 선택권을 부여한

다'는 단서조항을 단 개정안입니다. 하지만 법 자체가 개인정보, 자기
결정권 침해 소지가 강하기 때문에 아예 폐지해야 한다는 주장도 비
등합니다.

Q 그러면 이 문제는 어떻게 해야 하는 걸까요?

자녀관리 앱에만 너무 의존하는 것은 좋지 않습니다. 자녀 관
리(통제) 앱은 해킹될 수 있습니다. 개인의 내적 정보를 모
아 전달하는 것이 목적인데 이 때문에 보안에 취약하면 해킹 범죄에
노출될 가능성도 매우 높습니다. 부모와 자녀가 모두 합의할 수 있는
규칙을 만드는 것이 필요합니다. 부모가 매번 개입해 통제하는 것보
다 함께 규칙을 세우고 그 규칙을 어길 경우에 자신에게 올 불이익을
생각해 자녀 스스로 준수할 수 있는 권한을 갖도록 하는 점이 중요합
니다.

부모들도 일정한 규칙에 따라서 준수해야 합니다. 자녀들은 못하
게 하면서 자신들은 마음대로 한다면 자녀들은 부당하다고 생각할
수 있기 때문에 동의를 얻기 힘들다는 것입니다. 또한, 부모와 자녀의
관계가 우선이기 때문에 스마트폰에 의존하지 않게 하는 가족 간 관
계의 돈독함이 우선입니다. 스스로 관리할 수 있도록 하는 것은 단지
통제가 아니라 가족의 분위기 자체에서 나올 수도 있고 부모의 자화
상일 수도 있습니다.

4
미술품 문화유산 물납제와 간송미술관의 상처

Q 미술품 '물납제'라는 게 무엇이고 이를 둘러싼 논의가 왜 갑자기 급물살을 타게 된 건가요?

국정감사장에서 거론되고 의원 입법이 추진되는 가운데 국회입법조사처가 도입 검토에 필요한 입법·정책보고서를 발간했습니다. 또한 관련단체와 문체부가 곧 토론회에 나선다고 합니다. 미술품 물납제도는 기존 물납제도의 물납 대상을 확장해서 고미술·현대미술품을 포함시켜서 미술품으로 세금을 대체해서 내는 제도를 말합니다. 기존 물납제도는 국세인 상속세, 지방세인 재산세를 납부에 필요한 현금 대신해서 법에 규정하고 있는 자산에 한해서는 세액을 납부할 수 있게 한 제도인데, 현재 이렇게 물납이 가능한 자산은 부동산, 유가증권 등에 머물러 있습니다.

이렇게 본격 논의된 건 간송미술관 때문입니다. 2020년 5월 27일 간송미술관이 상속세 재원을 포함해 재정난 타개에 필요한 자금을 위해 보물 2점을 경매에 내놓으면서 파장이 일었습니다. 국가 주요문화재였기에 2020년 8월 24일 국립중앙박물관이 매입했지만 적절한 방안인지에 관해 논란이 있었고 이를 계기로 상속세 납부를 미술품 물납제도로 하는 게 어떻겠냐는 공감대가 형성된 것입니다.

Q 그렇군요. 미술품 물납제도로는 어떤 사례가 있을까요, 해외에서는 또 어떻게 하고 있는 건가요?

프랑스는 국가의 문화유산을 보존 차원에서 미술품 물납제도를 첫 도입한 나라입니다. 프랑스는 국가유산을 박물관들이 잘 보존할 수 있게 조세 금전납부 원칙의 예외적인 형태로 1968년에 도입, 미술품 등으로 상속세 등을 대신 납부가 가능하도록 했습니다. 영국의 AIL제도는 납세 의무자가 미술품과 중요 문화재를 상속세 대신 납부하게 했습니다. 미술품과 중요 문화재를 공공소유로 이전할 수 있게 만든 것입니다.

물납을 승인받은 납세의무자는 부담 상속세에서 25%의 세금 감면 혜택을 받습니다. 일본은 우리나라와 비슷한 물납제도가 있지만 우리나라와는 달리 동산에도 물납을 허용하고, 다만, 상속세에 한해 미술품 물납을 허용합니다. 등록미술품 위주의 상속세 물납제도가 있는데 등록미술품은 물납충당순서에 우선순위가 부여됩니다. 따라서 등록 미술품이 미등록 미술품보다 상속세 물납을 더 쉽게 해서 미술품 등록제를 통해 유통의 투명성도 확보할 수 있습니다.

Q 그동안 우리나라에서 물납제도가 도입되지 않은 이유는 뭘까요?

미술품은 다른 자산과 비교했을 때 관리·처분기준의 적정성이 낮기 때문이라는 점을 꼽습니다. 우리나라의 물납제도는 재정수요 충당에서 관리가 쉽고 재산가치가 안정적이며 매각을 통한 현금화가 간편한 대상을 우선합니다. 그렇기 때문에 미술품 등은 관심의 대상이 되지 못했습니다. 또한 상속세금의 미술품 납부는 미술품 평가 체제가 제도적으로 구축되어 있어야 가능합니다. 때문에 미술품의 적정한 평가가 쉽지 않고, 비록 납부된 미술품의 관리도 쉽지 않은 게 현실입니다. 미술품은 전문적 관리가 필요하기 때문에 재산가치를 매기기 쉽지 않고 현금화가 쉽지 않다 보니 미술품 물납 제도의 도입에 대하여 꾸준히 문제가 제기되었지만 제도화되지 못했습니다.

Q 미술품 물납 도입을 둘러싼 논의가 활발한 만큼 찬반 논쟁이 있습니다. 우선 도입 필요성 입장부터 알아볼까요.

미술품은 부의 세습에 많이 이용되는 자산으로 상대적으로 관리 처분에 큰 어려움이 없기 때문에 미술품의 물납을 허용하는 것은 과세 형평성 차원에서 문제가 없다고 합니다. 그러나 예술품의 범위가 광범위해 또 다른 형평성 미비를 발생시킬 수 있어 미술품의 설정 범위에 대해 고민해야 합니다. 그래도 찬성측은 현행법령은 문화재를 상속세에 대한 비과세 또는 납부유예 혜택을 부여하고 있는 것이 문제이므로 이를 해결하기 위해 미술품 물납제도가 필요하다고 합니다. 이러한 혜택은 다른 자산과 형평성에서 문제될 수 있습니다. 역사적 가치가 있는 자산을 상속세 비과세 혜택을 주기보다는 물납을 허용해 국가로 소유권을 귀속하는 것이 문화재 보존에 더 낫다는 것입니다. 지금 제도에서는 국가 중요 문화재가 해외로 유출되는 경우가 발생할 수 있다는 점을 지적합니다. 이렇게 되면 문화재 연구활동에 차질이 발생할 수도 있습니다.

Q 도입이 불필요하다는 쪽의 주장은 뭔가요.

조세재정 건전성 문제를 말합니다. 과세당국의 입장에서는 물납재산 매각을 통한 재정수입 충당이 우선이므로 미술품 물납제도는 조세징수라는 과세관청의 목적에 부합하지 않을 수 있다는 것입니다. 부동산이나 유가증권에 비해 거래시장이 적고, 거래활동도 활발하지 않으며, 가치를 알 수 없는 경우도 많다는 것입니다. 미술품을 예술적, 역사적, 문화적 가치를 지닌 작품이 아니라 부동산, 동산, 유가증권과 같은 자산으로만 바라보는 것이 적절한지도 의문이라는 주장입니다. 따라서 물납제도를 과연 미술품에 적용시켜야 하는지 의문을 표합니다. 아울러 우리나라는 문화재 및 예술품에 대하여 오히려 상속세 비과세, 징수 유예 등의 조세지원을 하기에 물납의 필요성이 없고 이런 미술품 자산이 국가에 귀속될 가능성도 없다고도 합니다.

Q 검토를 하자는 쪽은 납세자 편의도 도모하고 국민의 문화적 향유 기회를 확대한다는 측면에서 도입해야 한다는 것인가요?

미술품 물납제도 도입이 납부의무자의 납세 편의성 증진이라는 측면만이 있는 것은 아니라는 입장도 있습니다. 미술품 물납제도를 도입하면 예술적, 역사적, 학술적 가치가 탁월한 미술품과 문화유산을 보존하는 지름길이고 이를 공공자산화해 모든 국민이 향유할 수 있다는 것입니다. 나아가 국·공립박물관과 미술관이 질적 수준이 높은 미술품과 문화유산을 확보할 수 있게 한다고 보기 때문에 따로 돈을 들어서 확보하지 않아도 된다는 것이죠.

미술품 물납제도는 납세자가 미술품으로 국비 지원을 하는 것과 같다고 봅니다. 국가 예산에서 소장품 구입비를 편성해도 미술품이 나오지 않으면 살 수 없고, 반대로 미술품이 갑자기 나타났다고 재력이 있는 개인처럼 갑자기 예산을 편성할 수 없습니다. 이런 맥락에서 미술품으로 세금을 대신하는 방식이 매우 효과적인 미술품 수집방식이라고 봅니다. 따라서 미술품을 물납대상으로 추가하고, 물납된 미술품을 보유·관리해 국유재산을 늘리고 국민의 문화향유권도 높이는 한 방안이라고 주장합니다.

Q 그렇다면 국가재정 운용의 효율성을 따지자면 어떨까요?

납세의무자는 일시에 거액의 상속세를 금전으로 마련하는 부담을 덜어주어 납세의무자의 편의를 도모하는 측면이 있고 국가도 조세징수권을 일정하게 할 수 있습니다. 국가가 전체적으로 볼 필요가 있다는 것이죠. 미술품 물납으로 상속세수입의 결손이 발생하지만, 미술품 구입 가격만큼 예산이 절감됩니다. 미술품은 부동산이나 유가증권처럼 매각하여 현금화하지 않아도 예술적, 역사적, 학술적 가치에 따라 시간이 지나면서 경제적 가치가 커지고 국유재산을 증가시킨다는 것입니다. 국가는 더 적은 비용으로 더 많은 세금을 걷게 될 수 있다는 보는 것이죠. 현행 우리나라의 물납제도는 환금성이 좋은 부동산과 주식 위주로 운영되고 있는데도 그 이용실적은 그다지 좋지 않습니다. 이는 경기변동으로 부동산 매각이 쉽지 않고 주식시장의 변동성이 높아 납세의무자가 선호하지 않고 있기 때문입니다.

Q 교육 문화적인 효용가치를 비교해 보면 어떤가요? 후손들도 박물관이나 미술관에서 볼 수 있으면 좋을 텐데요?

교육·문화적인 관점에서 장점도 눈에 띕니다. 전시, 교육 등을 통한 사회적, 문화적 공공가치가 미술품의 매각대금으로 세금을 내고 얻게 되는 단순한 경제적 가치보다 더 클 것입니다. 유명 미술가의 상속인은 많은 미술품을 물려받게 되는데 작품가치가 높을 경우, 거액의 세금을 내야 한다면 미술품을 싼값에 급히 처분할 수밖에 없습니다. 본의 아니게 저렴하게 팔게 되는 문제도 있지만 이후 그 작품을 볼 수도 없습니다. 작품을 국가컬렉션의 일부로 보존하면 후손들은 국공립미술관에 가서 작품을 볼 수 있습니다.

가장 잘 보여주는 사례가 프랑스의 국립 피카소미술관입니다. 파블로 피카소(1881~1973)가 세상을 떠나고 엄청난 작품을 물려받은 상속인들은 천문학적인 상속세를 내야 했는데 프랑스 정부는 미술품 물납제도에 따라 회화 203점, 조각 158점 등 다량의 피카소 작품을 국가 소유로 했습니다. 그 뒤에 정부는 파리 마레 지구의 17세기 저택에 1985년 피카소미술관을 개관해서 관광수익을 거두고 있습니다. 이후 피카소의 다른 상속인들도 세금물납, 선의의 기증을 해서 가장 풍부한 피카소 작품을 보유해 국가적으로 자랑하는 명소가 되었습니다.

Q 단지 상속세 부담을 덜어주는 차원에서만 미술품 물납제도를 도입하

려 한다면 국민적 공감대를 얻기는 어려워 보이는데, 어떻게 보아야 할까요?

개인소장 목적으로 가치가 높은 미술품을 구매하려면 복잡한 행정절차가 필요하기 때문에 확보된 미술품을 국민 모두가 향유하는 자원으로 활용하기 위한 물납제도로 운영이 되어야 합니다. 물납의 대상이 되는 미술품의 범위를 명확히 할 필요가 있는데, 미술품의 개념을 구체화하고, 물납대상 미술품을 선정하는 주체, 절차 등을 구체화해야 합니다. 또한 미술품의 특수성을 고려, 물납신청 조건, 물납충당 우선순위 등에 특례 부여를 해야 합니다. 하지만 금전납부원칙이라는 조세납부의 기본원칙이 흔들릴 수 있어 보완대책이 필요합니다.

또 개인에게 가장 유리한 조세납부 수단으로 이용하는 것을 막아야 합니다. 상속인이 관리하기 힘들고, 경제적 가치 산정이 곤란하며, 매각하기도 어려운 미술품을 물납의 대상으로 삼을 수 있기 때문입니다. 금전납부가 어려워 보완적으로 물납을 허용하려는 물납제도의 도입 취지에 반하는 선택에 좌우되지 않도록 설계해야 합니다.

Q 국회에서도 입법을 모색하고 있다는데, 또 어떤 점을 고려해야 할까요?

우선 시스템의 도입과 구축입니다. 입법화하려면 물납하려는 미술품 등이 구체적으로 가치가 있는지 이를 평가할 수 있는 공정하고 투명한 시스템이 확보되어야 합니다. 또한 미술품 물납에 대한 사회적 공감대가 형성되어야 합니다. 입법화에는 생존 작가의 작품 제외 여부, 물납신청 대상자를 작가의 상속인으로 한정시킬지 일반 소장가의 상속인에게도 일정한 조건에서는 허용할지 정해야 합니다. 부작용을 최소화하려면 영국의 사례를 참조해서 연간 물납 허용한도의 설정이 필요하고 현금납부자와 비교해 형평성 논란도 없애야 합니다. 납세의무자의 물납 대상 선택 가능성에 따른 부작용도 면밀하게 고려하고, 물납으로 국가재정 건전성이 위협받지 않게 허용해야 합니다.

　미술품 물납에 따른 국가미술품이 모든 국민이 공공자산으로 그 예술적 가치가 모든 국민의 문화적 향유 혜택을 증진시킬 수 있게 현행 정부미술품관리체계를 혁신해야 합니다. 그렇게 하면 이 제도의 실효성에 대한 사회적 공감대 형성에 도움이 될 것입니다. 아울러 물납 미술품의 구입 및 관리가 체계적이고 효율적으로 이루어지게 관련 법률을 제·개정해 특별회계를 설치도 검토해야 할 필요가 있습니다.

5

장애인 보조견 문화와 퍼피 워킹, 퍼피 워커

Q 한 대형 마트에서 시각장애인 안내견 출입 금지 논란이 있었는데, 실상은 예비안내견과 동반인이 퍼피 워킹, 퍼피 워커 중이었다면서요. 이게 뭘 일컫는 것인가요?

네, '퍼피 워킹(Puppy Walking)'은 안내견 훈련을 받을 강아지들을 생후 7주부터 약 1년간 일반 가정에서 맡아 양육하는 자원봉사 프로그램을 가리킵니다. 퍼피 워킹하는 자원봉사자들을 '퍼피 워커(Puppy Walker)'라고 합니다. 퍼피 워킹은 안내견이 탄생하기까지 꼭 필요한 과정입니다. 이 기간 동안 강아지들은 사람과 함께 지내는 에티켓을 배우고 여러 다양한 사회 환경에 적응할 수 있는 경험을 하게 되는 것입니다. 이때 강아지들이 잘 적응할 수 있게 돕는 '퍼피 워커' 봉사자들의 역할은 매우 중요하다고 볼 수 있습니다. 이런 프로그램 중에 봉사자가 강아지를 데리고 마트에 간 것이고 직원이 제지를 했는데 이 광경을 목격한 누리꾼이 사회관계망서비스에 글을 올리면서 세상에 알려지게 되었고, 여론이 들끓게 되자 마침내 대형마트 측에서 사과를 하기에 이르렀습니다.

Q 그리고 장애인 보조견에 대해서도 알고 싶은데요. 하는 일이 정말 다양하고 역할이 막중하다면서요?

장애인의 독립적 생활을 돕는 견(犬)으로, 흔히 장애인 도우미견으로 불리고 있습니다. '안내견'이라는 말은 많이 들어 보셨을 텐데요, 친숙한 시각장애인 보조견만이 아니라 전화, 초인종 등 소리를 시각적 행동으로 전달하는 '청각장애인 보조견'도 있습니다. 또한 지체장애인에게 물건 전달, 스위치 조작 등의 행동을 돕는 '지체장애인 보조견'은 많이 알려져 있지 않은 듯합니다. 정신적, 혹은 신체적 장애가 있는 분들을 위해 따로 훈련된 '치료 도우미견'도 있다는 걸 알면 더 좋겠습니다. 장애인 보조견은 그냥 만들어지는 게 아닙니다. 예비 보조견은 1년간 일반 가정에서 지내며 사회화 교육을 받습니다. 안내견은 생후 7주, 보청견은 생후 50일부터 받습니다. 2020년 기준 장애인 보조견 전문 훈련 기관에는 '한국장애인 도우미견 협회', '경기도 도우미견나눔센터' 등이 있습니다. 이들 기관으로 연락하시면 일반 시민들도 보조견 훈련 과정에 참여를 하실 수 있고요.

Q 비록 아직 보조견은 아니지만 예비견도 있다면서요, 보조견과 마찬가지로 법적으로는 어디든 갈 수 있도록 보장되어 있는 건가요?

'퍼피 워킹'은 장애인 보조견의 출발점이기 때문에 중요하죠. '예비보조견'을 훈련시키는 '퍼피 워커'의 헌신과 노고가 없다면 장애인 보조견도 없을 것입니다. 역할이 막중한 퍼피 워커들은 훈련 중인 예비 보조들과 어디든지 출입을 할 수 있도록 법적으로 그렇게 보장하고 있습니다.

장애인복지법 제40조에 보면 장애인 보조견을 동반한 장애인이 보조견 표지를 붙인 공공장소 등 여러 사람이 모이는 곳에 출입하려 할 때 정당한 사유 없이 거부해서는 안 되는데, 장애인 보조견 훈련자는 물론 자원봉사자가 보조견을 동반한 때도 똑같이 적용됩니다. 이에 대해 정당한 사유 없이 거부할 경우 300만 원 이하 과태료가 부과됩니다. 퍼피 워커들은 안내견과 함께하는 시각장애인이 법적으로 보장받는 최소한의 권리를 누릴 수 있게 도와주는 봉사자이기도 합니다. 하지만 이런 법이 있어도 국내 퍼피 워커들에 대한 출입 거부는 자주 일어난다고 말합니다. 장애인복지법이 제정된 지 12년이 되었지만, 시각장애인들과 안내견 동반 입장이 거부당하는 일이 여전하다고 호소하고 있는 상황이고요, 예비견은 더 말할 것이 없습니다.

Q 짐작하기로는 예비 안내견 훈련 프로그램에 관한 퍼피 워킹, 퍼피 워커의 존재를 미처 모르시는 분들도 많으시지 않을까 생각되는데, 대형 마트 사례는 어떤 경우였나요?

물론 관련 정보를 모르실 수도 있고요. 그런 경우에는 올바른 정보를 전달해야 하는 것도 필요합니다. 안내 예비견의 경우 강아지이기 때문에 보통 반려견으로 착각할 수 있겠지요. 하지만 한 대형 마트에서는 '저는 안내견 공부 중입니다'라고 적힌 조끼를 입었기 때문에 분명 인지할 수 있는 상황이었음에도 강아지의 출입을 금지했습니다. 2001년 개정장애인복지법에 따르면 장애인 보조견(안내견)의 훈련과 보급은 국가에서 의무적으로 지원하는 사업입니다. 장애인 보조견에는 장애인 보조견임을 알 수 있는 표지가 부착되고 예비견도 마찬가지입니다. 무엇보다 안내견 동반 출입은 장애인에 대한 동정과 배려 차원의 문제가 아닌 법적으로 지켜야 하는 의무라는 인식이 확산될 필요가 있다는 지적이 나옵니다. 동정과 배려는 안 해도 그만인 것이지만 법적인 의무 준수는 차원이 다른 준법과 처벌의 영역이기 때문입니다. 이 대형 마트를 관할하는 송파구는 "안내견 출입을 거부한 행위에 과태료를 부과할 계획"이라고 하는데 이는 장애인복지법 제90조 보조견 표지를 붙인 장애인 보조견을 동반한 장애인, 장애인 보조견 훈련자 또는 장애인 보조견 훈련 관련 자원봉사자의 출입을 정당한 사유 없이 거부한 자에 과태료를 부과할 수 있다는 조항에 근거한 것입니다. 다만 "과태료 액수와 부과 대상을 직원으로 할지, 법인으로 할지는 장애인복지법과 질서위반행위규제법을 검토해 결정할 예정"이라고 밝혔습니다. 대형 마트 측은 퍼피워킹이 법적인 보호를 받는 걸 몰랐다는 것인데 앞으로 이에 대해 교육하겠다는 약속이 지켜질지 두고 봐야겠습니다.

Q 사실 보조견 문제는 그동안 많이 있어왔는데, 국가인권위원회가 지난해 처음으로 안내견을 거부한 영업점에 과태료를 부과하고 정기교육을 시행할 것을 권고했다면서요, 어떤 사례들이 있었던 겁니까?

장애인차별금지법 제정이 이뤄진 2008년 이후 시각장애인 보조견 출입금지 관련으로 인권위에 접수된 사건은 28건에 이르렀고, 대부분 사과와 재발방지 등을 약속하면 취하됐습니다. 어떤 사례에서는 과태료 부과 등이 내려지기도 했습니다.

한 프랜차이즈 음식점 주인은 안내견 출입을 금지하면 과태료가 부과된다는 걸 알고 있었는데도 금지를 했습니다. "안내견을 옥상에 묶어두고 사람만 들어와 식사를 하라"면서 "한 테이블만 받고 저녁 식사를 접으라는 거냐. 신고할 테면 해봐라"라며 안내견 출입을 막았습니다. 인권위는 이런 행태를 안내견에 대한 차별만이 아니라 장애인 차별이라고 판단했습니다.

버스 탑승을 거부당한 사례도 있습니다. 시각장애인이 안내견과 함께 버스에 타려하자 제지당했는데, 시각장애인 안내견이란 말했음에도 버스 기사가 완강히 거부했다고 합니다. "그런 거 모르니 벌금 내겠다. 당장 내려라"고 했다는 겁니다. 승객들에게 동의를 구하고 탔지만 여전히 모멸적인 발언이 했다고 합니다. "개를 데리고 타려면 묶어서 박스에 담아서 타라"고 했다는데요, 이에 국가인권위는 과태료 부과와 함께 보조견에 대한 편견과 고정관념을 해소하는 정기 교육을 실시하도록 기초자치단체장에게 권고하기도 했습니다. 사실 권고가 아니라 이에 상응하는 인식 개선 교육이 필수가 되어야 할 것입니다.

Q 논란에 휩싸인 대형 마트가 최근 모든 지점에 안내견 출입이 가능하다는 안내문을 게시했다고 하던데요, 그런데 안내판에서 '안내견'이라는 말부터 바뀌어야 한다는 지적이 나온다고요?

안내견이 아니라 '장애인 보조견은 출입가능합니다'라고 쓰는 게 더 적절할 것입니다. 안내견은 시각 장애인에게만 해당이 되는 것이니까요. '안내견'으로 문구를 하면 다른 장애인과 보조견들이 차별적인 상황에 노출될 수 있습니다. 예컨대, 청각장애인의 귀가 되어주는 청각장애인 보조견은 이른바 '보청견'으로 불리고 있습니다. '보청견'은 시각장애인의 '안내견'보다도 대중적임에도 그 인식이 훨씬 낯설 수 있을 것입니다.

청각장애인 보조견은 안내견과 차이가 있다고 하는데요, 대개 몸집이 작은 소형견이기 때문에 이 점에 주의를 해야 할 필요도 있습니다. 시각장애인의 안내견처럼 크지 않기 때문에 그냥 보통의 반려동물로 아는 경우가 많다고 합니다. 이렇게 되면 오히려 존중을 받아야 하는데 차별을 받을 가능성이 있을 것이니 좀 더 주의가 필요합니다.

Q 오늘 새롭게 알고 깨닫게 된 사실이 많은데요. 앞서 살펴본 장애인 복지법 40조가 바뀌어야 한다는 목소리 때문입니까? 법 개정이 추진되고 있다고요?

국회에 안내견과 같이 출입하는 김예지 의원은 '조이법'을 대표 발의했는데 조이는 안내견의 이름을 따온 것입니다. 그 내용은 보조견의 출입 거부 사유를 대통령령을 통해 명확히 한다는 것으로, 지금까지는 명확하지 않아서 문제의 소지가 있었다는 것입니다. 보조견의 출입을 거부할 수 있는 사유가 명확하지 않아서 다른 승객을 보호한다는 이유로 버스 탑승을 거부하거나 식당 출입을 막아 장애인의 이동권이 침해받고 있고 고객의 권리도 찾지 못합니다. 아울러 보조견 인식 개선에 필요한 국가와 지방자치단체의 공익광고 등 필요한 정책을 시행하도록 규정하고 있습니다.

또한 정청래 의원은 보조견 표지를 붙인 장애인 보조견의 출입을 정당한 사유 없이 거부할 경우 1년 이하의 징역 또는 1000만 원 이하의 벌금에 처하는 '장애인복지법' 개정안을 대표발의 했습니다. 과태료로 그칠 게 아니라 징역형에 처하자는 것인데 참고로 과태료는 행정처분이라 법적 기록이 남지 않지만 벌금, 징역형은 전과로 기록됩니다. 여하간 퍼피 워킹 중인 예비 안내견도 법 보장을 받는다는 사실을 널리 공유시키고 안내견만이 아니라 더 넓게 장애인 보조견의 역할과 권리에 대해 공유하고 널리 확산시키는 정책이 문화적으로 정착되어야 할 것입니다.

Q 장애인 보조견에 대한 편견을 해소하기 위해서 더 알아야 할 게 있다면 뭘까요?

보조견은 욕구를 무조건 참는 훈련을 한다고 생각하는데 아프면 아프다고 합니다. 보조견이 임무를 힘들어하고 혹사당한다고 생각할 수 있지만, 다른 심리적 메커니즘으로 그들이 움직인다는 점을 간과한 생각입니다. 그들은 성취욕구가 큽니다. 임무를 완수해 파트너에게 칭찬을 받는 걸 좋아합니다. 당연히 그 행동들에 따른 보상이 주어지고요.

보조견들이 힘들어 수명이 짧다고 알려져 있지만, 한 국내 조사를 보면 평균 수명은 13년 10개월로 다른 개들보다 1년 정도 더 수명이 깁니다. 세상을 바라보는 방식이 긍정적으로 훈련화되어 스트레스를 덜 받습니다. 수많은 반려견이 집안에만 있는 경우와 달리 보조견들은 집밖에서 움직이고 활동을 많이 합니다. 그렇기 때문에 더 건강할 수 있습니다. 무조건 동정하고 불쌍하게 보는 것이 아니라 동반자적 구성원으로 인식하는 것이 무엇보다 중요할 것입니다.

Q 최근 유엔이 아동 성폭력 예컨대 온라인 그루밍의 위험이 증가할 거라며 이에 대한 긴급 조치를 각국 정부에 촉구했다는데, 구체적으로 어떤 내용인가요?

6

온라인 그루밍 심리
'온라인 그루밍'
범죄 막으려면
초기 참여 행위부터
처벌해야

OHCHR(유엔 인권최고대표실)은 코로나19의 전 세계적 확산으로 온라인 사용자가 늘어 사이버 폭력이 급증할 수 있다고 경고하고 나선 것입니다. 그 피해자는 사회적 약자들이겠죠. 특히 어린이와 청소년들이 우려됩니다.

유엔 인권최고대표실이 발표한 성명을 보면 "온라인 그루밍 성폭력, 아동 성폭력의 라이브 스트리밍, 아동 성폭력물의 제작 및 배포 같은 사이버 범죄의 큰 증가가 예상된다"고 밝혔습니다. 또한 "추적을 피하고 있는 소아성애자 네트워크를 감시해 증거를 확보할 수 있는 수단을 강구하는 한편 해외 기업과 집행 기관의 협력을 경찰 전담 인력이 필요하다"고 밝혔습니다. 전례 없는 코로나19 때문에 아동 청소년의 존엄적 가치와 권리가 침해되는 일이 없어야 할 것입니다.

Q 우선 '그루밍 성폭력', 온라인 그루밍이란 무엇인지부터 설명해주시겠어요?

우선 그루밍(Grooming)은 마부가 말갈기를 빗질하고 목욕시켜 깔끔하게 단장하게 하는 행위에서 유래한 말입니다. 하지만 나쁜 쪽으로는 아동·청소년 대상 성범죄의 전형적 수법입니다. 성착취 행위를 쉽게 하려는 것은 물론 길들이기를 통해 범죄의 폭로를 막아 처벌받지 않으려는 술책입니다. 일반적으로 관계 및 환경이 취약한 아동과 청소년을 대상으로 하는데 그들을 도와주면서 신뢰를 쌓아 가해 행위나 범죄를 받아들이도록 심신을 무력화시키는 조종 방식입니다. 육체적·심리적으로 지배하는 것은 물론이고 성적으로 가해 행위를 하는 것이 그루밍 성폭력입니다.

호감과 정서 획득의 관계 때문에 피해자는 신고를 하지 못합니다. 범죄에 대해서 인지를 못하거나 인지를 해도 시간이 많이 지난 시점에서 알아차리게 되어 처벌을 할 수 없는 경우도 있습니다. 이런 맥락에서 온라인 그루밍은 온라인에서 아동·청소년에게 접근해 성범죄를 가하고 자신의 이득을 지속적이고 일방적으로 추구하는 행위입니다.

Q 그러면 온라인 그루밍은 구체적으로 어떻게 이뤄집니까?

온라인 그루밍으로 이어질 수 있는 위험요인이 정말 인터넷 도처에 있다는 것이 문제입니다. 피해자는 특별한 아이들이 아니라는 것입니다. 보통의 아이들도 걸려들 수가 있습니다. 그렇기 때문에 평범한 가정의 아이들도 안심을 할 수가 없습니다.

예컨대, 돈을 용이하게 벌 수 있다는 식으로 '아르바이트' 등을 통해 유인하는 내용이 SNS 등에 많은데 자칫 이런 함정에 잘못 빠져들 수 있습니다. 친구로 맺는 이들이 오히려 약점을 잡아서 그것으로 협박하고 무리한 요구를 하고 지속적으로 착취하는 일이 벌어집니다. 처음에는 무심코 10대 청소년들이 SNS, 채팅 앱 등을 통해 사소한 메시지, 사진, 동영상을 주고받다가 문제가 심각해지게 되고, 시나브로 그렇게 빠져들다가 최악의 경우, n번방 범죄 피해자가 됐거나 될 뻔했다는 사례가 많습니다.

무수히 많은 정보가 오가는 일상적인 상황에서 아동과 청소년들이 이런 사이버 공간에서 더 많이 활동할수록 이들을 노리는 자들이 많아지고 있기 때문에 주의를 기울여야 합니다. 특히 고민이 많고 사춘기를 겪고 있는 10대 청소년의 특성을 교묘히 이용한 접근이 많습니다. 그들은 자유롭게 생각하고 행동하기를 바라는데 그것을 이용해서 편을 들어 주거나 공감해주는 척하고 친해지는 단계에 이르면 자신의 본심을 드러내기 시작해서 결국에는 꼼짝할 수 없는 상황으로 만들어 착취적인 행동으로 나서게 합니다.

Q 한 마디로 위험 요소가 도처에 널려있다고 보여지는데요. 일반적인 그루밍과 달리 온라인 그루밍 성범죄의 경우엔 가해자와 피해자 연령간의 차이도 적다면서요, 왜 그런가요?

나이가 많거나 권력을 가진 이들이 가해자로 등장하는 그루밍과 다른 양상이라고 할 수 있습니다. 한국형사정책연구원 보고서에 따르면 온라인 그루밍 성범죄의 경우 가해자와 피해자 연령간의 나이 차이가 적었습니다. 일반 성범죄 가해자와 피해자의 평균 나이 차이는 24.6세입니다. 그런데 오프라인 그루밍은 나이차가 27.8세이고 온라인 그루밍은 16.5세입니다. 오프라인 그루밍 범죄자의 평균 나이는 41.7세이고 온라인 그루밍은 31.2세입니다. 10살가량 낮았습니다. 일반 성범죄는 38.1세입니다.

여성가족부의 보고서에 따르면 범죄 유형별로 보면 2018년 성매매 강요와 알선 범죄자의 평균연령은 각각 18.3세와 20.6세입니다. 2017년 성매매 강요 20.3세, 성매매 알선 21.9세보다 낮아졌던 것을 알 수 있습니다. 음란물제작은 25.1세, 카메라 등을 이용한 촬영 범죄자는 27.3세입니다. 2018년 기준으로 평균 연령도 20대 중반으로 나타났습니다. 아무래도 절대적인 것은 아니지만 인터넷과 스마트모바일을 잘 다룰수록 온라인을 통한 성착취 온라인 그루밍이 증가하는 것으로 나타나고 있다고 보겠습니다. 그렇기 때문에 이에 대한 조치가 필요합니다.

Q 구체적으로 가해자들의 특성이 어떤지 연구, 분석된 게 있습니까?

형사정책연구원이 발간한 보고서에 따르면 '그루밍 성범죄'는 일반 성범죄와 견주어 보면 2회 이상 지속되는 경향이 3~4배 높았습니다. 신뢰 관계를 악용해 범죄를 은폐하여 범죄의 지속 기간이 훨씬 긴 것이 특징입니다. 결혼한 상태이거나 사실혼 관계를 유지하고 있기도 합니다.(47.6%) n번방 운영자 조주빈처럼 일반적인 삶을 영위하거나 평범한 사회생활을 하고 있는 것처럼 보이기도 합니다.

온라인 그루밍 가해자들은 대상을 물색하고 그들의 약점을 찾아 이를 이용합니다. 가출(58.8%), 가난(49.3%), 폭력(17.4%), 방임

(17.3%) 등을 파악하고 이를 심리적·경제적으로 도와주는 척하면서 접근을 하는 것입니다. 이에 대한 정확한 데이터 축적과 분석이 없기 때문에 관련 지원이 필요합니다. 우월적 지위와 신뢰 관계를 통해 피해자가 될 수 있는 통로가 스마트 모바일 환경을 통해 증대했고, 이번에 코로나19 사태로 더 늘어나 경제적으로 취약한 가정과 자녀들에 대해서 모니터링이 필요합니다.

Q 온라인 그루밍이 성착취 등 범죄로 이어진 사례가 많은데, 이런 범죄를 막지 못하는 이유는 뭘까요?

온라인 그루밍이 명확하고 체계적으로 규정되지 않으면 인터넷 플랫폼에서 아동·청소년을 착취 악용하는 범죄자들을 막기 어렵습니다. 성적인 목적의 접근, 불법영상 유포협박, 성매매 알선과정이 하나의 세트나 패키지인데 이를 연결시키지 않으면 현행법으로 신고해도 처벌이 어렵습니다. 이런 길들이기를 범죄로 규정하지 않으니 미성년자가 동의, 합의한 게 되고 처벌이 되지 않는 것입니다. 해외에서는 아동을 유인하는 글 자체도 범죄가 되는데 우리는 그렇지 않기 때문에 문제입니다.

성적 행위 금지 대상 아동 연령에 해당하는 '미성년자 의제강간죄'에서 규정한 연령도 문제입니다. 해당 처벌법에서는 13세 이상 미성년자는 성적 자기결정권이나 합리적 판단 능력이 있다고 봅니다. 그래서 현행법은 만13세 이상은 '성적 자기결정권'을 인정해 성인과 아동·청소년의 '연인 관계'가 가능하다고 봅니다. 아동청소년 성범죄 전체 피해자 중 78% 가량이 13세 이상 청소년입니다. 만 13세는 너무 어리다는 견해가 비등합니다. 유엔아동권리협약의 기본정신을 바탕으로 18세 미만 청소년들이 생존 및 보호, 발달, 참여 등 4대 권리를 포함한 모든 기본권을 누릴 수 있게 해야 합니다.

Q 수많은 사람들을 성착취하고 살인까지 저지르면서도 가해자 연령이 13세 미만으로 어리다고 해서 형사 처벌하지 않고 소년원에 보내서 사회봉사로 대신하도록 하는 것, 이건 피의자 입장에서 받아들이기 힘들뿐더러 국민의 법 감정이나 만 13세 미만 가해자 본인에게도 더 큰 범죄를 저지르게 할 수 있다는 점에서 형사처벌 면제 연령을 가령 만 10세 미만으로 낮추든지 하는 방향으로 법 개정을 해야 하지 않나 생각이 듭니다. 아동 성착취물 제작·판매·소지와 관련해 우리나라는 다른 나라에 비해 처벌 수준이 낮은 편 아닌가요? 초기단계부터 처벌해야 한다는 목소리도 나오고 있죠?

하나의 사례가 있습니다. 다크웹에서 아동 성착취 영상 사이트를 운영한 손모 씨는 징역 1년 6개월을 받았는데, 손 씨의 사이트에서 아동 성착취물 2686개를 받은 45세 미국인은 미국 법정에서 15년형을 받았습니다. 미국이 훨씬 더 엄하게 다루고 있습니다.

온라인 그루밍 성범죄를 근절하려면 초기에 성적 대화에 아동·청소년을 참여시키는 행위부터 처벌해야 한다는 것입니다. 범죄 목적으로 채팅앱, SNS를 이용해서 피해자를 꾀는 온라인 그루밍(grooming)은 청소년 성범죄의 시작이기 때문입니다. 전문가들은 "불순한 목적을 가지고 꾀어내는 행위 자체부터 범죄 규정하고 처벌하면 예방 효과가 있을 것"이라고 합니다. 그렇게 하지 않으니 인터넷에는 그루밍 행태가 만연하다는 것입니다. 결코 지나치지 않다는 생각이 드는 상황입니다.

아동·청소년 대상 성범죄에는 위장수사나 함정수사가 필요하다는 의견도 있습니다. 아동이 아닌 성인 경찰관이나 수사관이 채팅앱에 들어가 성 착취를 목적으로 접근하는 이들을 찾아내서 수사하는 방식입니다. 물론 함정수사가 범죄 의도, 범의(犯意)를 이끌어낼 수 있기 때문에 반대하는 목소리도 있습니다만, 정보기술(IT)이 빠르게 발전하고 있기 때문에 사후 수사 방식은 한계가 있는 것이 분명해 보입니다.

Q n번방 파문 이후 여야 정치권에서 갖가지 법안을 내놓고 있죠. 과연 실현될까 싶기도 한데요 어떻게 보십니까?

온라인 그루밍(길들이기) 처벌 등을 포함한 '디지털 성범죄 특별법', 온라인 서비스업자에 불법 촬영물 삭제 의무 부과, 아동청소년 성착취물 범죄 형량 강화, 성착취물 이용 협박 행위를 처벌할 것 등의 제정도 추진되고 있습니다. 대법원은 디지털 성범죄 양형기준을 따로 만들고 있는 상황입니다. 여가부는 아동청소년성보호법에 '성착취' 개념을 추가한다고 합니다. 그래서 성범죄에서 아동청소년 보호 범위를 확대합니다. 몸캠, 성적 대화, 만남 요구, 온라인 그루밍 등 신종 성범죄 처벌을 어떻게 할지 정하는 것입니다.

Q 사진이나 영상의 불법 촬영과 유포, 이를 빌미로 한 협박, 사이버 공간

에서의 성적 괴롭힘 등으로 어려움을 겪을 땐 어디에서 도움을 받을 수 있나요?

지역번호와 함께 여성긴급전화 1366으로 전화하면 도움을 받을 수 있습니다. 여성긴급전화는 365일, 24시간 열려 있습니다. 디지털성범죄피해자지원센터(www.women1366.kr)는 피해 영상 삭제와 사후 모니터링을 지원합니다. 전문 변호인단의 법률 지원과 심리 상담도 받을 수 있습니다.

여성긴급전화 1366센터는 "부모의 동의 없이 이 영상물 삭제가 가능합니다. 용기 내 신고를 해주신다면 그 불법 영상물이 삭제가 될 수 있습니다"라고 합니다. 더 많은 노력이 있어야 합니다. 유엔 인권 최고대표실(OHCHR)은 24시간 무료 핫라인, 무료 문자 서비스, 원격 심리 상담 서비스, 미성년자를 위한 이동식 쉼터 운영 등을 요구했습니다. 영국 국가범죄수사국(NCA) 산하 CEOP(Child Exploitation and Online Protection Command) 같은 온라인 아동 성착취 전담조직도 필요합니다. 이는 경찰, 검찰, 청소년전문가, 사이버 전문가 등이 협업하는 조직입니다. 무엇보다 어린이·청소년만의 문제가 아니라 우리 모두의 미래에 관해 중요한 일이라는 점을 인식해야 합니다.

Q 국내에서 가짜나 허위정보 유통을 가장 많이 우려하는 온라인 플랫폼으로 '유튜브'가 꼽혔다는데 어떤 의미일까요?

그렇습니다. 최근 영국 로이터저널리즘연구소의 '디지털뉴스 리포트 2020'의 내용입니다. 40개국 8만 155명, 한국은 2천304명이 포함됐는데요. 이들을 대상으로 온라인으로 조사를 했는데, 한국에서 유튜브가 '가짜 허위정보로 가장 우려되는 온라인 플랫폼'이라는 것입니다. 유튜브가 31%를 차지해 1위였습니다. 뒤를 이어 페이스북 10%, 카카오톡 등 메신저 7%, 트위터 4% 등인데 중요한 것은 다른 나라와의 비교입니다.

다른 나라에서는 페이스북이 29%로 가짜 허위정보 비율이 가장 높다고 대답했습니다. 메신저 14%, 구글 등 검색엔진 10%, 유튜브 6% 순이었습니다. 다른 나라와 달리 한국인들은 유튜브를 가짜 허위정보가 많은 온라인 플랫폼이라고 가장 많이 인식하고 있는 것으로 나타난 것입니다. 이는 실제로 유튜브를 통해서 잘못된 정보가 한국에서 더 많다는 걸 의미합니다.

Q 한국의 대다수 이용자들은 유튜브에 잘못된 정보가 유포되고 있다고 인식하는 건데, 오히려 이용자는 더 늘어나고 있는 현실 아닌가요?

국내 응답자 가운데 사회관계망서비스(SNS)의 뉴스를 신뢰한다는 비율은 16%였는데, 다른 조사 대상국의 평균이 22%인 것과 비교하면 신뢰 수준이 낮은 것을 알 수가 있습니다. 하지만 SNS로 뉴스를 접하는 비율은 늘었습니다. 2019년 26%였던 국내 응답자 비율은 44%(복수 응답)로, 큰 폭으로 늘었기 때문입니다. 그런데 SNS 뉴스 이용자 가운데 이용 매체로 유튜브를 꼽은 사례는 45%인데, 이는 2019년보다 7% 늘어난 수치입니다.

이를 다른 SNS와 비교를 해보면, 카톡(27%), 페이스북(19%), 인스타그램(9%), 카카오스토리(8%), 트위터(6%) 등보다 높습니다. 이렇게 SNS에 대한 이용률이 증가하는 것은 기존 미디어가 제대로 그 역할을 못하기 때문이라고 볼 수 있습니다. 이 가운데 유튜브를 많이 사용하면서 전체적으로 SNS 사용 비율이 올라간 것을 알 수가 있습니다. 유튜브의 역할과 책임의 중요성도 올라간 것이라 볼 수 있는데 여전히 유튜브에는 가짜 허위정보가 많다는 증거가 많기 때문입니다.

Q 유튜브 세상에서는 막말·혐오가 돈이 된다는 말까지 세간에 나돌 정도입니다. 가짜뉴스 허위정보를 통해서 수익을 얻는 일이 많아서라고 봐야 할까요?

유튜브의 영향력과 파급력이 높아지고 있지만 '게이트키핑' 즉 뉴스 확인선택과정이 없는 가운데 조회 수에 따라 대가가 주어지는 수익모델 때문에 가짜 허위정보가 많아지고 있습니다. 이 때문에 자극적이고 선정적인 내용만이 아니라 차별과 혐오 내용을 포함하는 극단적 정치적 내용들이 범람하고 있습니다.

극우 유튜버들은 물론이고 일부 진보 유튜버들도 혐오 차별주의를 통해서 극단적인 관점이나 시각을 가진 이용자들의 입맛에 맞게 콘텐츠를 생산하는 것을 유튜브가 방관하고 있다는 지적이 많습니다. 가짜뉴스 허위 정보만이 아니라 음모론을 확산 시키고 사회적 약자, 피해자들에 대해서도 비난하고 조롱하면서 수익을 올리고 있습니다.

유튜브에서는 아프리카 TV와 비슷하게 일정액의 돈을 이용자가 선물을 할 수 있습니다. 이를 슈퍼챗이라고 합니다. 한 분석 자료에 따르면 슈퍼챗 수익 순위의 2~3위가 극우 우파 유튜버였고 액수도 타의 추종을 불허할 정도였습니다. 이런 운영자들은 그것이 옳지 않다는 것을 알면서도 이용자들의 편견에 기댄 방송을 계속하고 있다고 밝히고 있습니다. 돈을 위해서라면 약자를 혐오하면서 차별을 강화하고 있는 것입니다.

Q 유튜브가 가짜뉴스의 온상으로 지적 받는 건 비단 우리나라만의 문제는 아니죠. 다른 점이 있다면 해외는 적극적인 조치가 이뤄지고 있다는 것일 텐데, 우리는 그렇지 못하다 보니까 국내 SNS 기업들이 역차별을 주장하고 있다면서요?

이 점에서 소극적이던 구글은 유튜브에서 특히 코로나19 관련 신뢰도가 높은 콘텐츠를 우선 노출하는 면을 따로 마련했습니다. 미국을 중심으로 소셜미디어의 사회적 책임이 부각되었기 때문에 이를 반영한 것입니다. 미국, 일본, 인도, 독일 등 16개국에서 서비스를 시작했지만 한국은 제외되었습니다. 외신에 따르면 유튜브는 선거와 관련된 사람들을 잘못 이끌 목적을 지닌 영상 등 가짜뉴스 삭제 방침을 밝혔습니다. 미국 대선을 고려한 조치였습니다.

하지만 한국에서 비슷한 요구가 제기될 때마다 구글 측은 별다른 조치를 취하지 않았습니다. 즉 "자체 가이드라인에 따라 관리한다"는 원론적인 대답만을 해왔습니다. 2018년 가짜뉴스 104건을 삭제해달라는 정치권의 요청에 대해서 거절하면서 "개별 콘텐츠에 대한 리뷰, 즉 검토는 언급할 수 없다"고 말한 바가 있습니다.

네이버, 카카오 등 국내 기업들은 제3기관 한국인터넷자율정책기구(KISO)를 매개로 한 자율 규제에 나서고 있습니다. 가짜뉴스 신고센터를 두고, 신고 처리 결과를 하루 이내에 신고 당사자에게 알려주어야 합니다. 사생활 침해, 명예훼손 등이 우려될 경우 일단 접속을 차단시키고 임시조치를 합니다. 정보통신망법에 따라 방송통신위원회의 삭제 등 시정명령도 즉시 수용합니다. 그렇기 때문에 수천억 원의 수익을 벌어가는 구글이 그 책임을 다하지 않고 있는 상황은 불공정한 경쟁 환경이라고 관련 국내 업체들은 주장하고 있는 것입니다.

방송통신위원회 등은 코로나19가 잦아들면 협조를 위해 구글을 방문하겠다고 하는데 이는 너무 늦은 것이 아닌가 싶습니다. 다만, 국회에서는 허위조작정보를 사업자가 즉각, 그리고 제대로 걸러내지 못할 경우 관련 콘텐츠 매출액의 최대 10%를 과징금으로 부과하는 방안이 모색되었습니다.

Q 가짜뉴스도 문제지만 가짜 영상 즉 딥페이크 영상 문제도 심각하지 않

습니까? 딥페이크 유튜브 상위 14개 채널을 분석한 결과, 피해자의 25%가 한국인이었다면서요?

딥페이크는 심층 학습의 '딥러닝'(deep learning)과 가짜를 뜻하는 '페이크'(fake)가 합성된 말입니다. 예전에는 합성 영상은 만들기가 까다로웠고 시간도 많이 걸렸는데 최근에는 인공 지능 프로그램 등이 나오면서 제작이 용이해지면서 기승을 부리고 있습니다. 최근 영국 BBC는 네덜란드의 사이버 보안업체 '딥트레이스'(deeptrace)의 연구 결과를 전했는데요, 7964개의 딥페이크가 9개월 만에 1만4698개까지 급증했다고 합니다. 딥페이크의 96%가 음란물이었고 음란 딥페이크 피해자 가운데 25%는 한국 여성 연예인이었습니다.

실제 한 해외 음란사이트를 분석하니 한국 여성 연예인 딥페이크가 342개나 있었습니다. 대부분이 유명 아이돌입니다. 이런 영상들이 유튜브 등을 통해서 무작위적으로 유포되고 있고 심각한 인권 침해를 낳고 있지만 이에 대해서 대응을 제대로 하고 있지 못합니다. 한류에 생색을 내거나 숟가락을 얹으려는 행태보다는 이런 딥페이크를 막기 위해 정책이 오히려 한류를 위해서나 개인은 물론 국가적으로 바람직할 것입니다.

Q 그러기 위해선 어떤 대책이 모색돼야 하지 않을까요?

이제 국내에도 피해자가 빈번하기 때문에 강력한 처벌이 이뤄져야 하고, 범죄라는 사실을 분명하게 인식시켜야 합니다. 음란 영상에 대해서는 처벌법이 있는데 딥페이크에는 처벌법이 없다는 것이 문제입니다. 현행법상 직접 제작한 음란영상을 상업적 목적으로 제작해 유포할 때 '음란물건제조죄'(최대 1년 이하의 징역 또는 500만 원 이하의 벌금)가 적용됩니다. 이것으로 피해자가 나왔다면 '정보통신망 이용 촉진 및 정보보호 등에 관한 법률'에 따라 '사이버 명예훼손'(최대 7년 이하의 징역 또는 5000만 원 이하의 벌금)이 적용됩니다. 하지만 국내에서는 딥페이크를 명확히 구별하지 않아 합성사진과 같은 수준으로 다뤄집니다. 이렇게 되면 솜방망이 처벌이 될 것입니다.

다만, 딥페이크 범죄가 늘게 되자 최근 국회와 정부는 관련법을 고쳤는데 6월 25일부터 성폭력처벌 특례법 개정안 시행으로 딥페이크 영상물을 제작·유포하는 이는 '5년 이하의 징역 또는 5000만 원 이하의 벌금'에 처해지게 됩니다. 나아가 영리 목적으로 유포하면 '7년 이하의 징역'으로 가중처벌 됩니다. 입법적 노력과 함께 서명 기능, 변경 내용 표시, 허위 동영상 판정 도구 등 기술적인 부분과 연계된 정책적 조치가 필요합니다. 무엇보다 중요한 것은 영상을 제작 유포하는 곳을 빨리 찾아 영상이 확산되지 못하도록 하는 것입니다. 디지털 수사에 대한 경찰과 수사기관의 적극적인 대응도 여전히 중요합니다.

Q 그렇겠군요. 궁극적으로는 '미디어 리터러시' 수준을 높이는 것도 효과적인 방법이 되지 않을까요?

가짜뉴스 허위정보를 분별할 수 있도록 미디어 이해력 역량을 강화 내지 심화해야 합니다. SNS를 통해서 많은 정보와

뉴스에서 정보를 얻고 있는 상황에서 이를 구분할 수 있는 판단력과 분별 기준과 능력을 배양해야 합니다. 특히 유튜브 리터러시 교육도 필요합니다. 무조건 유튜브를 돈을 많이 벌 수 있는 매체로 간주하고 이를 지나치게 낙관적이고 긍정적인 관점에서만 다루는 언론 보도의 태도도 문제라고 할 수가 있습니다.

대개 미디어 리터러시 교육이라면 청소년들을 위한 것이라고 생각 하는데 돈을 벌기 위해서라면 막말과 혐오 콘텐츠를 양산하는 몇몇 유튜버들이 많은 현실에서 성인들에게 먼저 적용이 되어야 합니다. 정부와 기업이 협력적으로 대안을 모색할 필요가 있습니다. 구글의 적극적인 태도 변화가 있어야 할 것입니다. 그렇지 않다면 구글에 대 한 신뢰저하가 커지고 브랜드 가치도 떨어져 시장지배력을 잃게 되 는 것입니다.

8

'가짜 사나이' 신드롬의 피드백 루프

Q 유튜브 예능 '가짜 사나이' 시리즈가 화제였는데, 어떤 콘텐츠이길래 그런 것일까?

유튜브 콘텐츠로 군대 예능으로 특수부대 훈련을 참가자들이 체험하는 내용이 중심입니다. 시즌 1과 비하인드 스토리, 과정 중인 시즌 2 시리즈의 다니간 조회 수는 1억 6300만 회 정도 됩니다. 항상 챙겨서 자동으로 보는 구독자 수는 일찍부터 300만 명을 훌쩍 넘었습니다. 수익에 대한 관심까지 더해지고 있습니다. 미국 소셜블레이드를 보면, 월간 예상 수입은 연간 수입 28만 6900달러(약 3억 2800만 원)~460만 달러(약 52억 6000만 원)였습니다. 유튜브 분석 사이트인 녹스 인플루언서는 연간 수입을 22억 2000만 원에서 38억 6400만 원으로 추정했습니다. 이렇다 보니 출연을 희망하는 이들이 줄을 섰습니다.

Q 이렇게 인기 있는 이유는 뭘까요?

'진짜 사나이'라고 하는 지상파 방송사의 예능 프로그램을 패러디한 느낌이 드는데요. 가짜를 내세워 진짜를 생각하게 만든다는 분석도 있습니다. 군대 콘텐츠는 일찍부터 화제를 불러 모으곤 했는데, 이제 유튜브판이 인기를 끌고 있는 셈입니다. 그런데 이 콘텐츠는 특수부대 훈련을 강조합니다. 어려운 과정의 고통에서 피어나는 인간애를 강조하기도 하는데요, 관음증적 시선이 여기에 한층 더 작용한다고 할 수 있습니다. 군대 훈련에 대한 궁금증에 잘 알려지지 않은 특수부대 훈련을 엿볼 수 있다는 심리가 작용하고 있습니다. 군대를 갔다 온 분들도 특수부대에 대한 환상도 있어 보이고요. 특히 일반 참여자들이 훈련을 이겨나가는 과정은 마치 본인들이 고난을 이겨가는 듯한 대리 만족감을 줍니다. 이 콘텐츠는 정신력 강화를 통한 고난 극복을 강조합니다. 또한 지상파 방송사에서는 방송윤리원칙 때문에 거르는 내용도 유튜브라는 점 때문에 직접적으로 담아내서 찾게 된다고도 볼 수 있습니다.

Q 특수부대 훈련이라는 점이 부각되고 있지만 가학적 폭력성에 대한 문제가 제기되고 있다는데, 어떤가요?

잘못한 사람은 두고 주변 훈련 참가자들을 물속에 머리 박기를 시키는 장면도 있었습니다. 참가자들을 모욕하는 막말이 빈번하고, 훈련용 보트 아래 사람이 깔려있었음에도 손으로 눌러버리는 장면도 논란이 되었습니다. 군대를 갔다 오면 사람이 된다는 말이 회자되기도 했는데 이런 설정에 바탕을 두고 그 사람을 만드는 것이 힘든 훈련이라는 단골 레퍼토리가 여전히 등장하고 있다는 것이죠.

이 콘텐츠에 대해서 '밀리터리 포르노다'라는 말도 나오고 있습니다. 가학적이고 선정적인 내용이 빈번하고 인권 침해 소지가 다분하기 때문입니다. 군기 잡는다고 하는 물리적 억압과 통제로 문제를 해결할 수 있다는 군대의 악폐습이 그대로 재생산되고 있다는 점도 들수가 있습니다. 가학성 논란에 대해서 제작진이 사과하기도 했지만, 전쟁의 본질에 대한 사유가 필요해 보입니다. 단순히 훈련 방법이나 테크닉을 즐기려는 것에는 전쟁의 파괴와 살상의 본질을 호도할 수도 있습니다.

Q 아무리 특수 훈련이라고 하지만 이런 행위들은 군대 현실에서는 사고로 이어지거나 범죄행위가 될 수도 있는 것 아닌가요? 그러려니 하고 대충 넘길 사안은 아니겠지요?

네, 그렇습니다. 연좌제적인 징벌적 가혹 행위를 예로 들어봅니다. 몇 년 전 육군사관학교는 한 생도의 잘못으로 전 생도에게 1주일간 야간구보를 시켰다가 국가인권위원회에서 연좌제라고 지적을 받고 시정을 했습니다. 한 사람의 잘못을 전우애나 연대책임이라는 이름으로 남발하는 것은 인권침해 요소가 짙습니다.

또한 너무 지나친 육체적 가혹 행위가 정당한지 물어야 합니다. 올해에는 한 부대 대대장이 새벽에 얼차려를 주려고 병사 300명을 불러내 체력 단련은 물론, 이튿날에도 쓰러질 때까지 달리라는 지시를 내렸다가 보직해임을 당했습니다. 이런 지시와 훈련 아닌 훈련이 많은 군대의 인명 살상을 일으켰다는 점을 그냥 지나칠 수가 없습니다. 어떤 미션 수행을 위한 훈련이 아니라 단순히 육체에 고통을 가하는 것은 전혀 특수 부대 성격에도 맞지 않고 인과 관계도 부족해 보입니다.

Q 특정 출연자들에 대한 논란도 많다면서요? 어떤 이들이 주로 그런 것일까요?

'**가**짜사나이'를 통해 유명해진 한 예비역 대위는 성추행 혐의로 벌금을 선고받은 전력이 드러나 파장을 낳았는데, 본인은 성추행을 하지 않았다고 밝히고 있습니다. 여기에 채무 문제라든지 가짜 경력에 예비군 훈련 불참 이력까지 폭로가 되고 있는데 역시 본인은 사실과 다르다고 하며 이를 폭로한 사람에 대해 고소장을 냈습니다. 정치권에도 연관이 되었는데 국민의힘은 국정감사에서 그를 증인으로 채택한 것을 두고 논란이 계속 불거지자 철회하기도 했습니다.

또한 최근 일부 출연진이 퇴폐업소를 출입했다는 등 성추문 의혹을 제기되기도 했습니다. 이러한 논란이 반복되면서 부정적인 효과가 발생하는지 피로감을 말하는 댓글들도 등장하고 있습니다. 유명세를 치루고 있는 것 같은데 진위를 밝히는 작업은 아직 끝나지 않은 듯싶네요.

Q 출연자들이 지상파 방송 등에도 출연을 많이 했는데 이들이 문제가 되면서 급히 삭제를 하고 있고, 좀 더 검증 과정이 필요하다는 그런 주장이 나오고 있다면서요?

일부 출연자가 두 달 동안 많은 방송사들의 예능 프로그램에 앞 다투어 출연을 하게 되었는데 이제 예고편부터 본방송편에 이르기까지 편집을 해야 하는 상황입니다. 심지어 광고 모델로 기용한 기업에서는 삭제해야 하는 상황에 이르렀다고 합니다. 본인은 사실이 아니라고 하지만 논란이 진행 중인 것은 방송사에 부담이 되고 있기 때문입니다. 대중적인 주목을 받게 되는 인사에 대해서 쏠림현상이 만들어지고는 하는데 이런 현상이 만들어낸 좌충우돌이라고 하겠습니다. 좀 더 면밀한 과정을 통해서 섭외를 하고 방송 프로그램을 제작하는 과정이 아쉽다는 지적이 나오고 있는 이유가 되겠습니다.

Q 가짜 사나이 콘텐츠에 참가하고 출연한 이들의 사생활과 자극적인 내용을 폭로하는 이들도 생겨나고 있다던데, 이들을 '사이버렉카'라고도 부르더군요. 이것도 문제가 있다고 보십니까?

차사고가 나면 부리나케 달려오는 차가 있죠. 바로 렉카라고 부르는 견인차입니다. 사이버 렉카차는 '온라인에서 논란이나 화제가 발생하면 견인차처럼 나타나는데 영상을 누구보다 빨리 만들어 주목을 유도하는 이슈 유튜버를 말합니다. 무차별적인 폭로가 문제가 되고 있는데요.

구독자 약 33만 명을 보유한 유튜브 채널 운영자는 '가짜 사나이' 출연자의 과거 몸캠 피싱 피해 사진을 공개해 파장을 일으켰습니다. 몸캠 피싱은 악성 바이러스나 특정 코드를 심은 모바일 앱 등으로 피해자에게 스스로 음란한 행위를 하게 해 이를 사진이나 동영상을 찍어 유포하겠다고 협박한 뒤 돈을 뜯어내는 범죄입니다. 이 운영자는 나중에 문제가 불거지자 사과를 하기도 했습니다. '자신은 괴물이고 한심하다'고 했습니다. 하지만 이런 사과로 끝날 일은 아니었습니다.

한 유튜버는 가짜 사나이가 조작 방송이라고 했다가 사과했습니다. 사과를 해도 이미 많은 뷰수를 기록한 이후입니다. 이익을 위해서 마구잡이 폭로를 이어가는 경우 적절한 대응책과 함께 사법적인 조치도 받아야 한다고 봅니다. 또한 이런 채널은 문제가 빈번해지면 사회적 이익을 생각해 운영 중지 등도 가해져야 합니다. 무차별 폭로를 통해서 누군가에 폭력을 가하는 행위는 불매 운동의 대상이 되어야 하지 않을까요. 렉카 차도 준수해야 할 도로교통법이 있기 때문입니다.

9
문화 확산과
문화적 전유
(Cultural
Appropriation)

Q 세계적인 인기 걸그룹 '블랙 핑크'의 뮤직 비디오가 인도의 팬들에게서 분노를 샀는데 이유가 뭔가요?

〈뉴욕타임스〉에 따르면, 블랙 핑크의 '하우 유 라이크 댓 (How You Like That)' 뮤직비디오에 가네샤가 장식품으로 등장하는데 이 점에 대해서 인도 팬들이 불쾌감을 표시하고 있는 것입니다. 가네샤는 몸은 사람이고 머리는 코끼리인 지혜와 행운을 가져다주는 신으로 인도 힌두교에서는 매우 숭배 받는 존재입니다. 그런데 이런 가네샤를 바닥에 놓아 둔 것 때문에 인도인들이 불쾌하게 생각하고 있는 것입니다. 신을 장난감이나 소품으로 여기는 것은 바람직하지 않습니다. 이에 대해서 소속사는 뒤늦게 해당 이미지를 삭제하게 되었습니다. 이런 오류는 미리 걸러 냈어야 하는데 그렇게 하지 못한 것은 잘못입니다. 이 영상 콘텐츠는 '24시간 내 유튜브 동영상 최다 조회 수' 등 '기네스 월드 레코드' 5개 부문에 신기록을 세운 뮤직비디오입니다. 시각적 이미지를 얻기 위한 단순 배치가 예전에는 그냥 묵과 되었는지 모르지만 지금 그냥 지나칠 수 없을 정도로 케이 팝의 영향력의 확대에 따른 책임감이 요구된다고 보겠습니다.

Q 공교롭게도 인도에 관한 논란이 또 하나 있군요. 10여 년 전에 발표한 노래가 왜곡된 인식을 조장하거나 강화한다는 비판에 직면했다면서요?

그룹 노라조의 대표곡 '카레'가 논란의 중심에 선 노래입니다. 2010년 발매한 4집 앨범 '환골탈태'의 대표곡인 이 노래가 논란의 중심에 서게 된 것은 세븐틴이라는 아이돌 그룹이 라이브 채널을 통해서 노래를 부르면서부터입니다. '샨티 샨티 요가 화이야'라는 가사는 가네샤를 찬양하는 샨티를 희화화했다는 것입니다. '순한 맛 매콤한 맛 인도에도 없는 이 맛 타지마할'이라는 가사는 인도의 대표적인 문화유산인 타지마할을 우습게 만들고 심지어 모욕했다는 지적도 합니다. 이런 지적에 대해서 멤버 조빈은 사과를 했습니다. 희화화나 편견을 조장할 뜻이 없었다고 밝혔습니다. 카레가 인도음식이라는 점에 착안해서 재밌게 즐길 수 있는 노래를 만들려고 했을 뿐이라고 했습니다. 창작과 표현의 자유는 보장되어야 합니다. 다만 다른 나라 팬들의 정서는 생각해야 할 시대적 상황입니다. 의미와 맥락 없이 다른 나라의 언어를 나열하거나 문화적 대상, 종교적 상징물을 재미로만 소비하는 노래 창작 공유는 근본적인 성찰이 필요하다고 보겠습니다.

Q 이처럼 문화적 논란을 일으킨 게 이번 인도 관련 사례만은 아니라면서요?

2017년 마마무가 서울에서 열린 단독콘서트에서 흑인 분장을 하고 미국 팝스타 브루노 마스의 '업타운 펑크'(Uptown Punk)를 패러디하는 일이 벌어졌는데 이때는 SNS를 통해 세계에 이 장면이 알려지면서 흑인 비하 논란이 일었습니다. 백인이 눈을 찢고 한국 노래를 부른 것과 같다는 비난도 있었는데요, 이에 마마측은 사과를 했고 해당 부분을 편집했습니다. 인종 차별에 대한 인식적 제고가 필요하다는 공감대를 낳은 사례였습니다.

2018년에는 방탄소년단이 과거 나치의 문양 하켄크로이츠의 모자를 쓰고 잡지 촬영을 하거나 행사 참여시 나치문양의 깃발을 사용한 것이 논란이 되었고 이에 대해서 사과를 했습니다. 영상 콘텐츠의 경우 지속적으로 공유되기 때문에 한번 잘못 만들게 되면 결국에는 문제가 될 수 있어서 좀 더 신중하게 제작할 필요가 있습니다. 또한 달라진 위상에 맞게 문화권이나 역사에 학습과 숙의가 좀 더 많이 필요해졌다는 점을 생각해야 할 것입니다. 단지 외연적인 이미지나 기호만 차용하는 창작 행위는 바람직하지 않아 보입니다.

Q 이런 사례들을 가리켜 '문화적 전유'(cultural appropriation)혹은 '문화 도용'이라고 한다는데요. 무슨 뜻인지 자세히 설명을 해주시겠어요?

주로 주류 문화에서 비주류 문화 전통이나 언어, 예술적 표현, 관습, 노래 등을 베껴내는 행위나 현상을 가리킵니다. 대중문화 창작자들이나 수용자들이 원작의 내용이나 이미지, 단어 등을 빌려 자신들의 의도나 목적에 맞게 마음대로 사용하는 행위입니다. 동의 없이 임의대로 사용하거나 본질과 맥락에 벗어난 차용을 모두 가리키기도 합니다.

예컨대 백인들이 흑인들의 신체나 문화 등을 마음대로 흉내내어 사용하는 일이 있는데 정작 흑인들에게는 그러한 것들이 저급하게 느껴지거나 하찮게 간주되는 현상을 말합니다. 일부 흑인들은 자신들의 음악과 노래, 패션을 케이팝이 문화적 전유 혹은 도용했다고 지적하기도 하므로 조심하고 경계해야할 필요가 있습니다.

Q 문학계에서는 창작 방식을 둘러싼 논쟁이 있었다는데, 사적인 SNS 상의 대화를 소설에 그대로 실은 행위 때문에 윤리적인 논쟁이 불거졌나요?

이 사례는 문학계의 관심사가 되었는데 우리나라 3대 문학 출판사인 문학과지성사, 창비, 문학동네가 얽힌 창작 과정의 윤리적인 문제이기 때문입니다. 자세히 살펴보면 소설가 김봉곤 작가는 사적으로 아는 누나와 나눈 대화를 그대로 소설에 인용했습니다. 『문학과 사회』 2019년 여름호에 실린 이 작품으로 저자는 문학동네의 '제11회 젊은 작가상'을 받았고 『2020 제11회 젊은작가상 수상작품집』은 물론이고 창비에서 발간한 개인 소설집에도 실렸습니다.

뒤늦게 누나에 해당하는 이가 트위터를 통해 공식적으로 문제제기를 했는데, 사적으로 나눈 대화를 동의를 받지 않고 그대로 실은 것은 문제가 있다고 지적한 것입니다. 또한 소설 내용의 수정을 요구했습니다. 문학동네는 6쇄부터, 창비는 3쇄부터 해당 부분을 고쳤습니다. 하지만 논란은 그에 멈추지 않고 증폭되었습니다. 윤리적인 문제를 들어 그 작품을 과연 좋게 평가해서 시상을 해야 하는가에 관한 점 때문입니다. 독자들은 이들 출판사들의 도서들에 대해서 불매운동을 벌여야한다는 글을 SNS에 올리고 있기도 합니다.

Q 작가상을 받은 작품인데 당사자는 당선을 취소해달라고 요구하고 있는데, 받아들여지지 않은 모양이군요?

소설 내용의 수정만이 아니라 두 가지 요구 사항이 있었는데요, 하나는 수상작 취소와 다른 하나는 수정 사실에 대한 공지입니다. 젊은 작가상을 수여한 문학동네는 13일 입장문을 통해 심사위원들에게 수정된 원고로 다시 심사하게 한 결과 작가상을 받는데 영향을 미치지 않았다고 밝혔기 때문에 수상 선정을 취소하지 않겠다고 밝혔습니다. 또한 수정 사실을 공지해달라는 요구에 대해서는 작가와 같이 협의해야 하는 문제이기 때문에 섣불리 그 같은 사실을 공지할 수 없다고 밝히기도 했습니다. 하지만 뒤늦게 문학동네는 이를 공지하고 이미 판매된 7만 부에 대해 구입하신 분들에게 수정본을 교환해 주겠다고 밝혔습니다.

한편 김봉곤 작가와 함께 젊은 작가상을 이번에 받은 김초엽 작가는 다른 입장을 내놓기도 했습니다. 소설의 가치가 한 사람의 삶보다 우선하지 않고 무단 인용으로 피해를 본 사람이 있는데 이를 문제없다고 하는 출판사나 작가는 이해할 수 없다는 것입니다. 작가의 창작 행태와 별개로 작품 자체로만 평가를 해야 하는 것인지 성찰이 필요합니다.

Q 이 사례를 계기로 소설 창작 과정 속에서 인용에 관한 윤리적인 기준을 마련해야 한다는 지적도 나오고 있다면서요?

애초에 동의를 사전에 구하지 않았고, 명확하지 않았다는 것이 문제의 발단이었습니다. 김 작가는 초고를 보여주었을 때 수정 요청이라기보다는 소설에 대한 조언이라고 생각해서 별다른 수정을 하지 않았으며 이후 수정 요구 등에 응했다는 입장입니다. 카톡 대화를 나눴던 여성은 애초에 그대로 사용할 것이라고는 생각하지 않고 캐릭터를 통해서 대화에 사용할 것이라고 생각했다고 합니다. 아마도 그런 전례가 없었기 때문일 것입니다.

문제는 이 대화들이 성적인 내용들이 많아 사생활 침해 요소가 많고 오해의 여지가 많다는 것입니다. 더구나 그대로 실었기 때문에 대화 속 실제 인물이 누군지 주변 사람들이 알 수 있어서 곤란한 지경에 처하게 된 것입니다. 해당 여성은 "소설에 바닥 깔개로 이용된 기분, 강제로 출현 당해 김봉곤 작가의 밑에 엎드려 깔린 기분에서 벗어날 수 없습니다"라는 입장을 표명하기도 했습니다.

또한 "성적 수치심과 자기혐오를 불러일으키는 문장이 있습니다. 작가가 자기 자신으로 살기 위해 글을 쓰듯, 평범한 사람 또한 나 자신으로 살기 위해서 함부로 다뤄지지 말아야 할 삶이 있습니다"라며 심각한 사생활 침해 요소를 지적하기도 했습니다. 소설로 출간된다는 것을 알았다면 자신의 사생활을 대화에서 드러내지 않았을 것입니다.

창작 과정에서 인용은 사실 그대로 전재할 경우 동의를 받는 것이 윤리적으로나 저작권리에 부합하는 것이라 생각할 수 있습니다. 독자들도 사생활을 침해한 작품인지 알 권리가 있고, 그런 작품에 대해서는 불매운동을 벌일 권리도 있을 것입니다. 왜냐하면 창작 결과물만이 아니라 창작 과정상의 윤리성도 매우 중요한 것이기 때문입니다.

10
'디지털 교도소'의 문화 심리

Q '디지털 교도소'라는 게 등장했다는데, 이게 어떤 건가요?

디지털 교도소는 실제 존재하기보다는 인터넷에 존재하는 것으로, 몸을 가두는 게 아니라 신상 정보를 공개적으로 공표하는 곳입니다. 성범죄, 아동학대, 살인 등등의 범죄를 저지른 세 유형의 해당자의 신상을 공개합니다.

세계 최대 아동 성착취물 '웰컴 투 비디오' 운영자 손정우, 최숙현 선수 가해자로 지목된 경주시청 감독과 팀 닥터, 성 착취물 n번방 이용자 등의 신상정보가 있습니다. 이들은 텔레그램을 통한 n번방·박사방 등 성범죄 피의자들의 신상공개의 SNS 계정이 정지를 당하면서 홈페이지 제작에 나섰습니다.

등록 공개된 정보는 얼굴 사진, 출생연도, 출생지, 출신학교, 휴대전화 번호, SNS 아이디 등입니다. 관련 기사와 국민청원 게시글 정보도 첨부돼 있고요. 게시판에는 150여 명의 범죄자·사건 피의자들이 올라와 있습니다. 아이를 여행 가방에 감금해 숨지게 한 40대 여성도 있습니다. 클럽에서 20대 남성에 얼굴을 발로 가격해서 죽음에 이르게 한 '태권도 유단자' 3명의 신상정보도 등록됐습니다. 문제가 되었던 사건 당사자들의 정보가 망라되어 있는 곳이 디지털 교도소인 것입니다.

Q 국내 성범죄자 등 흉악범의 얼굴과 신상정보가 공개된 '디지털 교도소'에 대한 누리꾼들의 관심과 반응은 어떻습니까?

찬반양론으로 갑론을박했습니다. "응원과 칭찬을 보낸다"는 반응도 있고요. "오죽하면 이런 사이트가 만들어지겠는가", "나라가 할 일을 했다" 하는 반응도 있습니다. "법으로 해결이 된다면 이런 사이트는 만들어지지 않았을 것", "사법부는 뭔가 깨닫는 게 있어야 한다"라는 등의 긍정적인 반응을 보였습니다.

그러나 수사가 이뤄지는 사건일 경우 신상공개 때문에 피해를 입을 수 있다는 걱정을 하는 사람들도 있습니다. 또 객관적인 절차를 거치지 않은 신상털기라는 지적이 나오고 있기도 합니다. 심지어 실수로 이뤄질 수 있는 행위에 대해서 과잉 처벌이라고 하면서 잘못을 미워해도 사람을 미워하지 말아야 한다고 말합니다. 또 다른 희생자, 즉 극단적인 선택을 할 수 있음을 지적하고 있습니다.

Q 디지털 교도소를 옹호하는 쪽에서는 양육비를 떼먹는 부모들의 신상정보를 공개하는 사이트를 예로 들면서 정당화하는 입장이라는데, 이건 어떻게 바라보고 계세요?

디지털 교도소는 '배드파더스'(Bad Fathers)처럼 정의와 공익을 목표로 한다는 공통점이 있습니다. 양육비를 지급하지 않은 아빠들의 정보를 공개한 것이 배드파더스입니다. 배드파더스

활동가 구모 씨는 명예훼손 혐의에 대해 1심에서 무죄를 받았습니다. 현재 2심을 진행 중이고요. 하지만 디지털 교도소와 배드파더스를 같게 볼 수는 없습니다.

중요한 것은 정보통신망법상 명예훼손 혐의는 '사람을 비방할 목적'이 있어야 성립합니다. 이를 입증해야 처벌이 가능합니다. 배드파더스는 비방 목적이 없지만 디지털 교도소는 비방목적이 분명하기 때문에 다릅니다. 배드파더스에서는 비방하거나 모욕하는 댓글이 없습니다. 하지만 디지털 교도소에는 비방이 당연시되기 때문에 배드파더스와 같이 비교할 수 없다는 것입니다. 공익적인 목적 즉 육아 양육비 문제를 해결하는데 초점을 맞추고 운영하고 있기 때문입니다.

Q 사적인 신상 공개 사이트가 처음은 아닌데, 이전에 "위선자를 밝혀낸다"며 정의 실현을 자처했던 사이트는 오히려 범죄자를 양산했던 것 아닌가요. 디지털 교도소가 그런 사례처럼 되면 곤란하지 않을까요?

불특정 다수를 겨냥한 신상털이는 바람직하지 않은 결과를 낳을 수 있는 것이 분명합니다. 2016년 '강남패치'가 대표적입니다. 운영자는 유흥업계 종사자 신상을 공개한다면서 일반인 남녀 100명의 이름과 얼굴을 사이트에 올렸습니다. 이유는 유흥업소에서 돈을 쉽게 벌면서 성공한 삶을 살아가는 위선을 폭로하겠다는 것이었습니다.

하지만 이 사이트가 주목을 받으면서 제대로 확인을 하지 않고 신상정보를 올렸습니다. 또한 이 사이트에 영향을 받아 '한남패치'가 생겼는데 성매매 등을 한 이들의 신상을 공개한다는 정의로운 명분을 내세웠지만 여기에서도 다시 확인되지 않은 신상 정보들이 대거 공개가 되었습니다. 또한 여기에 올라온 정보들을 지워주는 대가로 돈을 요구하는 범죄까지 일어났습니다. 유흥업소에서 쉽게 벌고 쉽게 쓰면서 성공한 인생을 사는 척하는 위선자들의 민낯을 밝히겠다며 정의를 자처했지만 끝은 형사처벌이었습니다. 강남패치가 인기를 얻자 제보하겠다는 메시지가 쏟아졌고, 사이트 운영업자는 제대로 확인조차 하지 않은 채 신상털이를 이어갔습니다. 진위를 파악할 수 있는 역량이 없었던 것이죠.

Q 이러한 자의적 신상공개는 처벌받을 가능성이 높은 거죠?

SNS에서 자의적 신상공개는 정보통신망법상 명예훼손죄에 해당됩니다. 형사처벌 가능성이 높습니다. 다른 사람이 정보통신망에 성범죄자의 신상정보를 공개하면 아동청소년성보호법 위반죄로 처벌을 받는데요. 5년 이하의 징역 또는 5000만 원 이하의 벌금에 해당합니다. 운영자는 물론 큰소리를 쳤는데요, 운영자가 "동유럽권 국가에 있는 방탄 서버라서 강력히 암호화되어 있는 운영 사이트이기 때문에 대한민국의 사이버 명예훼손, 모욕죄의 영향을 전혀 받지 않는다"고 한 점에 대해 경찰은 혐의 적용이 가능하다고 밝혔습니다.

경찰은 이 사이트의 조력자를 특정해 소환을 통보하였고 곧 수사가 본격화했습니다. 앞서 강남 패치를 운영한 이는 1심에서 징역 10개월의 실형을 선고받고 2심에서 피해자 합의에 징역 10월에 집행

유예 2년을 선고 받았습니다. 섣부른 이런 사이트 운영은 분명 형사처벌의 대상이라, 문화적으로도 받아들이기 곤란합니다.

Q 디지털 교도소의 등장 배경에는 사법부에 대한 불신이 깔려있다고 봐야겠죠. 어떤가요?

사법부에 대한 불신이 커지면서 온라인상에서 '사적 복수나 정의'를 이루려는 이들의 행동도 빈번해지고 있습니다. 스스로를 지키기 위한 일종의 '자경단' 현상이 생기고 있는 것입니다. 사법부의 판결에 대해서 불신이 쌓이면서 사적인 징벌 차원에서 이런 신상정보공개 사이트를 만들고 운영한다는 것입니다.

예컨대 해당 운영자는 소개 글에서 "대한민국 악성범죄자에 대한 관대한 처벌에 한계를 느끼고 이들의 신상정보를 직접 공개해 사회적인 심판을 받게 하려 한다"고 그 이유를 밝혔습니다. 사법부를 향한 분노는 성착취물 사이트 운영자 손정우에 관한 법원의 미국 인도 불허 결정 이후 더 커졌습니다.

서울고등법원 앞에서는 '손정우 미국 인도 불허 규탄 긴급 기자회견'에는 160여 명이 검은 옷을 입고 참석해 '사법부도 공범이다'라며 시위를 벌이기도 했습니다. 이런 사이버 성범죄들에 대한 처벌이 제대로 이뤄졌다면 디지털 교도소 같은 현상이 일어나지 않을 것이라는 주장이 나옵니다. 대한민국 형사제도가 피해자를 위해 존재하는 것인지도 묻고 있는 것이죠.

Q 일각에선 직접 사법부를 성평등하게 바꿔나가자는 움직임도 있다죠.

어떤 내용인가요?

각종 온라인 커뮤니티에서는 '대법관 후보자 전원의 성인지 감수성을 직접 시민들이 검증하자'는 주장이 공유되고 있기도 합니다. 이를 통해서 법관들의 승진에 대한 견제를 하자는 것입니다. 시민인사검증단이라는 개념도 부각이 됩니다. 법관들이 파면되지는 않을지라도 문제 있어 보이는 판결을 하는 판사들에 대해서 적어도 승진을 시켜서는 안 된다는 주장입니다. 이를 통해서 성범죄에 대한 경각심을 갖고 올바른 판결을 통해 죄질에 맞는 형량을 내리도록 해야 한다는 주장도 있습니다.

또한, 판사들의 성별 비율을 적절하게 맞춰나가야 한다는 목소리도 있습니다. 피해자보다는 가해자의 상황을 더 고려하는 사법적 판단에 관해서 경종을 울릴 뿐만 아니라 실질적인 개선이 이뤄지도록 해야 한다는 목소리가 나오고 있습니다. 시민들의 법 감정에 맞는 판결이 나오기를 기원합니다. 아동 성착취 처벌에 둔감한 우리 사법 현실은 도외시한 채 사법부가 사법주권만 주장한다면, '부정의한 사법'이란 비판을 면하긴 어려울 겁니다. 법도 중요하지만 문화의식에 따라 판결 받아야 합니다.

11
디지털 교도소의 과잉규제와 최소 규제

Q 강력 범죄자 신상을 공개해 '사적 처벌' 논란을 일으킨 '디지털교도소' 사이트에 대해 전체 '접속차단' 결정이 내려졌더군요. 애초에 방송통신심의위원회가 개별 게시물 차단 결정을 내렸지만 열흘 만에 생각을 바꿨는데, 이유가 뭘까요?

애초에 '과잉 규제'를 피하려 '최소 규제'를 적용해 접속 차단을 하지 않았는데요. 24일 방심위는 접속 차단 결정을 내렸습니다. 이유는 디지털 교도소 운영진의 비협조 때문에 자율규제가 쉽지 않았다는 것인데요. 사이트를 폐쇄하라는 민원이 연이어 접수되어 이러한 결정을 내렸다고 합니다. 디지털교도소 접속이 잠깐 중단되어 폐쇄 가능성도 전망되었지만, 이 사이트는 다시 운영되었습니다.

방심위는 게시물 정보 17건에 대해 시정요구 즉 접속차단을 했는데 전체 차단이 아니라 운영자에게 자율 조치를 요청한 것입니다. 하지만 시정이 이뤄지지 않았고 전체 차단에 대한 민원이 이어져 재검토 뒤 접속 차단을 결정하게 되었다고 합니다.

위원들은 아청법(아동·청소년의 성보호에 관한 법률) 등 현행법 위반 사항에 대해 개별 게시물에 대한 시정요구만으로 심의 목적을 달성하기 어렵다고 판단했습니다. 허위 사실이 아닌 내용이어도 강력 범죄자라는 이유만으로 법적으로 허용된 공개 및 제재 범위를 벗어나 공개하는 것은 적절하지 않다는 것인데요. 사적 제재를 위한 도구로 이용하는 것이 공익보다는 사회적·개인적 피해를 발생시킬 가능성이 더욱 크다고 본 것입니다.

Q 다시 사이트 운영이 시작되었고, n번방 사건 피의자들의 신상을 올리면서 화제가 되었는데 부작용이 훨씬 크지 않았나요?

디지털교도소는 성범죄 처벌에 대한 문제의식에서 비롯했습니다. 불법아동 성착취물 판매사이트 '웰컴 투 비디오' 운영자 등 성범죄자에 대한 국내의 처벌이 약하다는 주장이 제기되었고 범죄자들의 신상정보를 직접 공개해 사회적 심판과 처벌을 내려야 한다는 취지로 만들어졌습니다. 하지만 당사자에게 직접 확인하여 구체적인 검증 과정을 거치는 것이 없이 신상정보가 직접 인터넷에 공개되는 것이 문제의 소지가 있었습니다.

'밀양 여중생 집단성폭행 사건'의 공범으로 이름만 같은 격투기 출신 선수가 지목되어 신상정보가 공개되었는데, 디지털교도소 측은 사실관계를 확인하지 않고 개인정보를 바로 게시 공유해 문제가 되었습니다. 결국 항의를 받고 신상정보를 삭제하기에 이릅니다.

디지털교도소는 한 의대 교수가 성착취 텔레그램 채팅방에서 n번방의 자료를 요구했다고 하면서 신상정보를 공개 게시했는데, 경찰이 수사한 휴대전화 포렌식 등에 따르면 텔레그램 채팅을 한 사람은 그 교수가 아니었습니다. 또 지인의 사진을 음란물에 합성하는 이른바 지인 능욕의 범인으로 한 대학생을 지목하고 그의 사진과 학과, 연락처를 공개했는데 당사자는 해킹을 당했다며 억울함을 호소했지만 개선되지 않았고 마침내 이 대학생은 극단적인 선택을 하기에 이릅니다. 이렇게 최근 허위사실을 게재해 죄가 없는 개인이 피해를 입게 되는 것인데, 디지털교도소가 공익적 취지를 내세우지만 검증되지 않은 내용들을 공개적으로 게재해 특정된 사람의 인격권과 생명존중을 침해하고 사회 전체적으로는 자칫 위법행위를 조장해 법질서를 해칠 우려가 있다고 방심위가 보고 있습니다.

Q 운영자가 베트남에서 검거되기도 했는데 온라인상에서는 '디지털교도소'의 운영자의 형사처벌 여부를 두고 논란이 되고 있다면서요?

검거된 운영자는 '디지털교도소'를 통해 강력범죄 피의자들의 신상정보를 무단 게시한 혐의를 받게 되는데요. 쟁점이 되는 것은 형법 310조의 해석입니다. 형법 310조는 '명예훼손 행위가 진실한 사실로써 오로지 공공의 이익에 관한 때에는 처벌하지 않는다'고 규정하고 있는데요. 이 법조문이 만들어진 취지는 오직 공익을 위한 것이라는 조건을 충족하면 명예훼손이 있더라도 범죄가 되지 않는다는 것입니다.

처벌을 반대하는 쪽은 이 법조문을 들어 신상공개가 성범죄를 없애기 위한 것이고 환기를 시키는 공익적 역할이 있기 때문에 명예훼손이 있더라도 형사처벌이 불가하다는 주장입니다.

반면 수사당국은 운영자를 처벌하는 것만이 아니라 디지털 교도소와 같은 활동을 법적으로 제재한다는 입장입니다. 일각에서는 사실적시 명예훼손 조항은 문제가 있다고 주장합니다. 진실이라 해도 공익에 부합하지 않으면 처벌된다는 것이기 때문입니다. 공익이라고 인정했을 때 소수에게는 불리할 수 있다는 것입니다. 헌법재판소도 '사실적시 명예훼손죄'가 위헌인지 판단하고 있고, 공개변론에서 찬반 의견을 듣기도 했습니다. 참고로 미국과 독일, 프랑스, 영국, 벨기에, 호주, 포르투갈, 러시아 등은 사실적시 명예훼손 조항이 없습니다.

Q 그렇군요. 사이트 전체 차단에 반대하는 주장도 나오고 있다는데, 왜 이런 주장을 하는 걸까요?

일부 불법 정보가 있다는 이유로 웹사이트 전체를 차단하는 관행은 언론의 자유에 부합하지 않기 때문에 억제되어야 한다는 것입니다. 이는 언론매체가 오보를 냈다고 매체를 폐쇄시키지는 않는 것과 같은 이유라는 것입니다. 몇 건의 오류 때문에 디지털교도소 전체를 차단하는 너무 극단적인 결정이라는 것이죠. 물론 디지털교도소가 등록된 일반 언론매체와는 다를 수 있지만 국민의 언론 행위일 수가 있어서 그 행위로 일어나는 일에 대해서는 책임은 져야하겠지요.

다만, 대법원 판결도 사이트의 전체 내용을 봐야 한다고 말합니다. 모든 개별 게시글이 불법성을 갖는지 확실하게 판단할 수 없는 상황에서 전체를 차단하는 것은 과잉규제라는 지적입니다. '성범죄자 알림e' 사이트의 정보를 그대로 공개하는 것이 아청법 위반인지도 따져야 하는 부분입니다. 접속차단이 사회적 논의를 막는 것은 아닌지 그것이 공익성을 해하는 것은 아닌지 살펴야 합니다. 모든 정보가 다 거짓이 아니라는 점을 생각하자는 것이고 거짓이 아닌 정보들은 공익성과 부합할 수 있다고 주장합니다.

Q 방심위가 전체 접속차단을 결정했지만, 사이트 자체가 폐쇄되는 건 아니다, 우회하면 볼 수 있다, 그런 뜻인가요?

네, 방심위 결정에서 사이트 폐쇄는 과잉규제라는 의견이 다수였습니다. 그래서 접속 차단을 했지만 사이트 자체가 없어진 것은 아닙니다. 개별 정보 차단을 결정한 뒤 방심위에는 사이트 자체를 차단해 달라는 민원이 13건 접수되었다고 합니다. 디지털 교도소 서버가 해외에 있기 때문에 방심위가 할 수 있는 것은 폐쇄가 아니라 해당 사이트 주소 접속을 국내에서 막는 것뿐입니다. 그래서 우회로 외국에서는 접속할 수가 있게 됩니다. 이러한 접속차단에 반발해 운영진이 서버를 옮겨 사이트를 열 수도 있습니다. 방심위는 운영자가 차단을 피하려고 해외에서 서버를 옮겨가며 활동하는 것을 염두에 두고 상시 모니터하겠다는 계획을 밝히기도 했습니다. 하지만 이에 대해서 사후 약방문일 수 있다는 지적도 있습니다. 아무 죄가 없는 피해자정보가 사이트에 노출되면 일단 입은 피해를 회복하는 게 어렵고 심지어 불가능에 가깝다는 점 때문입니다.

Q 웹사이트가 언제든 활동이 가능하다는 것인데요, 검거된 운영자는 1기이고 이미 2기 운영자라 밝힌 인물이 입장문을 내고 운영 재개에 나섰다고 해요. 앞으로 이 사이트가 문제점을 보완해 공익성을 갖게 되

면 어떻게 되는 걸까요?

2기 운영자는 1기 운영진이 모두 인터폴 수배자가 되어 운영이 불가하다는 것을 알고 있고, 디지털교도소가 사적 제재 논란으로 폐쇄 요구까지 있지만, 사라지기엔 아까운 웹 사이트라며 재개하겠다는 뜻을 밝혔습니다. 특히 피해자 고통에 비해 성범죄자들은 죄질에 상응하기보다는 너무 가벼운 처벌을 받고, 그들의 범죄는 사람들의 기억 속에서 사라지고, 그런 뒤에 아무렇지 않게 사회에 복귀한다고 하면서 앞으로 "법원 판결, 언론 보도자료 등 확실한 증거가 존재하는 경우에는 신상 공개를 할 것"이라고 했습니다. 사법부 판결에서 지적한 부분들을 보면 1기 운영방식에서 벗어나면 사실적시 명예훼손이 낳는 위법성이 줄어들 수 있다는 것입니다. 객관적으로 확인된 증거나 판결 결과 등을 게시글로 올린다면 공익성 여부가 달라질 것입니다.

그런데 피해가 잇따라 발생해도 디지털교도소는 어떤 책임도 지지 않았고 그 긍정적인 역할만 강조해왔습니다. 앞으로는 책임을 질 수 없다면 디지털교도소 사이트를 폐쇄하는 게 옳다는 주장도 무시할 수만은 없을 것입니다. 앞서 인스타그램을 통해 성추행물을 요구한 것으로 신상이 잘못 올려진 의사는 모르는 번호로 하루 100통 이상의 위협 전화, 문자와 SNS로 오는 욕설 등에 시달렸습니다. 이에 대해 경찰관계자는 "2기 운영진이라는 것도 1기 운영진이 지어낼 수 있기 때문에 실존하는 건지, 가공의 인물인 것인지 여부를 파악할 것"이라고 밝혔습니다.

Q 디지털교도소 논란과 관련해 국가 기관이 잘못 대응했거나 변화를 모색할 지점은 없을까요?

일부에서는 성범죄자는 느리게 잡으면서 디지털교도소 운영자는 빨리도 잡는다는 쓴소리가 나오기도 했는데요. 성착취물들에 대해서 너무 관대하다는 지적이 많죠. 예컨대, 세계 최대의 아동 성착취물 공유 사이트를 운영한 손정우에게 내려진 형벌은 1년 6개월 징역형에 불과했습니다.

공적 처벌이 다른 나라보다 굉장히 미흡하다는 감정이 쌓여 있고 그래서 사적 제재 수단으로 디지털교도소 사이트가 등장했습니다. 피해자의 인권을 생각해서 자력 구제를 하기 위해서는 사법체계의 개선도 필요하다는 것이고요. 다만, 최근 대법원 양형 위원회에서 아동, 청소년 성착취물 제작 범죄의 권고형량을 대폭 높이기로 했기 때문에 추이를 지켜봐야 하며 이에 사적 제재보다 공적인 국가기관에 맡겨야 한다는 주장도 비등합니다. 상식적으로라도 엄벌이 이뤄지는 선례를 남겨야 합니다. 사법부 판단으로 더 이상 이런 강력범죄가 일어나고 애매한 사람들이 고통 받는 일이 없도록 해야할 것입니다. 문호적 사법조치가 필요한 것입니다.

Q 우리 가수가 해외 아레나에서 공연을 한다는 소식을 많이 접하게 되고 우리나라에도 생긴다는데요. 요즘 주목을 받고 있는 아레나는 무엇을 말하는 것인가요?

케이 팝 가수들이 해외 공연을 할 때 아레나 공연을 한다는 소식을 많이 접하게 됩니다. 아레나 공연장에서 공연을 하면 최고 가수임을 증명한다고도 합니다. 아레나(arena)라는 단어는 고대 로마에서 2세기 초에 만들어진 원형경기장에서 비롯합니다. 맹수 사냥이나 검투사 경기로 쓰이다가 로마 멸망 이후에는 연극 공연장으로도 쓰였습니다.

올림픽 개폐회식이 열리고 육상 트랙이 있는 대형 경기장을 대개 스타디움이라고 부르는데 아레나는 스타디움(stadium)보다 작은 실내 경기장이라는 뜻이지요. 아레나는 이제 실내 실외를 막론하고 최첨단 장비와 기술을 갖추고 전문 공연이 이뤄지는 공간을 말하고, 전문 공연장이기 때문에 공연을 하고 싶어 하는 가수가 줄을 서게 되는 것입니다.

Q 그렇다면 아레나의 장점을 꼽는다면 어떤 점을 들 수 있을까요?

스타디움과 같은 다목적경기장은 설비 장치 설치에 많은 시간이 듭니다. 무대, 음향, 조명 등 설치에 10여 일, 철거하는 데 10여 일이 소요됩니다. '축구경기 한 번, 콘서트 한 번에 한 달이 지난다'는 말이 괜한 것이 아닙니다. 또 실외일 경우 온도와 날씨에 크게 영향을 받아 곤란할 수 있습니다. 또한 스타디움 등은 음향과 무대 장비 효과가 크게 떨어질 수밖에 없습니다. 월드컵 및 올림픽 주경기장은 많은 사람을 몇 만 명씩 동원은 해도 관객들에게는 거리가 너무 멀고 소리도 산란되어 불편함을 주고 뮤지션들에게도 만족감을 주기 힘듭니다. 그렇기 때문에 가수들은 적정한 객석이 있는 공간을 선호합니다.

아레나는 공연의 특징과 관객 숫자에 따라 무대의 규모나 구조는 물론이고 객석을 조정할 수 있습니다. 올림픽 체조 경기장이나 펜싱 경기장은 적절한 규모를 가질 수 있지만, 음향과 무대 배치에 있어서 곤란하기 때문에 여전히 전문 공연장이 필요했던 것입니다.

Q 우리나라에는 아레나가 한 곳도 없다죠? 그래서 해외 가수들이 오지 않거나 우리 가수들도 해외로 아레나를 찾아 공연장에 갈 수 없다는 거네요.

사실 우리나라 대중음악의 숙원 과제가 아레나 공연장입니다. 팝의 여왕 마돈나 공연은 죽기 전에 봐야할 아레나 공연으로 꼽히기도 했습니다. 2010, 2012, 2016년 공연이 추진되었으나 아시아 투어 가운데 한국만 빠진 이유가 아레나와 같은 전문적인 공연장이 없기 때문입니다. 롤링 스톤즈, 셀레나 고메즈 같은 가수들이 한국을 지나치는 이른바 코리아 패싱이 일어나는 이유 가운데 하나가 이런 전문 공연장이 없기 때문입니다.

케이팝 스타들이 일본 공연을 많이 가는 이유는 이런 전문공연장에서 관객들을 끌어 모으기가 유리하기 때문입니다. 우리나라의 대형 공연은 올림픽 체조경기장, 고척돔 같은 스포츠 경기장에서 이뤄집니다. 2000만 명 규모의 인구가 있는 수도권 지역이 있는 국가 가운데 아레나가 없는 나라는 한국뿐이고, 세계 10대 도시에서 아레나가 없는 곳이 서울입니다. 일본과 중국은 물론이고, 태국, 필리핀, 인도네시아, 말레이시아에도 아레나가 있는데 한국은 없습니다.

Q 이런 아레나가 여러 곳 건설될 예정이라고 하는데, 어떤 곳들인가요?

서울 도봉구, 경기 고양시, 의정부시와 인천국제공항공사, CJ그룹, 서울 및 수도권 지방자치단체와 기업들이 전문 실내 공연장인 아레나 건립 경쟁에 나서고 있습니다. 대체적으로 만 명에서 2만 명 정도 규모이고 2~4년 뒤 완공을 목표로 합니다.

구체적으로 영종도 국제업무지구에 2022년 개장을 목표로 1만 5000석 규모의 아레나를 짓고 있고 서울시와 도봉구는 창동역 인근에 1만 8000석 규모로 지을 예정인데 2024년 1월 개장할 계획입니다. 서울시는 잠실종합운동장 일대에 1만 1000석 규모의 아레나 포함 복합단지도 짓습니다. 의정부시는 2만 석 규모의 K팝 공연장을 CJ는 고양시 한류월드 안에 아레나를 만듭니다. 주로 수도권에 집중되어 있습니다.

Q 이렇게 앞 다투어 아레나를 짓는 이유는 케이 팝 한류의 경제 효과 때문이겠죠?

해외 한류팬 유치 및 국내 공연 시장 확장을 통해서 지역경제 활성화도 이뤄질 것이라는 전망에 따른 것입니다. 짧게는 2년에서 4~5년 뒤 수도권에 아레나가 두세 곳 들어서면 대중음악 공연 시장이 열 배 이상 커진다는 예측이 있습니다. K팝과 해외 스타들의 대형 공연이 연간 200회 이상으로 늘 수 있다는 것이고, 방탄소년단의 서울공연처럼 관객의 약 20%는 외국인이 될 것이라는 전망도 있습니다.

아레나 한 곳에서 연간 120~130일 이상의 음악 공연을 비롯해 대형 이벤트를 열어 연간 180만 명을 모을 것이고 공연장 운영에 따른 취업유발 효과가 2,150명이 될 것이라는 전망도 내놓습니다. 아레나 쪽에서는 "복합리조트형 아레나에서는 개장하면 약 1만 명의 일자리와 5조 8000억 원의 생산효과가 창출될 것"이라는 장밋빛 전망도 내놓고 있습니다.

서울의 방탄소년단 콘서트 경제효과가 1조 원에 가깝다는 연구도 있었는데, 고려대 연구팀은 보고서에서 서울 잠실올림픽주경기장에서 열린 방탄소년단 '러브 유어셀프:스피크 유어셀프' 파이널 콘서트의 직·간접 경제효과가 약 9천 229억 원으로 추산했기 때문입니다. 이런 추정치나 전망대로 될지는 미지수이지만 예전과는 다른 측면에서 케이팝은 경제 효과를 나타내고 있는 점은 사실입니다.

Q 아레나 공연은 세계적인 추세라는데 세계적으로 아레나를 활용한 사

레들은 어떤 게 있나요?

영국 런던 아레나는 세계에서 아레나의 대표적인 성공 사례입니다. 연간 방문객이 900만 명이고 2007~2018년 약 3000개의 청년 일자리와 약 2조 8000억 원의 경제효과 창출했습니다. 런던의 공연 티켓 판매량은 5년 새 10배 증가했고 영국 라이브 콘서트 시장은 6.5배 성장했습니다. 미 코네티컷 주 모히건 선의 연간 방문객은 1300만 명입니다. 1만 석 규모의 아레나로 규모는 작지만 관객 동원에서 미국 8위의 아레나인데 세계 최고 수준의 무대·음향 시설로 U2 등 세계적인 스타들의 공연이 1년 내내 열립니다.

아레나를 중심으로 공연산업을 키워온 일본에는 최대 3만 명을 수용할 수 있는 사이타마 슈퍼아레나와 요코하마 아레나 국립 요요기 경기장, 오사카성홀, 마린멧세 후쿠오카, 그린돔 마에바시 등이 있습니다. 수용인원은 최소 6000명에서 최대 3만 명의 대형 실내 공연장들입니다. 우리 K팝 전체 매출의 절반가량이 일본에서 나옵니다. 사이타마는 도쿄의 낙후된 외곽 도시였는데 슈퍼 아레나가 개장한 2000년 이후 문화중심지가 되었고, 사이타마 슈퍼 아레나 때문에 일본 방문객이 연간 290만 명 늘고, 창출되는 경제 효과가 400억 엔(약 4200억 원)에 이릅니다.

홍콩에는 아시아 월드엑스포 아레나와 홍콩 콜리세움(Coliseum)이 있는데 3만 5000석 규모의 공연장을 추가해 52억 달러 상당의 공연 수익을 기대합니다. 또 서구룡문화지구에는 1만 5000석 대형 실내 전용 공연장(Arena for Pop Concert)과 최소 250석에서 최대 2200석 규모의 중소형 연주장 14개, 박물관, 야외극장 등 총 17개의 문화예술공간이 예정입니다.

Q 한 가지 궁금한 것은 음악 소비가 음원 디지털로 이동하는데, 왜 이런 전문 공연장은 더 활성화 되는 것일까요, 어떻게 봐야 하는지요?

음악 산업이 디지털 음원 시장 위주로 완전히 전환될 것이라는 일반적인 예상과 달리 콘서트 시장 역시 매년 안정적인 성장세를 보이고 있습니다. 프라이스워터하우스쿠퍼스(PwC)가 발간한 '엔터테인먼트&미디어 전망 2018~2022'에 보면 라이브 공연 시장은 2022년까지 연평균 3.3% 성장합니다. 306억 달러 규모이고요. 2022년 기준 디지털 음원 시장 규모(23조 달러)보다 훨씬 큽니다. 세계 공연계가 '아레나(Arena)쇼'에 주목하고 있는데, 원형의 대형 공연은 일반 콘서트나 뮤지컬에서는 볼 수 없는 장대한 규모와 효과로 볼거리를 제공합니다. 특히 전문 공연장에서 열리는 아레나 쇼는 전 세계적으로 급속히 인기를 모으고 있습니다. 공연장이 주는 스케일은 디지털 공간이 채워줄 수 없는 경험을 제공해 주어서 디지털 세대에게는 매력적입니다. 라이브 공연 팬들은 특히 소비성향이 강하다고 합니다. 자신들의 원하는 아이템에 소비를 망설이지 않기 때문에 단순히 공연 관람을 넘어 관련 기념품 구매, 숙박·관광에도 큰 영향을 미칩니다.

Q 아레나의 성공 요건으로 무대 시설과 접근성, 편의 공간 등을 꼽는다죠? 현재 논의되고 있는 아레나 건립 계획안들은 이런 점을 충족하고 있나요?

주최 측에게는 '제작 맞춤형 전문 공연장', 관객들에게는 '관람 몰입형 전문 공연장'이 필요합니다. 필수 조건은 공연을 자유롭게 연출할 수 있는 설치할 수 있는 격자판 시설물인 '그리드'가 완비되어야 합니다. 인건비와 공연장 대여비가 줄고, 공연 횟수 증가가 가능하여 수익성이 개선되고 관람료도 낮출 수 있기 때문입니다.

아레나는 공연뿐 아니라 라이브 이벤트 무대도 다양하게 만들 수 있어야 합니다. 각 특성에 맞게 객석 규모 또한 변화에 맞게 운영해야 콘텐츠 수용을 극대화할 수 있다는 분석입니다. 입지 조건도 중요합니다. 지하철과 버스, 철도 등과 연결하는 대중교통 인프라가 있어야 해서 10대 관객들이 이용할 수 있는 지하철은 필수입니다. 대중음악 공연은 관람객 80% 이상이 여성이기 때문에 여자 화장실도 많이 확보해야 합니다.

이런 점에서 공연계의 반응은 우호적이지는 않은 듯합니다. 가장 큰 이유는 접근성이 떨어지기 때문입니다. 서울 외곽에서 대형 공연을 열기가 힘들다는 점을 생각합니다. 또한, 아레나만의 특색과 디자인을 갖추어야 합니다. 편의시설도 중요합니다. 전시관, 대중음악 지원 시설과 레스토랑 카페 등도 관건입니다. 공연장 주변에 MD숍도 여러 곳에 있어야 합니다. 국내 경기장에는 이런 시설이 거의 없습니다. 관객들이 바깥에서 식사하고, MD 상품을 사려고 땡볕이나 칼바람을 맞고 길게 줄지어 있어야 하는 고충이 있어서 문제였습니다.

Q 지금까지는 없었지만 갑자기 아레나가 여러 개 생기면서 벌어질 수 있는 과당 경쟁에 따른 부작용도 경계를 해야겠네요?

수도권에 비슷한 시기에 여러 곳에서 아레나 건립이 추진되면 과당 경쟁 때문에 사업성 저하가 우려됩니다. 비슷한 시기에 개장하는 곳이 많으면 수요에 비해 공급 초과가 될 수 있고, 비싼 시설을 놀릴 수 있는 상황을 낳을 수도 있습니다. 첨단시설은 물론이고 콘텐츠 유치 및 운영 경쟁력을 갖춘 곳만 유리합니다. 나머지는 적자 운영을 하게 되면서 예상에 못 미칠 수 있기 때문에 특히 지자체의 경우 혈세만 탕진할 수도 있습니다. 게다가 지역과 수도권의 양극화 현상이 심해질 수 있습니다.

여하간 아레나들이 개관을 하면 열악한 음악 공연 문화가 개선은 될 여지가 있지만 지나치게 경제효과만을 노리는 것은 타당하지 않습니다. 아레나 건립의 목적은 다양한 콘텐츠를 통해서 시민들과 국민 나아가 세계 팬들의 문화적 향유와 공유를 위해 운영되는 것이어야 합니다. 또한 다른 문화예술에 개방적이고 소통이 우선되어야 합니다.

Q 국민 2명 중 1명은 SNS를 이용하고 있다는데요. 이용자가 세상을 떠난 뒤에도 온라인 공간에 그대로 남은 SNS 계정을 어떻게 처리할지를 두고 의견이 엇갈린다면서요?

세상을 떠난 뒤에도 다른 이용자들이 꾸준히 방문하는 것이 유명인의 계정입니다. 이에 대해서 분명한 처리 지침이 있어야 한다는 주장이 나오고 있습니다. 여러 가지가 악용될 수 있기 때문에 주의가 필요합니다. 비밀번호와 아이디 등 로그인 정보를 가족이나 지인에게 알려주지 않으면 계정이 온라인상에 방치되는 경우가 잦습니다. 특히 정치인과 연예인 등 유명인들의 계정이 인터넷에 그대로 남아 있는 경우가 많습니다. 일반 시민의 경우도 그렇지만 정치인들의 계정도 그대로 방치된 경우가 꽤 됩니다. 예를 들면 고(故) 박원순 전 서울시장과 고 정두언 의원의 SNS는 생전 관리하던 상태 그대로 정지해 있습니다.

Q 악플에 시달리다 세상을 등진 연예인의 SNS 계정이 여전히 부정적인 댓글에 노출될 우려가 있다고 하는데요. SNS 계정이 방치될 경우 해

킹 위험도 있는 것 아닌가요?

타계한 연예인의 SNS에는 성적 비하가 담긴 외설적인 댓글들이 도배하듯이 잇달아 달리기도 하는데 이는 고인을 모욕하고 명예를 훼손하는 것입니다. 이런 연예인의 계정에 악플이 달리는 것은 계정이 폐쇄되지 않은 채 공개가 그대로 되었기 때문입니다. 소속사 등은 법적으로 남남이기 때문에 직접 나설 수가 없습니다. 방치된 계정을 해킹해 도박이나 성인 사이트 광고 등에 악용하기도 합니다.

연세대 교수이자 문학평론가였던 마광수 교수의 계정에는 수차례 온라인 몰카나 유튜브 영상이 불법적으로 게재되기도 했습니다. 공식 계정이 없는 경우에는 이를 사칭하는 경우도 생깁니다. 고 노무현 대통령의 경우에는 고인을 조롱하고 모욕하는 계정이 생겨서 운영이 되었는데도 제재를 받지 않았습니다. 물론 일부 연예인들의 경우에는 추모의 공간으로 전환되어 운영되는 사례가 있기도 합니다. 이렇게 되려면 깨어 있는 의식이 필요합니다.

Q 현재 제도적으로는 어떻게 조치를 취할 수가 있나요?

주요 포털 사이트의 계약 약관을 보면, 이용자의 죽음을 해지 사유로 규정하지는 않고 있고, 이 때문에 사후에도 오랜 기간 고인의 사진과 글이 떠돌 수 있는 것입니다. 다만, 방송통신위원회의 '잊힐 권리 가이드라인'(2016년)에 따르면 직계 가족이 사망 증명서와 가족관계증명서 등을 제출하면 고인의 콘텐츠를 삭제할 수 있고, 다른 이용자가 볼 수 없도록 제한할 수 있습니다. 각 관련 기업들의 형식에 맞춘 서류를 포털, SNS 운영회사에 제출하면 흔적을 지울수가 있는 것입니다. 그런데 젊은 세대가 먼저 세상을 떠나는 경우 인터넷 환경이나 SNS에 익숙하지 않은 부모나 지인들이 계정을 관리하기 어려울 수 있고, 또한 가입하기는 상당히 쉽지만 해지하기는 매우 어렵게 해 놓은 상황인 것은 분명합니다.

Q 개별 SNS 운영업체들은 업체별로 서로 다른 사망자 계정 처리 방침을 갖고 있다고 하던데, 어떻게 다른가요?

페이스북은 '기념계정'과 '영구삭제'를 설정할 수 있습니다. 가족이나 친구가 페이스북에 신청하면 미리 설정한 방법으로 바뀝니다. 기념계정은 '고인을 추모하며'라는 단어가 표시되고, 기념계정 관리자를 미리 지정할 수 있게 해놓았습니다. 영구삭제는 지정 날짜에 따라 데이터가 사라집니다.

인스타그램은 기념계정으로 할 수는 있지만, 이용자가 미리 설정할 수는 없습니다. 가족이나 친구의 신청이 이뤄져야 가능합니다. 무엇보다 사망 증명이 필수적입니다. 기념계정이 되면 지인과 가족이 불쾌함을 느끼지 않도록 언급이 금지됩니다. 직계가족일지라도 로그인을 할 수 없도록 해 놓았습니다. 영구적으로 계정을 삭제하려면 직계가족이 출생증명서와 사망증명서, 가족관계나 법률 대리인이라는 증명 서류를 보내야 가능합니다.

트위터도 직계가족, 법률 대리인이 사망증명서와 신청자 신분증 등의 양식을 제출하면, 제출 자료 정보는 기밀로 분류되고 내부 검토후 계정이 없어지게 됩니다. 트위터는 비활성화를 뒤늦게 변경해 추모공간으로 바꿀 수 있게 했습니다. 이러한 점들은 사실 많이 알려지지 않고 있습니다. 이러한 과정들을 거치지 않고 바로 고인의 비밀번호나 아이디를 달라고 유족들이 요구하는 것은 이런 제도와 절차가 있는 것을 모르기 때문입니다. 영구 삭제를 할 것인지 추모공간으로 남길 것인지 결정해야 합니다.

Q 장기간 활동이 없는 계정을 비공개 휴면 계정으로 전환했다가 대리인 등이 이용을 재신청하면 휴면 상태를 해제하는 등의 대책도 필요할까요, 어떻게 보세요?

국내 SNS는 일부 서비스 계정을 휴면시킨 후 장기간에 걸쳐 로그인하지 않으면 삭제하고 있습니다. 그런데, 이 장기간이라는 기간에 부당한 일들이 일어날 가능성도 있습니다. 고인의 채널을 보호할 필요가 있는데 가장 중요한 유족의 뜻이지만 경황이 없고 신경을 쓸 여력이 없을 수도 있기 때문에 유족이 권한을 위임한 대리인에게 고인의 계정 관리를 허용할 수 있도록 해야 합니다. 또한 일정 시간 활동이 없는 계정은 휴면 상태로 전환하는 방안을 실행해야 합니다.

고인의 잊힐 권리에 대해 각 SNS기업의 약관에 맡기고 있어 해석과 권한 범위도 각기 다르기 때문에 분명한 법적 기준 마련이 필요하겠습니다. 단지 민간 서비스이기 때문에 시장에 맡기는 것이 아니라 공적인 조치와 개입이 필요할 것입니다.

Q 해외에선 어떻게 하고 있습니까? SNS를 '디지털 유산'으로 규정하고
재산이나 물건을 정리하듯 선택할 수 있게 해야 한다는 주장도 일찍
부터 나오지 않았나요?

무엇보다 개인의 디지털 기록물도 재산이나 유산과 같다는
인식입니다. 이것을 어떻게 의미있게 바람직하게 공적으로
관리할 것인가가 미래에 더 부각될 것입니다. 해외에서 디지털 기록
물을 관리하고 처리를 하는 SNS 파생 서비스들이 등장하면서 주목
을 받았습니다. 한 업체는 계정 소유자의 사후 SNS 계정에 대해 기록
물 삭제 등의 서비스를 제공합니다. 다른 업체는 디지털 유언의 집행
자를 지정하고 사전에 저장된 메시지 전달 등 사후 계정을 관리 서비
스를 대행을 하지만 우리나라는 아직 걸음마 단계입니다.

영국에서는 '디지털 유산 협회(Digital Legacy Association)'가 있어서
기록물에 대해 이용자 생존 시 관리하고 정리하라는 캠페인을 했습
니다. 무엇보다 영국은 디지털 유산 관리 전문가도 양성하는 국가적
사업을 하고 있습니다. 아울러 앞서 추모공간화 하는 것에 대해서 말
씀을 드렸는데 국민 개개인이 모두 소중한 문화유산이라고 생각합니
다. 디지털 유산을 관리하고 이것을 어떻게 미래 세대의 공적 자산이
될 수 있도록 할 것인지에 대해서 대안적 모색이 필요하다고 봅니다.

Q 유산의 하나로 자리잡은 디지털 기록물에 대해 이용자들의 명시적 의
사 표시가 선행되는 문화를 만드는 게 필요하다는 지적도 가능하겠
네요?

SNS를 적극적으로 활용하는 이용자 자신이 직접 자신의 흔적을 어떻게 관리할지 미리 정해두도록 하는 것이 고도화되는 인터넷 환경의 사회적 배려이자 문화라는 견해들이 확산되고 있습니다. 바람직하고, 당연한 수순으로, 대부분의 경우 디지털 기록을 지우는 것은 이용자가 세상을 떠나고 난 뒤에 정리가 됩니다. 잊힐 권리를 생존 시에 행사할 수 있도록 법적·제도적인 조치가 필요할 것입니다. 이를 위한 가이드라인이 필요하고 이를 문화적으로 확산시킬 필요가 있을 것입니다.

기업들도 이용자들의 가입만을 유도하는데 치중할 것이 아니라 사후 부당하게 사용할 수 있는 위험을 최대한 제거할 수 있도록 안전장치나 조치를 취하는데 최선을 다해야 합니다. 고인들에게 능욕이나 모욕을 당하도록 방치하는 것은 인권적으로나 문명사회 관점으로 봤을 때 바람직해 보이지는 않습니다. 또한 방치했을 때 관련 기업의 명성과 이미지에도 부정적인 효과를 가져다 줄 수 있습니다.

Q 사회적으로는 '플렉스' 문화가 유
행이라는데, 이게 어떤 문화를
말하는 것인가요?

14
'플렉스' 문화와
카페인

'**플**렉스(flex)'는 사전적으
로는 '전선' '구부리다'
'몸을 풀다'라는 의미인데 주로 운
동할 때 '근육에 힘을 주다' '근육
을 과시하다' 등으로 사용합니다.
이 말이 대중문화에 들어온 것은
1990년대 미국 힙합 문화에서 래
퍼들에게서 비롯했습니다. 그들이
부나 귀중품을 뽐내는 모습에서 비
롯해 '무엇인가를 과시하다, 뽐내다'라고 쓰였습니다.

한국에서는 염따 때문에 크게 알려졌는데 힙합 서바이벌 프로그램
'쇼미더머니8'에서 래퍼 염따가 고가의 물건을 보여주며 "플렉스 해
버렸지 뭐야"라고 말하면서 본격 유행했던 것입니다. 구체적으로 젊
은층을 중심으로 "플렉스 해버렸지 뭐야" "오늘도 플렉스했다" "플
렉스 인증" 같은 말이 유행어가 됐습니다. 하나의 젊은 세대 문화처
럼 유행하고 있는 상황이고 주로 소비 현상에서 나나타고 있습니다.
그 분야와 대상은 확산 중에 있습니다.

Q 플렉스 인증 문화라는 것도 주로 인터넷이나 SNS에서 주로 드러나는

101

것인가요?

인터넷 모바일 문화가 본격화 되지 않았다면 플렉스 현상이 많이 나타나지 않았을지 모릅니다. 소셜네트워크서비스 (SNS)에는 수많은 관련 게시물이 올라오고 있습니다. 특히 오늘의 플렉스라는 게시물이 많이 올라옵니다. 저마다 매일 자신만의 플렉스 행위를 SNS에 올리는 게 일상인 사람들이 많이 늘어나고 있는 것이죠. 일종의 플렉스 리뷰 컨텐츠가 많은데, 즉 플렉스 할 수 있는 대상을 소개하는 콘텐츠도 많습니다. 젊은층 사이에서는 플렉스 소비는 인증샷을 올리면 끝이 난다는 말도 있습니다. SNS를 통해서 영향을 받고 SNS에 올리려고 또 SNS를 통해 자신을 드러내고 주목을 받으려고 플렉스 소비를 하는 것입니다. 특히 플렉스는 유튜브 문화와 결합, 일종의 '소비놀이'로 바뀌었습니다. 인증샷 놀이문화가 플렉스라는 개념과 융합한 것이죠.

Q 이런 플렉스 문화가 나타나는 이유는 뭐라고 봐야할까요?

무엇보다 아껴 쓴다는 개념보다 만족감을 중시하는 문화가 만들어지고 있기 때문입니다. 구인, 구직 사이트가 20~30대 3064명을 대상으로 '플렉스 소비문화'에 관해 설문을 조사했더니 52.1%가 이를 긍정적으로 응답했습니다. 플렉스에 대해 긍정적으로 생각하는 이유로는 '자기만족이 중요해서'(52.6%)가 가장 높았습니다. '즐기는 것도 다 때가 있다고 생각해서'(43.2%)라거나 '스트레스 해소에 좋을 것 같아서'(34.8%), '인생은 즐기는 것이라 생각해서'(32.2%), '삶에 자극이 돼서'(22.2%), '멋있어 보여서'(7.3%) 등도 있었습니다. 애초에 플렉스는 가성비를 넘어서 가심비에서 시작되었고, 가심비는 가성비에서 중요시하는 가격보다는 자기 만족감을 중시합니다. 즐거운 만족감을 위해서라면 가격을 따지지 않고 소비하는 심리에서 플렉스가 시작된 것입니다. 좋게 말하면 가치 소비가 전제 조건이겠죠.

Q '플렉스(flex)' 문화나 명품 소비를 이끄는 특정 연령층이 있는 건가요?

보통 명품시장 주 고객층은 여전히 3040세대입니다. 그런데 유통사와 명품 브랜드들이 20대 구매자를 주목하는 것은 바로 플렉스 문화 때문에 명품 소비가 늘어났기 때문입니다. 실제로 한 백화점에 따르면 올해 상반기 20대 이하 명품 매출 신장률은 각 25.7%여서 40대의 13.7%보다 거의 두 배 이상이었습니다. 다른 백화점 통계에서는 30%의 신장률을 보이기도 합니다.

소비로 자신의 존재감과 정체성을 형성하는 세대적 특징이 플렉스 문화에 반영이 되고 있는 셈입니다. 이런 20대들을 가리켜 '영앤리치(young&rich)'라고도 합니다. 소비가 가난과 부유함을 뛰어넘어 이뤄지는 중심이 바로 플렉스 세대입니다.

유튜브에서 '플렉스'로 검색하면 '명품 하울'이란 제목의 영상이 꽤 있는데 '하울(haul)'이란 물고기가 가득 찬 그물을 강하게 끌어당기거나 큰 짐을 수레로 나르다는 의미인데 명품 하울은 명품을 품평하는 일종의 명품 '언박싱'입니다. 언박싱은 제품 개봉을 통해 놀이처럼 즐기는 것으로 하나의 예능 프로그램화하는 것을 말합니다. 이런 '명품 하울' 영상의 주시청층이 20대라고 할 수 있습니다.

Q 그렇군요. 코로나19와 같은 상황일수록 이런 플렉스 문화가 더 나타날 수 있다는데, 특별한 이유가 있을까요?

물론 불황기에 고가 제품이 잘 팔린다는 말은 있지요. 경기가 좋을 때는 명품 소비가 많기 때문에 티가 나지 않을 수 있습니다. 하지만 불황이거나 소비가 위축되어 있을 때 명품 소비는 주목을 받을 수 있습니다. 자신이 위축되고 심리적 저하가 있는 상황에서 이런 명품 구매를 하면 마치 자신의 존재가 달라지는 듯한 착시 현상이 발생할 수 있습니다. 어려운 상황일수록 나는 힘들지 않다는 점을 드러내기 위해서 과시 소비를 합니다. 다른 이들과 구별짓는 것이죠.

코로나19 상황에서 우울감과 무력감을 느낄 수 있는데 이런 마음 상태를 플렉스를 통해서 해소하려는 경향도 생겼습니다. 코로나19에 지친 자신에 대한 보상 심리가 작용하는 면도 있겠고요. 하지만 고가의 제품만이 보상을 해주는 것은 아닐 것이고, 코로나19로 저축된 돈들은 더 생산적인 곳에 쓰일 필요가 있지 않을까요?

Q 문제는 청소년들 사이에서도 '플렉스(Flex) 현상'이 확산하고 특히 명품 과시 현상이 일어나고 있다는 것 아닐까요?

경제적 역량이 없기 때문에 일종의 부모의 뼈골을 빼먹을 수 있는 지경이 될 수 있어 등골브레이커라는 말도 나옵니다.

경제능력이 없는 10대들이 부모를 통해 명품을 구매하는 경우도 있어 10대들의 자기과시 욕구 등이 플렉스 현상을 만들고 있습니다. 과소비하는 이유에 대해 친구들과 함께하려고 플렉스를 할 수밖에 없다고 합니다. 한 아르바이트 전문 포털 설문조사를 보면 10대들이 명품을 구매하는 이유로는 유행에 뒤처지고 싶지 않아서(18.3%), 주위에 나만 없는 것 같아서(17.4%) 등이 상위권을 차지했습니다.

자신의 경제력 상황과 관계없이 또래 관계를 위해 과소비를 하는 셈입니다. 가방에서부터 지갑, 패딩에 이르기까지 수백만 원에 이르기도 한다고 합니다. 명품이 학교생활에서 자신의 등급을 결정한다고 생각하는 풍토가 있다는 것이죠. 마치 경쟁에서 이기고 있다는 생각을 한다고요. 잘못된 삐뚤어진 입시 경쟁이 플렉스라는 이름으로 또 다른 현상을 만들어 횡행하고 있는 것입니다. 심지어 플렉스를 위해 절도 범죄에 빠지게도 됩니다.

"본인이 알바 등 노동을 통해 구매하는 것이라면 괜찮지만 부모님이 사주는 경우 부담이 너무 크다"

"어려서부터 고가의 제품을 선호하다보면, 좋은 경제관념이 생기기 어렵다"

"과시욕과 허영심만 생기게 된다"는 지적이 나오는 이유입니다.

Q SNS에서의 플렉스 과시 때문에 '카페인' 우울증을 겪는 사람들도 생겨나고 있다는데, 카페인 우울증은 또 뭔가요?

여기에서 카페인은 커피나 녹차 속의 실제 카페인은 아닙니다. 카페인은 '카카오스토리' '페이스북' '인스타그램'의 앞

글자를 따서 만든 신조어입니다. 매일 습관처럼 무의식적으로 다른 사람들의 SNS 게시글을 접할 때 우울함을 느끼는 증상을 가리키는 말입니다. 고단한 일상을 버티듯 살아가고 있는데 타인의 SNS에서 행복하고 좋은 곳에 가고, 명품을 소비하는 모습을 보노라면 상대적으로 자신의 삶이 비교되고 초라하며 상대적 박탈감을 느끼게 되는 것이죠. 누군가의 삶과 일상을 부러워하게 되면 오히려 자신의 삶의 방향을 잃을 수도 있겠죠. 그래서 자신의 정신 건강을 위해서 플렉스하는 페친들을 끊는 사람들도 생겨나고 있는데, 그렇다면 과시하는 사람의 정신이 건강할까에도 의문이 듭니다.

Q 바람직한 플렉스 문화가 되려면 뭘 어떻게 하는 게 필요할까요?

플렉스는 평소에는 초저가 제품을 사용하면서 돈을 아끼지만, 자신이 중요하게 생각하고 만족감을 느끼는 물품에 대해서는 큰돈을 마다하지 않는 성향입니다. 경제가 어려워지면 더 나타날 것이라고 전망할 수 있는 이유입니다. 일본 장기 불황기에 유행했던 일점호화(一點豪華) 소비, 미국의 로켓팅(rocketing) 소비 또는 다면 소비(multi-consumming)도 경제적 곤란기에 나타나는 현상입니다.

경제적으로 어려운 상황에서 평소에 아꼈다가 자신이 원하고 좋아하는 것에는 제대로 소비하는 것을 말합니다. 남의 시선을 의식하기보다 자신의 마음을 더 중요시 여기기 때문에 감당 가능한 범위의 플렉스는 미래를 위해서도 주변 사람에게도 바람직할 것입니다. 웹서핑이 많아지는 코로나19 상황에서 충동구매나 과시 소비보다는 현명하고 합리적인 소비가 어느 때보다 더 중요할 것입니다.

Q 구글 앱 마켓 구글플레이스토어에서 판매되는 앱과 콘텐츠에 대한 수수료 30%를 인상하겠다고 밝힌 계획에 대해 같은 수수료라도 애플보다 구글이 더 분노를 사는 이유는 무엇이었나요?

구글은 자신들만의 독자적인 결제 시스템을 가지고 있는데 바로 구글의 인앱결제(In-App payment·IAP) 정책의 배반 때문입니다. 폐쇄형 운영체제(OS)의 애플과 달리, 구글은 개방형 OS임을 내세우며 안드로이드에서 다른 앱 마켓을 허용해왔습니다. 이 때문에 찬사의 대상이 되어 왔습니다. 30%의 수수료는 게임에만 적용되어 왔기 때문에 더욱 애플과 비교가 되어 왔습니다. 더구나 구글플레이스토어의 경우 애플보다 점유율이 높기 때문에 더욱 문제가 되고 있는 것입니다. 개방과 소통성이라는 진보적인 가치를 내세워 브랜드와 평판 이미지 그리고 가치를 높여 점유율을 높인 다음에 전격적으로 수수료를 인상하는 것은 분노를 자아내는 것입니다.

Q 그렇군요. 앱과 콘텐츠 수수료를 30% 인상하게 되면 웹툰, 웹 소설, 음악, 영상 콘텐츠 등 주요 콘텐츠 사용료 중 대부분이 인상되는 것

아닌가요?

그들의 계획에 따른다면 구글의 앱마켓 플레이스토어에 새롭게 등록하는 앱은 30% 수수료가 인상됩니다. 기존 앱은 좀 유예가 되어 10월부터 인앱결제가 의무 적용되는데요. 게임 앱은 이미 인앱결제를 하고 있어 다른 변화는 없는데 웹툰, 웹소설, 음원 등 디지털 콘텐츠는 다릅니다. 그동안 인앱결제 수수료가 없었는데 새로 적용되기 때문입니다. 네이버나 카카오, 멜론 등 웹소설, 웹툰, 음원 서비스에서 이용자를 수백만 명 거느리고 있는 앱들이 30% 수수료 적용 대상이 되는데 가격 인상이 불가피해질 것입니다. 구글에서는 처음부터 이런 콘텐츠 시장이 성숙되기를 기다렸다는 지적이 나올 법 합니다.

Q 그렇다면 이런 서비스를 이용하고 있는 소비자들에게 가격 인상분이 전가되는 것 아닌가요?

예를 들어 포털웹툰 이용권(쿠키) 1개가 100원이지만, 애플 앱스토어에서는 120원인 상황입니다. 이런 가격 상승이 구글에서도 당연히 일어나게 될 것이라 전망하는 것입니다. 네이버웹툰은 569만 명, 카카오페이지는 333만 명, 멜론은 680만 명 등을 확보하고 있는데요, 수수료가 인상이 되면 기업이 이를 상품과 서비스에 반영할 것입니다. 그렇게 되면 거래가 줄어들 것이고 그렇게 되면 다시 상품 가격을 인상하게 될 것입니다. 결국 기존에 이용하고 있던 사람들이 부담을 지게 되는 것이고 새로운 유입자가 줄어들기 때문에 기업의 운영도 어려워질 수 있다고 할 수 있겠습니다. 또한 새로운 스타트업이나 개발자들이 진입하는 데 있어 장벽이 될 수 있고, 개발 자체에 대해서 부담을 줄 수 있는 문제도 있습니다.

Q 구글은 이런 수수료 인상 정책이 미치는 영향이 그렇게 크지 않을 것으로 보고 있는데, 그렇게 주장하는 논리는 무엇인가요?

구글은 이번에 바뀐 정책에 따르지 않는 앱이나 콘텐츠는 차단할 것이라고 밝히고 있습니다. 그러면서 이익을 추구하는 것이 아니라는 점을 강조하고 있습니다. 비게임분야의 매출액이 25%라는 점도 주장하면서 해당되는 업체가 100개 정도로 1%에 불과하다고 주장을 합니다. 이 정도 수준은 그렇게 큰 영향을 미치는 정도는 아니라는 점을 강변하고 있는데 그 구체적인 증거나 자료 등 데이터에 대해서는 제시를 하지 않았습니다. 관련 콘텐츠 업계에서는 이런 구글의 예시보다 더 많은 기업들이 영향을 받을 수밖에 없다고 말합니다.

예컨대, 국내에 웹툰, 웹소설을 제작 공급하는 CP나 에이전시가 1,300곳이나 됩니다. 지금 현재 기업보다 미래의 잠재기업들까지 생각해야 합니다. 기업들은 수수료 외에 마케팅 비용, 운영비용 등을 모두 개발사가 책임지기 때문에 30% 수수료는 지나치다고 봅니다. 구글은 국내 전체 앱마켓의 63.4%를 차지하기 때문에 더욱 파급력이 클 수밖에 없습니다.

Q 콘텐츠 기업도 그렇지만 창작자들은 창작 환경을 위축시킬 수 있다는

점을 들어서 철회를 요구하고 있다면서요?

웹소설, 음원, 웹툰 등 가격 인상이 불가피한 앱 등과 관련해 종사하는 창작자 수가 10만 명 이상이라는 주장이 나오고 있는데요. 창작자들의 수익이 줄어드는 것은 불 보듯 뻔하다는 것입니다. 대개 7 대 3의 배분율이 적용되는 음원을 보면 이런 배분율에서 구글이 인앱결제 수수료로 30%를 주게 된다면, 매출 100원 당 창작자의 수익은 70원에서 49원으로 떨어지게 됩니다. 작가들의 수익보다 구글에 줘야하는 수수료가 더 많아질 수 있다는 주장도 비등합니다.

한편 콘텐츠 기업들은 우리 웹소설이나 웹툰이 해외에 진출하는데 걸림돌로 작용할 수 있다는 점을 주장합니다. 좀 더 좋은 작품을 위해서는 더 나은 동기를 유발시키고 투자가 이뤄져야 하는데 이런 점에서 위축이 일어날 수 있다는 것으로, 업계는 국내 모바일 콘텐츠 매출이 3조 원 이상 감소할 것이라고 주장합니다.

Q 그런데 학계와 업계에서도 수수료 인상에 찬성하는 이들이 있다는데 왜 그런가요?

옹호하는 사람들은 당연하다는 논리를 말합니다. 백화점, 면세점 등에 입점한 점포가 임대료를 내는 것처럼 콘텐츠를 유통하는 앱마켓이 입점한 콘텐츠 기업들에게서 수수료를 통해 일반적인 재산권을 행사하는 것은 당연하다는 주장을 합니다. 하지만 독과점도 규제를 받아야 하는 점이 있겠지요. 또한 이런 글로벌 앱 마켓을 통해서 우리 콘텐츠 기업들이 세계진출을 해오고 있는데 자칫 잘못하면 국내 기업이 불이익을 당할 수 있다고 말을 합니다. 또한 수수료 30%의 경우는 글로벌 표준이라는 점을 말하기도 합니다. 하지만 글로벌 기준인지는 따져봐야 할 것입니다.

Q 글로벌 기준이라는데, 경쟁사인 애플은 인하정책을 추진했네요. 구글이 난처해진 것 아닌가요?

애플은 최근 앱스토어에서 올린 수익금(수수료 제외)이 100만 달러(약 11억 원) 이하인 앱 개발기업에게 2022년 인앱결제 수수료를 기존 30%에서 15%로 인하시킨다고 밝혔습니다. 그 배경은 새로운 정부의 탄생과도 맞물려 있는데요, 조 바이든은 구글, 페이스북, 애플, 아마존 등 글로벌 정보통신 기업에 대한 반독점 규제를 강화하려는 공약을 내세웠기 때문에 이를 의식한 것이라는 분석입니다.

또한 구글이 수수료를 인상하겠다고 하니 같이 공공의 적이 되는 듯한 부담이 되어서 선제적으로 이런 결정을 내렸다는 분석도 있습니다. 하지만 시늉만 내고 있다는 분석도 많습니다. 애플이 언급한 앱스토어에 거래 중인 180만 개의 앱 가운데 연간 매출이 100만 달러 이하인 앱 개발사의 비중은 98%인데, 이 98%의 앱스토어의 매출은 전체의 5%에 불과합니다. 별 타격이 없을 것이라는 것이죠. 그래도 이러한 상황은 구글에게는 압박 요인이 되고 있습니다.

Q '구글 인앱결제 강제 방지법'이 국회에서 논의되었는데 정치권의 반응

은 어떤가요?

앱마켓 사업자의 인앱결제 강제 적용을 금지하는 내용을 담은 것이 이른바 '구글 갑질방지법(전기통신사업법)' 개정안입니다. 당초 여야 의원들은 합의를 통과 시키려고 했는데 갑자기 야당이 태도를 바꿨습니다. 국민의힘 의원들은 애플처럼 구글이 15%로 수수료를 내릴 것을 요구했습니다. 하지만 방지법에 대해서는 신중한 입장을 취해야 한다면서 통과를 허용하지 않았습니다.

또 인앱결제를 금지한 나라가 없다면서 통상문제 등을 언급했습니다. 기존 앱이 2021년 9월 30일까지 유예되기 때문에 그간에 충분한 논의를 하면 된다고 주장했는데 업계에서는 충분한 시간이 아니라고 주장합니다. 과방위 법안소위는 기약 없이 연기되었는데 여당에서는 법안 의결을 위한 전체회의를 예고했는데 타결이 없다면 연내 처리가 어려워지는 상황이었습니다.

한편 개정안에는 '콘텐츠 동등접근권'이 있는데 모바일 콘텐츠를 등록·판매하는 사업자가 모든 다른 앱 마켓 사업자에게도 동등하게 제공하도록 규정했는데 콘텐츠 생산 창조 기업의 계약의 자유 및 영업활동에 대한 선택권을 제한한다는 지적도 있습니다. 어쨌든 최종 법안은 통과되었습니다. 세계 최초의 법안이었고, 다른 나라들도 이에 비슷한 법안을 내고 있습니다. 우리 스스로 독자적 법문화를 만들어가는 대표적인 사례가 되었습니다.

Q 한 가수가 구체적인 실명을 거론하며 음원 사재기를 문제 삼은 걸 두고서 찬반논란이 있었는지 이유는 뭘까요?

16
오해와 진실, 스텔스기법과 음원사재기의 역학
-'음원 사재기' 유발하는 실시간 차트 없애야

그렇습니다. 2013년 이후 계속 사재기 의혹이 제기되었고, 많은 이가 음원 사재기 문제를 제기하며 수사까지 촉구했지만 실체와 사례는 잘 드러나지 않았습니다. 그동안 줄기차게 지속되었던 음원 사재기는 지난해 닐로·숀 등 일부 중소 제작사 가수의 음원이 이상 급등 현상을 보이자 뜨거운 논란을 일으켰는데요. 이제 음원 차트를 두고 '사재기'라며 서로 비난, 폄훼하는 현상이 있게 되었습니다. 블락비의 박경이 사재기 문제 공론화를 다시 제기하면서 문제의식에 공감하는 이들의 지지를 받고 있습니다.

하지만 그 표현과 방법에 대해 논란은 있습니다. 분명한 확증이나 증거 없이 실명을 들어 비판하는 것은 다른 문제를 야기할 수 있기 때문입니다. 박경이 바이브, 송하예, 임재현 등 6명의 이름을 직접 언급한 것은 향후 증거를 제시하지 않아 법적인 책임 문제를 일으킬 수 있습니다. 지목된 당사자들은 소송을 연이어 준비했습니다. 개인 SNS에 적었지만, 이미 불특정 다수에게 널리 알려졌고 언론 기사를 통해 널리 공유되었습니다. 다수에게 전파될 가능성이 이미 내재되어 명예훼손과 모욕죄에 저촉될 수 있습니다.

Q 음원 사재기라고 추정할 수 현상은 어떤 것이 있나요?

음원 사재기는 꾸준히 불거지고 있는데요. 몇 가지 특징으로 미뤄 짐작할 수 있습니다. '음원 사재기 논란'은 새벽에 특정 가수의 순위가 급등한다는 점. 과거 음원소비가 적은 새벽시간대를 중심으로 순위 급등이 생겼다면 근래에는 밤낮을 가리지 않습니다. 대규모 팬덤이 새벽 시간에 동시다발적 스트리밍을 해 차트 상위권 진입에 기여하는 것으로 보이기 때문입니다. 또 50대 이상의 연령에서도 인기를 끌기 힘든 가수가 1위를 기록한다는 점입니다. 또 아주 신인급에 해당하는 가수가 갑자기 차트 안에 들어온다는 점 등은 사재기 의혹의 근거가 됩니다. 하지만 전문가나 관계자들 사이에서도 이러한 음원 사재기 현상에 대한 정의나 범위에 대해서 일치된 의견을 내놓지 못하는 일이 많습니다. 특히 인터넷 입소문에 따른 음원 순위 상승이 대중의 기호와 선택을 했는지에 따라 기준은 달라집니다.

Q 그리고 예전과는 다른 사재기 형태가 등장하고 있다는데, 사재기의 유형을 살펴보면 어떤가요?

보통 음원 사재기는 브로커를 통해 온라인 구매를 대량으로 하는 방식입니다. 브로커 등이 수백 대의 휴대전화와 PC

등을 이용해 스트리밍(실시간 재생) 건수와 다운로드 횟수를 올리는 방식입니다. 팬들이 스스로 구매한 것이 아니기 때문에 이른바 조작입니다. 브로커가 먼저 소속사에게 접촉해 음원 사재기를 제안하고 중국 등에서 수없이 많은 공기계와 유료아이디, 유동 VPN(가상사설망) 등을 이용합니다.

소셜미디어를 활용한 '바이럴 마케팅' 즉 입소문 마케팅도 논란의 대상인데요. SNS를 통해 '~할 때 좋은 노래', '분위기에 어울리는 노래', '요즘 SNS에서 핫한 노래', '최고의 감성 저격 송' 등등 키워드나 문구를 통해서 이용자들의 눈길을 끕니다. 그런데 문제는 이런 페이지들이 전문업체들이 운영하는 것이라는 점에서 문제가 됩니다. 이런 업체들과 각 가수들 소속사들이 결탁되어 있다는 의혹이 일고 있는 것입니다. 이런 곳에서 즐겨들은 이용자들이 음원 사이트 등에서 음악을 스트리밍하거나 다운로드 받게 되면서 차트 상위권에 오른다는 것입니다. 요컨대, 음원 플랫폼 순위 차트가 음악을 재생하는 스트리밍 건수와 음악 파일을 다운로드한 건수 등으로 순위를 정하기 때문에 팬들의 실제 선택과는 달리 조작될 수 있다는 지적입니다.

Q 네티즌들이 블로그나 카페 등을 통해 소비자들에게 자연스럽게 소비 정보를 전달하는 바이럴 마케팅(viral marketing)이 반드시 나쁜가, 이렇게 반문을 하기도 한다는데요. 요즘 또 스텔스 마케팅이 논란이 되고 있다는데, 이건 정확히 뭘 의미하는 건가요?

최첨단 전략 비행체인 스텔스기는 조용히 접근해서 폭격을 하고 사라진다고 합니다. 마찬가지로 음원 스텔스 마케팅은 이용자들이 홍보나 마케팅인지 모르고 음악 서비스를 이용하게 되는 것을 말합니다. 이러한 마케팅에 따른다면 기존의 사재기와는 다르게 됩니다. 기존의 사재기는 일부 브로커가 대가를 전제로 대량 구매를 하는 것입니다. 이른바 사기 구매입니다. 하지만 자발적인 이용자들의 구매는 이와 다르다고 할 수밖에 없습니다.

더구나 수많은 가수들이 이러한 방식으로 시도해도 정작 차트에 반영되는 것은 소수에 불과하다는 것입니다. 이것은 오히려 대형 소속사의 아이돌 팬들이 심야시간에 하던 이른바 총공과 비슷한 것인데 이를 문제 삼으려면 대형 기획사의 아이돌을 문제 삼아야 한다는 반론도 제기합니다. 닐로, 숀 등의 가수들이 의혹을 받았지만 사재기라고 규정되지 못한 이유입니다.

SNS를 통해서 잘 알리는 것도 노하우에 해당된다는 주장도 있는데요. 예컨대 '페북 픽'은 페북을 잘 활용한 인기곡입니다. 중소 기획사, 스타트업 기업들이 진입할 수 있는 방법이라고 항변하기도 합니다. 순위라는 단순 데이터 분석으로는 힘들다고 봅니다. 살펴봐야 할 점이 있는데요, 우선 게시물이 언제 올라와서 몇 명이 접속해 어느 시간에 보았는지 살펴야 합니다. 게시물이 노출이 되고 실제 음원 사이트나 음원 재생 애플리케이션으로 얼마나 많은 이들에게 접속을 유도했는지 봐야 합니다.

또한 단순히 접속만이 아니라 실제 재생이나 다운로드로 이어졌는지도 중요합니다. 또 해당 사이트와 앱 내에서 가수의 이름이나 음원을 어떻게 검색해서 이용했는지 봐야 합니다. 즉 팬들이 검색했는지 봐야하는데 쉽지만은 않은 일입니다. 다만 바이럴 마케팅 업체에게 돈을 주었다면, 대가성을 증명하면 됩니다.

Q 현재 음원 사재기라고 밝혀지면 어떤 처벌을 받게 됩니까? 처벌이 잘 이뤄지지 않는다는 보도도 있던데요?

저작권자 또는 저작 인접권자가 스스로 본인이거나 브로커를 시켜서 음원을 부당하게 대량 구입할 때, 현행법에 따라 처벌받을 수 있습니다. 음악산업진흥에 관한 법률 제26조는 음반 등의 관련업자가 제작·수입 또는 유통하는 음반 등의 판매량을 올릴 목적으로 부당 구입해서는 안 된다고 규정하고 있습니다. 위반하면 동법 제34조에 따라 2년 이하의 징역 또는 2000만 원 이하의 벌금을 내야 합니다. 하지만 음원 사재기라고 할 만한 증거가 불충분해서 제대로 처벌된 적은 없습니다.

만약 팬들이 이른바 '총공'이라는 것을 하여 음원 사재기를 해도 각 개인이 정상적인 방법으로 돈을 주고 구매한 것이기 때문에 처벌할 수 없고, 바이럴 마케팅은 더 밝히기가 힘든 면이 있습니다. 인과관계의 소명이 부족하기 때문입니다. 음원서비스 운영사들이 업무방해혐의로 고발하는 방법도 있는데, 증거 없이 수익을 올려주는 행위를 고발할 리가 없다는 것이 중론입니다.

Q 문제는 차트 순위인데 음원 사재기 논란이 끊이지 않자 주요 음원사이트들은 지난해 '차트 프리징(freezing)'이란 걸 도입했는데, 이게 효과가 없다는 지적이 많다죠?

차트 프리징은 새벽 1시부터 7시까지 차트 운영을 하지 않는 것입니다. 새벽 시간대 실시간 순위 운영을 일시 중단하는 것을 말합니다. 밤늦은 시각 또는 새벽 시간에 이뤄지는 바이럴 마케팅이나 트래픽 유도 전략 때문입니다. 취약한 시간에 팬들이 신인의 차트 진입을 돕는다는 지적이 있어 왔습니다. 하지만 대형 기획사 아이돌 팬들이 이 시간대에 더 적극적으로 활동을 하는 것으로 알려져 있습니다. 또 음원 플랫폼 첫 화면에 등장하는 실시간 차트를 없앤 곳도 있지만, 이 제도만으로는 실효성이 없는 것은 이 시간대를 피해서도 역이용할 수 있기 때문입니다.

새벽 1시 이전에 이미 만든 차트순위는 다음날까지 6시까지 영향을 미치는데 이 상황이 중요한 것은 하루를 본격적으로 시작하는 오전 7시에 시간 차트 상위권에 오르기만 해도 이용자들의 눈길과 선택이 가능하기 때문입니다. 대중적으로 유행하는 정보를 따라 상품을 구매하는 현상 즉 밴드웨건 효과 같이 한번 순위에 오른 노래들은 플레이리스트에 올라 이용자들에게 그대로 클릭하게 만든다는 것입니다.

Q 차트의 급격한 상승이 문제인데 일부에서는 '서킷 브레이커' 제도를 도입해야 한다고 말하는데 이건 어떤 개념인가요?

네, 음원시장에도 '서킷 브레이커' 같은 제도의 도입을 검토해야 한다는 주장이 있는데요. '서킷 브레이커'는 본래 주식시장에서 단기간 주가가 급락할 때 매매를 그치게 하는 제도입니다. 이를 음원시장에도 도입하자는 것인데 급락이 아니라 급증시기에 해당합니다. 갑자기 음원 사이트 사용량이 급증할 때 음원 구매 등을 중단하도록 하자는 것입니다.

이렇게 주장하는 이유는 이미 지나간 뒤에 이뤄지는 조사나 분석은 문제 해결에 도움이 되지 않기 때문입니다. 의심이 되는 아이디나 IP주소를 하나하나 확인할 수 없는 현실적인 한계도 있습니다. 일단 비이상적인 구매가 폭증하는 노래는 중단을 시키고 조사해야 한다는 것입니다. 최대 음원사이트 멜론 운영사, 카카오 측은 모니터링을 통해 비정상적 이용 패턴의 계정 홀딩, 소명자료를 제출 받는 등, 지속적으로 데이터를 관리해왔다고 밝히기도 했습니다. 중요한 것은 차트의 공신력을 유지하는 것이겠죠.

Q 특히 실시간 차트 자체를 없애야 한다는 지적도 있던데, 어떻게 보십니까?

작년 싱어송라이터 윤종신이 "차트는 현상의 반영인데 차트가 현상을 만드니 차트에 어떡하든 올리는 게 목표가 된 현실"이라고 지적한 적이 있습니다. 그런데 예술에 1등, 2등이 있을까요. 음악도 순위를 매겨야 하는지 의문입니다. 줄세우기는 승자 독식과 양극화 현상이 심화됩니다. 한쪽으로 쏠리는 현상은 문화적 다양성을 해칩니다.

실시간 차트가 가장 문제가 됩니다. 상위권 순위가 이후 음악 활동의 수익과 밀접하게 연결되어 있습니다. 그렇기 때문에 사활을 걸게 됩니다. 팬덤이 얼마나 크고 강력한 것인가에 따라서 이 수익규모는 달라집니다. 차트 진입 여부, 순위에 집요하게 매달리게 됩니다. 이 순위에 들지 못하게 되면 도태됩니다.

단기간 영향을 미치는데 그치지 않고, 실시간 순위가 오랜 기간 동안 영향을 미치게 됩니다. 무엇보다 순위에 오른 것이 진정한 인기인지, 그 곡이 음악성이 있는지 알 수가 없습니다. 차트 그 자체가 공신력을 가지려면 종합적인 평가와 판단이 있어야 할 것입니다. 그렇기 때문에 실시간 차트를 없애고 일정한 기간 안에 종합적인 분석을 통해서 공정한 평가가 반영되어야 하고, 상호 평가가 다양하게 이뤄지는 공론장이 되어야 합니다.

Q 클럽을 방문한 20대 코로나19 확진자를 통한 집단감염 상황이 있었습니다. 동선을 공개한 걸 두고 논란이 일었죠. 이유는 무엇일까요?

17
아웃팅, 디지털 공개의 역설

지자체와 정부가 공식적으로 보도하기 전에 언론이 먼저 경쟁적으로 보도했기 때문에 문제가 되었습니다. 문제는 특정 클럽명이 보도가 되었기 때문입니다. 이에 해당 클럽은 해명글을 페이스북과 인스타그램 같은 사회관계망 서비스에 올리기도 했는데 다시 삭제하는 일까지 있었습니다. 이것도 사실 바람직한 선택은 아니라고 보겠습니다. 클럽의 성격을 두고 선정적으로 보도했기 때문에 문제가 커질 수 있는 사안이었습니다.

Q 이와 관련해서 인터넷에서는 이른바 '아웃팅(outing)' 논란이 있었는데, 이게 뭔가요?

공개행위이기는 한데, 아웃팅은 성적 지향 혹은 성적 정체성을 그 개인의 동의 없이 공개하는 행위를 말합니다. 이번 사례의 경우 처음 시작은 한 클럽에 다녀간 확진자가 자발적으로 글을 올린 데서 비롯합니다. 그렇게 되자 이 클럽에 대한 정체가 인터넷에서 논란의 도마에 오르게 되었고 성소수자들이 다니는 클럽이라는 사실이 퍼지게 되었는데 이것을 기독교계 언론이 보도하면서 급속히 확산되었습니다. 기존 동선 발표에는 없는 정보들이 과잉 공개되어 사생활이 침해된 것입니다. 이렇게 공개하는 것이 과연 적절한 것인지 인터넷에서 논란이 일어나게 되었습니다. 정작 확진자 본인은 호기심 차원에서 그 클럽을 방문했을 뿐이라고 사회관계망 서비스에 밝히기도 했지만 이런 해명이 그대로 받아들여지지 않았습니다.

Q 언론이 성 소수자에 대한 편견을 조장할 수 있는 보도를 하는 건 적절치 않아 보이는데, 어떻게 보셨어요?

2011년 '인권보도준칙'에서는 반드시 필요하지 않을 경우, 성적 지향이나 성 정체성을 밝히는 것을 금지하고 있습니다. 한국기자협회는 '코로나19 보도준칙'을 발표해 인권침해, 혐오조장 표현을 주의하자고 권고한 바가 있는데 이런 것이 효과가 있지 않았습니다. 아직 전염에 관한 인과관계가 명확하게 밝혀지지 않은 상태에서 선입견으로 판단하는 것은 생각지 못한 피해자들을 양산할 수 있습니다. 이런 기사는 사회적인 편견과 차별을 조장할 수 있고 혐오 정서를 자극할 수 있는데, 정신병 운운하는 다수의 근거 없는 잘못된 정보들이 댓글의 형태로 표현 강화되고 있습니다. 무조건적인 비난과 폄하는 사회의 갈등요소를 조장하고 문제를 더 악화시킬 수 있습니다. 위기 상황일수록 약자나 소수자에게 전가하고 희생양으로 삼을 수도 있고, 일부에서는 자신들의 이익을 위해 이런 확진 사례를 이용할 가능성도 많습니다. 뒤늦게 클럽 이름을 수정하는 언론이 있었지만 이미 정보가 모두 퍼진 뒤였습니다. 언론보도가 왜 신중해야 하는지 다시 확인할 수 있었습니다.

Q 무엇보다 이렇게 특정 클럽의 성적 정체성을 언급하면 할수록 확진자들이 오히려 숨어들지 않을까요?

네, 그럴 우려가 있습니다. 성 정체성이 핵심이 아니라 검진 독려가 더 필요합니다. 지금 중요한 것은 접촉자들을 찾아내어서 신속한 검사를 하는 것입니다. 접촉자 숫자가 적지 않기 때문에 자발적인 참여가 중요한데, 역학 조사를 상당히 어렵게 할 가능성이 높은 것은 클럽을 다녀간 이들이 나서지 않을 가능성이 높기 때문입니다. 성소수자들은 아직도 편견과 차별의 높은 벽에 부딪칠 때가 많습니다. 그렇기 때문에 이를 아웃팅 당하는 것에 대해서 극도의 불안과 공포심을 갖고 있는 경우가 많아서 공개적으로 검사에 나서는 것을 꺼릴 수 있고, 음지로 더욱 숨어들게 되고 이 때문에 방역에 어려움이 있을 수 있습니다.

동선 공개를 할 때 구체적인 상호명과 그 성격까지 자세하게 보도하거나 공유하는 것은 여러모로 도움되지 않습니다. 서울시는 명부상으로 당시 클럽에 1500명 정도 다녀간 것으로 보고 있습니다. 여러 설문 조사결과를 보면 이런 성적 소수자뿐만 아니라 일반 시민들도 확진 자체보다는 동선 공개에 낙인 효과가 더 무섭다고 말을 하고 있습니다.

Q 확진자의 동선을 무조건 공개할 수도, 공개하지 않을 수도 없는데, 정부의 코로나19에 관련 정보공개 가이드라인은 어떻게 돼 있습니까?

확진자의 이동경로, 접촉자 현황 등의 정보 공개는 감염병예방법에 근거해 감염병 위기 경보 수준이 '주의' 이상일 때 공개합니다. 하지만 무리한 사생활 공개가 논란이 되자 중앙방역대책본부는 국가인권위원회 권고 사항 등을 반영해 새 정보 공개 가이드라인을 정했습니다. 이를 또한 각 지자체에 배포했는데요. 우선 공개 대상 기간은 증상 발생 하루 전부터 격리일까지입니다. 확진자와 접촉자의 장소, 이동수단을 공개할 수 있습니다.

다만 증상이 미확인 시는 검체 채취일 하루 전부터 격리일까지 공개가 가능합니다. 접촉자 범위는 환자 증상, 마스크 착용 여부, 노출 상황, 체류 기간 등을 고려해서 결정하도록 했지만, 환자 개인을 특정할 수 있는 세부 정보는 동선 공개에 넣을 수 없고 거주 주소, 직장명 등은 공개하지 않습니다. 모든 동선을 시간대 별로 알리지 않습니다. 건물, 상호명 등의 경우 제한적으로 공개되는데 건물은 특정 층이나 호실만 알립니다. 대중교통 수단은 노선번호와 호선·호차에 탑승지와 하차지 등만 알려주는 방식을 취하도록 합니다. 숙박시설 등을 공개하는 경우 오해가 있어 2차 피해를 일으킨다는 지적이 있었는데 클럽도 마찬가지인 사례이기 때문에 언론 보도에서 주의가 필요합니다.

Q 정보 공개 가이드라인에서 개선해야 할 점도 있었지요?

행정구역 명칭인 동이 표시가 되고 출연년도, 성별이 표시가 되고 있습니다. 방문한 상호명 공개도 바람직하지 않다는 지적도 있었습니다. 개인의 동선을 이어서 보여주고 있는데 그것보다는 방문한 개별 장소와 시간대를 따로 분리하자는 의견이 있었고, 또 개인의 이동 과정까지 연결지어 보여주는 것은 감염병 예방에 도움이 되기보다는 너무 많은 사생활 침해라는 지적이었습니다.

그 장소에 접촉했던 이들을 중심으로 통보하고 방역을 철저하게 하는 것이 우선이라는 지적도 비등합니다. 확진자별 동선이 아니라 특정 장소에서 발생한 접촉자, 확진자만 보여주자는 제안도 있습니다. 개인의 동선이 아니라 그 장소를 중심으로 한 감염위험성이 중요하기 때문입니다. 그리고 개인의 정보는 이후에 삭제될 수 있도록 해서 2차 3차 피해가 없도록 해야 했고, 언론의 잘못된 보도에 대해서 즉각적인 조치가 필요했습니다.

18

영화 평점 테러와 포털의 인과관계

-포털 영향력 줄여야 하는 이유

Q 영화 평점테러 현상에 대해 살펴보려고 하는데요. 하나의 사례로 〈82년생 김지영〉이 개봉 전부터 평점 테러에 시달렸는데, 왜 그런가요?

동명의 원작 소설이 페미니즘 소설로 알려지면서 이 같은 일이 벌어졌던 것입니다. 배우 서지혜, 레드벨벳의 아이린, 소녀시대의 수영, 가수 겸 배우 수지가 원작 소설 발언 등 때문에 악플에 시달리기도 했습니다.

이 영화는 촬영도 하기 전에 0점 테러를 당하기도 했습니다. 개봉 전인데, 네이버 영화 평점이 3.7, 보지도 않고 반감을 가진 이들은 1점대. 이를 반대로 옹호하는 이들은 10점대. 다른 왓챠라는 평점 서비스에서는 5점 만점으로 평가하는데 최저 0.5점과 최고 5점이 극단적으로 나뉘는 모습이었습니다. 주연 배우 정유미는 캐스팅 때부터 악플에 시달리기도 했습니다.

배우 공유가 이 영화에 출연하는 것이 이해가 안 된다는 말도 나왔지만, 물론 영화에서는 좋은 남편으로 등장합니다. 무엇이 문제일까요? 영화도 보기 전에 평점을 매길 수 있도록 한 것이 잘못입니다.

Q 이렇게 페미니즘에 반발하는 현상을 '백래시 현상'이라고 한다는데, 이

게 어떤 건가요?

백래시(backlash)는 사회 변화 등으로 자신의 중요도·영향력·권력이 줄어든다고 느끼는 불특정 다수가 강한 정서적 반응과 함께 일정한 변화에 반발하는 현상을 말합니다. 한국에서 미국 저널리스트 수전 팔루디의 『백래시』가 출간됐는데 여성의 여권 신장과 함께 이런 현상을 두드러지고 있습니다. 영화의 경우에는 페미니스트에 대한 반감을 표출하는 '젠더 백래시'(backlash), 젠더 반발입니다.

최근 대학가에 잇따른 총여학생회 폐지, 여성관련 대자보 훼손, 평점 테러 악플 역시 백래시와 관련이 있다는 지적이 있었습니다. 페미니즘의 물결 속에서 오히려 차별과 혐오가 이런 백래시 평점 테러를 통해 드러나는 것이기도 합니다.

Q 영화를 보기도 전에 평점테러를 가하는 것, 심각한 문제로 여겨지는데요. 대책은 없나요?

어디에서 평점 테러가 일어나는가도 중요한 문제입니다. 특히 사람들이 많이 이용하는 포털 사이트 평점 서비스는 이런 악플 평점 테러가 일어나는 대표적인 곳입니다. 포털을 통해서 영화 정보를 얻는 일이 많기 때문입니다. 한 줄 평을 통해 영화에 대한 선입견도 생기는 것이 현실입니다. 이 때문에 알바 논쟁이 있기도 합니다.

문제제기가 있자 네이버는 평점을 조회하거나 등록할 수 없도록 시스템을 만들었습니다. 하지만, 무엇보다 포털 특히 네이버의 과잉 집중성이 해소되어야 하는 문제가 여전합니다. 이런 포털이 영화 선택에 영향을 미치는 것은 바람직하지 않기 때문입니다. 스스로 판단을 통해 영화를 선택하고 향유하는 문화가 우선입니다.

Q 영화 개봉 후에도 여전히 평점 테러에 시달리고 있다죠? 상황이 어떤가요.

영화 개봉과 함께 포털 등에서 포털 사이트 1점을 매기는 '평점 테러'가 시작됐습니다. 네이버 평점을 보면 네티즌 평점은 10점 만점에 4.57점. 남녀의 평점 차가 극명했는데, 여성들의 평균 점수는 9.45점인 반면 남성들은 1.71점이었습니다.

그런데 여성관객이 많은 것을 볼 때 평점이 왜곡되었다는 것을 쉽게 알 수 있습니다. 한 멀티플렉스 성별 예매 분포는 여성이 83.2%, 남성이 16.8%로 이렇게 평점이 중간 지점을 갖는다는 것은 남성들이 보지도 않고 평점을 낮게 매겼다는 것을 알 수가 있습니다. 물론 가수 장범준의 경우 오히려 여성 네티즌에게서 악플 테러를 당하기도 했습니다. 참고로 이 영화를 20대가 가장 많이 보고 있는 것으로 나타나고 있습니다. 우선 자신의 선입견을 가지고 영화를 보고 선택적 편집과 해석을 통해 몰아가는 것도 호응과 공감을 얻지 못할 수 있을 것입니다.

Q 이 영화만이 아니라 작년부터 이런 사례가 있었던 듯 싶은데요. 이전에도 그런 사례가 또 있었나요? 또 결과는 어땠나요?

2018년 영화 〈메가로돈〉이 극단적 여성 커뮤니티 사이트 〈메갈리아의 딸들〉과 영화 제목이 비슷하다고 하여 곤욕을 치렀습니다. 단지 내용과 관계없이 평점 게시판에서 혹평과 악플에 시달렸습니다. 개봉 영화 〈캡틴 마블〉도 주연 배우가 "위대한 페미니스트 영화를 만들겠다"고 인터뷰에서 말한 내용이 알려지면서 평점 테러를 당했습니다.

그러나 영화의 내용은 페미니스트 영화와 다르고 양성평등적인 면도 드러났습니다. 국내 영화 〈걸캅스〉가 여성주의 영화로 알려지면서 평점 테러를 당했습니다. 그런데 〈캡틴 마블〉과 〈걸캅스〉는 오히려 영화 흥행에 성공해서 손익분기점을 넘게 되었습니다. 또한 평점 테러는 영화가 알려진 것과 다르다는 점이 공유되면서 줄어지는 수순으로 갔고, 〈82년생 김지영〉도 박스 오피스 1위를 차지했습니다.

Q 관객 가운데에는 영화에 대해서 '영혼 보내기'란 걸 한다는데, 이건 뭘 말하는 건가요?

'**영**혼보내기'는 자신이 마음에 드는 영화에 응원과 지지가 필요하다고 생각해서 영화의 티켓을 구매해주는 것입니다. 특히 조조나 심야에 티켓을 구매하는데 구매한 관객이 현장에 가지는 않습니다. 영화를 보고도 다시 티켓을 구매해주는 것입니다. 이는 영화 〈걸캅스〉에서 보여졌고, 이번에 〈82년생 김지영〉에서도 등장했습니다.

현장에 가지 않기 때문에 시장 왜곡이라는 비판도 있습니다. 때문에 허수라는 비판도 있습니다. 개봉당일에 좌석 점유율은 44.6%를 넘었지만 실제 좌석 판매율은 11% 정도였습니다. 그러나 '영혼보내기'를 하는 이들은 사람들이 많이 가지 않는 시간대이고 자신의 의사 표현이기 때문에 문제가 없다는 입장을 보이기도 합니다. 이렇게 한다고 해도 영화가 아예 작품성이 없다면 관객들이 찾는 데는 한계가 있음은 분명할 것입니다. 어쨌든 작품을 보는 방식과 세계관이 달라지고 있는 것은 분명합니다.

Q 평점 테러를 둘러싼 폐해, 어떤 점을 유의해서 봐야할까요?

영화에 관해 사회적 관점으로 자신의 의사를 표현할 수는 있지만 영화를 보지도 않고 무조건 비판하는 것은 적절하지 않습니다. 이러한 평점 테러는 지지자들의 결속을 낳기 때문에 오히려 극단적인 몰아주기를 낳습니다. 결국 평점 테러가 올바른 평가를 왜곡하는 것은 마찬가지라는 것입니다.

따라서 평점 테러는 작품에 대한 정당한 평가는 물론 시장 교란행위라고 할 수 있습니다. 그러므로 평점 테러 때문에 일어나는 몰아주기나 '영혼보내기' 자체를 비난하는 것은 타당하지 않습니다. 또한 평점 테러가 일어나는 포털 등의 영향력을 줄이는 것이 필요합니다.

더구나 원작 소설이 100만 부나 팔릴만한 작품인지 의문이고 그러한 대규모 베스트셀러의 폐해도 생각해야 합니다. 물량 공세의 문화콘텐츠 시장에서 페미니즘은 상품으로 이용당하기 좋습니다. 아울러 여성의 관점을 내세우는 것이 결국 상업적 도구로 전락할 수 있음도 환기할 필요가 있습니다.

19
유튜브
'노란 딱지'
표현의 자유딱지
-정책 이중성 개선돼야

이 채널은 지방선거일에 방송인 유재석이 파란색 의상을 착용해서 더불어민주당 지지를 간접 표명한 것이라고 했습니다. 일부 출연자는 파란색으로 도배했다고 지적했는데 하지만 이 당시 청바지에 흰티를 입고 파란색 모자에 신발을 신고 있었을 뿐이었습니다. 파란색이 더불어민주당의 당 색깔이기 때문에 이렇게 주장한 것입니다.

이에 누리꾼들은 유재석이 빨간색을 입고 유산슬이라는 가수로 활동하는 사진을 들면서 이렇게 입고 활동하면 자유한국당(지금의 국민의힘) 지지자냐고 비판을 했습니다. 이렇게 되면 연예인들은 파란색이나 빨간색 옷을 입을 수가 없습니다. 입은 옷의 색으로 정치 연예인이라고 무리하게 규정하는 것은 적절하지 않으며 근본적으로 정치에 관해서 의사표현을 하는 것이 왜 잘못이라는 것인지도 모르겠습니다. 이런 식으로 몰아가는 것은 진영논리라는 프레임을 걸어 놓고 편견에 차있는 발언으로 분열을 조장하는 것이 아닐까 싶습니다.

Q 해당 유튜브 채널을 폐지해달라는 청와대 국민청원도 올라왔는데 이렇게 무리하게 방송을 하는 이유가 뭔가요?

이 채널은 변호사, 전직 기자들 세 명이 운영합니다. 극단적인 방송을 해왔는데 청와대 국민청원에는 이 채널이 지속적으로 선정적인 이슈를 다루고 무차별 폭로를 해서 논란을 일으키고 있다면서 국민들의 알 권리가 아니라 단순히 유튜브 조회수를 올려서 자신들의 수익을 올리려는 목적만 있다며 유튜브 방송 정지를 요구했습니다.

구독자수는 55만 명 정도 되는데 이전에 이 채널의 김건모 영상조회수는 137만 뷰, 작게는 29만뷰이었는데 이 정도로는 수백만 원 정도일 것이라는 분석입니다. 관련 홈페이지에는 은행별 후원계좌 번호, 해외 이용자를 위한 페이팔 후원정보까지 있어서 후원을 노리고 전략적으로 연예인 폭로전을 하고 있는 것 아닌가 하는 지적입니다. 어쨌든 인지도를 올리기 위해 무리한 폭로전을 계속하고 있다고 봅니다.

Q 이 유튜브 채널은 노란 딱지를 받아 논란이 된 적이 있는데 노란 딱지라는 게 뭔가요?

이 유튜브는 올리는 영상마다 100% 노란 딱지가 붙는다고 스스로 말한 바 있습니다. 실제로 딱지를 붙여주는 것은 아니고 노란색 달러 모양의 아이콘으로 2017년 8월부터 붙이고 있습니다. 영국에서 나치를 추종하는 영상에 영국 정부 광고가 붙었던 것으로 시작해서 이후에 도박, 약물, 성인물 등 유튜브 운영방침에 위배

한 내용에 붙습니다.

원래 이름은 광고게재 제한 또는 배제 아이콘입니다. 이 노란 아이콘이 붙게 되면 유튜브 노출이 줄어들게 되어 수익이 줄어듭니다. 반대로 초록 딱지가 있는데 이는 별다른 문제가 없는 경우로 광고가 붙어도 된다는 의미입니다. 하지만 일반인은 이러한 딱지, 아이콘을 볼수 없고, 계정주 즉 방송을 제작하고 올리는 크리에이터가 관리자 계정에 접속해야만 볼 수가 있습니다.

Q 구체적으로 어떤 기준으로 노란 딱지가 붙는 것인가요?

폭력, 증오, 유해 등입니다. 예컨대 동영상 전체에서 지나친 욕설이나 비속어 언행을 빈번하게 담은 내용물, 개인 또한 집단에 대한 증오, 차별, 비하, 모욕을 조장하는 내용물, 개인 또는 단체에게 수치심을 주거나 모욕하는 내용이 중심인 경우, 특정인을 지목해 괴롭히고 학대하는 내용물, 악의적인 개인 공격, 욕설, 명예 훼손 내용물 등 11가지입니다. 이는 당연히 적용되어야 할 기준들입니다.

이 문제의 연예인 폭로 채널도 노란 딱지가 붙을 수밖에 없습니다. 1차적으로 인공지능이 자동으로 분류한 다음 사람이 한 번 더 판별을 합니다. 집단으로 신고를 하거나 부정적인 댓글을 달면 노란 딱지가 붙는다지만 사실이 아닙니다. 다만 구글 코리아 측은 자동화된 시스템으로 썸네일 설명, 콘텐츠 내용을 보고 선별 규정하고 있지만 완벽하지는 못하다고 언급했습니다. 아무리 인기가 많아도 노란 딱지가 붙으면 수익은 나지 않습니다.

Q 이 노란 딱지가 보수 세력의 영상콘텐츠에만 붙는다는 지적이 있었죠? 과연 그런가요?

신임 방통위 위원장이 바뀌면서 이런 현상이 증가했다는 유언비어도 있었는데요, 국내 유튜브 담당자는 정치적 관점이나 입장과는 관계가 없고, 광고주의 친화적인 기준에 따라 정해진다고 했습니다. 유튜브가 성장하면서 광고주가 중요해졌기 때문에 광고주를 우선하는 정책 차원에서 만들어진 것이 노란 딱지라고 할 수 있습니다. 이미 2년 전부터 보수와 진보 상관없이 노란 딱지가 붙고 있습니다.

친정부 성향의 채널에도 90% 노란 딱지가 붙은 사례가 있습니다. 이 채널의 운영자는 자신은 돈을 벌기 위해서 하는 게 아니기 때문에 개의치 않고 방송을 하겠다고 밝힌 바 있습니다. 구글은 근본적으로 미국 본사에서 관장을 하고 있어 보수, 진보 어느 한쪽을 편들 수 없기 때문에 특정 세력을 탄압하기 위한 것이라고는 볼 수 없습니다.

Q 노란 딱지가 표현의 자유를 침해한다는 지적에 대해서는 어떻게 봐야 할까요?

구체적으로 막거나 강요하는 것이 있으면 표현의 자유 침해라고 하겠지만 사실 시청자는 노란 딱지가 있는지도 모릅니다. 이 노란 딱지는 영상을 삭제하거나 차단하는 것이 아닙니다. 다만 광고가 붙기에는 부적합하다고 규정하는 것입니다. 국정감사에서는 존 리 구글 코리아 대표가 노란 딱지는 광고주가 선호하지 않은 콘텐츠라고 구분을 해주는 것이고 수익 창출을 할 수 없다는 점을 알려줄 뿐이라고 했습니다.

이 노란 딱지가 붙어도 주장한 내용이 없어지는 것이 아니고 광고 수익만 얻을 수 없게 하기 때문에 표현의 자유를 침해하는 것은 아니라는 점입니다. 이 때문에 일부 정치인들은 국정감사장에서 공정거래법 위반으로 고발할 것이라고 언급하기도 했습니다. 공정거래법상 시장지배적 지위의 남용금지 위반이라는 것입니다. 사업활동을 부당하게 방해해서 정당하게 수익을 얻지 못하게 하기 때문이라는 것입니다. 하지만 부당한 내용을 게재하여 수익을 올리게 하는 것 또한 바람직하지 않습니다. 표현의 자유를 위한 행위가 아니라 사업 비즈니스 행위라면 더 엄격한 잣대가 필요할 것입니다.

만약 동의할 수 없다면 재검토해달라고 요청할 수 있으나, 다만 그 기간에 수익을 올리지 못할 수 있습니다. 인터넷 공간에서는 타이밍이 중요할 수 있기 때문에 이 문제에 대한 비판이 있고, 어떤 내용을 올릴지 위축될 수 있다는 지적도 있습니다.

Q 판별 기준을 명확하게 해야 한다는 지적은 어떻게 봐야할까요?

어떤 기준에 따라 어떻게 위반했는지 설명이 없기 때문에 추측이 난무하게 됩니다. 그렇기 때문에 어떤 점을 수정해야 하는지도 알 수 없게 됩니다. 그런 이유로 정치적 탄압이라고 주장하기도 쉬워진다는 것입니다. 모호한 기준은 논란을 불러일으킬 수 있기 때문에 기준을 세분화하고 그 판별 이유를 상세하게 해야 합니다.

유튜브의 정책 이중성도 개선되어야 합니다. 유료서비스의 프리미

엄 회원에게 이 노란 딱지가 적용이 되지 않습니다. 이 서비스에서는 어떤 콘텐츠를 해도 좋다며 허용하고 돈을 따로 받는 것은 이중적인 정책이라는 것입니다. 또한 특정 사업자가 방송 채널을 전적으로 고르게 하는 정책이 과연 맞는가하는 지적입니다. 노동자에게 좋지 않은 컨텐츠라고 해도 기업주가 좋아한다면 문제가 없다며 오히려 파란 딱지가 붙는 일은 적절하지 않다는 것입니다.

Q 고액의 별풍선 후원 논란이 계속 있었는데요. 예컨대 걸그룹 출신 인터넷 개인방송 진행자(BJ)가 별풍선으로 7억 원 정도를 받았다는 것인데 이 별풍선에 결제 한도액이 있지 않습니까? 어떻게 가능한 것일까?

'뭉크뭉'이라는 닉네임 사용자는 "전 유명 아이돌 출신 여BJ에게 10억을 썼고 그녀에게 쏜 별풍선만 7억 가량이다. 거기에 목걸이, 구두, 가방, 이사 비용 등 총 10억에 달하는 비용을 썼다"고 주장했습니다.

이런 별풍선을 800만 개를 주었다는 것인데, 별풍선 1개는 부가가치세 포함 110원이고 별풍선 800만 개를 현금으로 환산하면 8억 8000만원에 해당합니다. 14개월 동안 매일 100만 원을 별풍선에 써도 4억 2000만원으로, 정상적인 방법이라면 가능할 수 없는 일인데요.

방법은 대리결제 업체를 통한 우회결제를 한 것입니다. 이는 별풍선은 물론이고 각종 아이템을 아프리카TV · 팝콘TV 등에서 고객 대신 충전해주는 통신판매업체가 담당하고 있습니다. 결제 한도액은 현행 100만 원. 이 업체를 이용하면 별풍선의 경우 하루 100만 원의 결제한도에 구애받지 않고 살 수 있습니다.

　방송통신위원회는 개인방송의 사행성 문제에 대해 가이드라인을 만들고 인터넷방송의 일일 결제한도를 100만 원으로 내리도록 하는 자율규제를 제시했던 바 있습니다.

Q 별풍선 논란이 반복해서 일어나는 이유는 대리결제 업체를 통한 우회 결제를 차단할 방법이 마땅치 않기 때문이라는 거죠.

현재로서는 이러한 우회결제를 제어할 정책 수단이 마땅하게 없는 상태라 업체도 당당합니다. 국회 국정감사에서 증인으로 출석한 업체대표는 대리결제가 사회적으로 문제가 된다고 생각하지 않느냐는 질의에 "고객의 요청에 따라 판매한 것뿐"이라고 했습니다. 한상혁 방송통신위원회 위원장은 당시 이에 대해 "공정거래위원회와 협의를 통해 대리결제의 불법 소지를 가리겠다"고 했습니다.

　또 자율규제 가이드라인도 손을 봐야 할 것으로 보입니다. 100만 원 결제 한도를 탄력적으로 운영하여 양성화하자는 주장도 있는데요, 누리꾼들은 "충전할 수 있는 별풍선의 한도를 정해야 한다"고 하면서 현실적인 규제 강화를 촉구하는 목소리를 내고 있기도 합니다. 특별한 활동 없이 회원 간 별풍선 상품권만 오고 가는 경우 등 부정한 결제를 좀 더 치밀하게 감시할 필요가 있습니다.

Q 별풍선으로 어떻게 수익을 얻는 것인지 궁금한데요?

별풍선은 인터넷 TV플랫폼에서 시청자가 BJ에게 보낼 수 있는 일종의 '사이버머니'입니다. 시청자가 BJ에게 별풍선을 선물하게 되어 있는데 아프리카TV는 BJ가 받은 별풍선 수익 중 20%~40%를 수수료 명목으로 할당해 떼어갑니다. 이 수수료는 진행자가 어느 정도 등급인가에 따라 달라집니다. 방송을 처음 시작한 BJ들은 40%의 수수료, '베스트BJ'는 30%, '파트너BJ'는 20%를 내야 합니다.

그렇기 때문에 인기가 없을수록 자기 몫이 적기 때문에 인기 있는 진행자가 되려합니다. 또한 진행자를 아끼는 팬들은 많은 후원을 통해서 진행자 몫을 늘려주려 합니다. 이런 이유 때문인지 관련 시장은 갈수록 성장하고 있는데요. 1분기 아프리카TV의 별풍선 매출은 전체 매출의 약 72%인 277억 원을 기록했습니다. 1년 전 같은 기간보다 27.7% 늘어난 것입니다.

Q 별풍선이 탈세·자금세탁에 무방비라는 지적이 있는데 어떤가요? 이른바 별풍선 깡이라는 것이 이뤄진다는 지적도 있는데요.

BJA씨가 한 구독 시청자에게서 1억 2000만 원에 해당하는 별풍선을 받았는데 이때부터 '별풍선 깡'으로 불리는 불법 거래 의혹이 제기되었습니다. 현금 1억 3200만 원 어치의 별풍선 120만 개를 받았던 것입니다.

특히 정식가격보다 싸게 인터넷에 팔 경우 의심이 되는데요. 급전이 필요한 사람 즉 신용불량자 등이 현금을 구하기 위해 별풍선을 이용한다는 것입니다. 예컨대 핸드폰 소액결제를 이용해 별풍선을 구매해서 중고 거래 사이트에 시세보다 싸게 올리면 이를 업자가 구매한 뒤 BJ에게 선물하면 진행자는 다시 일부 금액을 업자에게 돌려주는 것입니다.

이러한 방식을 이용하면 BJ와 업자는 뒷거래를 통해 모두 금전적 이득을 얻을 수 있습니다. 또한 세금을 내지 않는 탈세를 꾀할 수도 있습니다. 예를 들어 실제가격 100만 원어치의 유료 아이템을 60% 싼 40만 원에 구입했다면 이를 BJ에게 선물하고, BJ는 최대 수수료 40%를 제외한 60만 원을 갖게 됩니다. 수수료 차익으로 20만 원이 생기게 되고, BJ는 40만 원에 10만 원을 더한 50만 원을 업자에게 되돌려 줍니다. 업자와 BJ 모두 10만 원씩 이득을 얻습니다. 액수가 커질수록 이득은 커집니다. 하지만 1억 2000만 원 어치의 별풍선을 받았던 BJ와 구독 시청자는 별풍선 깡을 부정했습니다.

Q 한편 걸그룹 출신 인터넷 개인방송 진행자(BJ)에게 '로맨스 스캠'을 당했다는 별풍선 이용자의 주장이 제기되어 논란이 일었는데 여기에서 '로맨스 스캠'이 무엇입니까?

로맨스 스캠(romance scam)은 남녀 사랑을 빙자한 온라인 사기 행각을 말합니다. 피해자에게 친근감 있게 다가와 이성적인 호감을 환기하고 어필해 교분을 쌓은 다음에 돈을 요구하는 행위입니다. 특히 사회관계망서비스가 일상화되면서 큰 사회적 문제로 대두되고 있는데, 남녀 모두에게 공통적으로 일어나고 있습니다.

비중은 여성에게 당했다는 남성이 많은 편인데요. 크레용 합 출신의 엘린에게 10억대의 로맨스 스캠을 당했다는 주장이 인터넷 게시판에 오르면서 다시금 논란을 일으켰습니다. 일부에서는 사적인 욕심 때문에 돈을 줬다는 주장과 순수한 후원이라는 주장이 부딪히고 있습니다.

Q '로맨스 스캠'이라는 이름의 사기 범죄가 성립하려면 범죄의 성립요건이 필요할 텐데 어떤 점이 있나요?

두가지 요건이 있는데요 첫 번째 상대방을 속였다는 점, 두 번째로 편취의 고의가 있었다는 점이 입증되어야 합니다. 대법원의 판례에서는 어떤 대가를 바라고 재물을 받는 경우 사기죄가 성립될 수 있습니다. 사전에 그 대가를 주지 않을 것이라는 것을 고지하지 않으면 신의성실 원칙에 어긋나기 때문에 기망에 해당한다고 보는 것입니다.

엘린과 뭉크뭉의 경우 둘 사이가 연인이 아니고서는 10억이라는 대가를 줄 이유가 없다고 보는 견해와 공식적으로 사귀지도 않았고 결혼이라는 언급도 없었기 때문에 이는 로맨스 스캠에 해당하지 않는다는 주장도 있습니다. 엘린은 스타와 팬 사이의 선을 지켰다고 주장하고 있는데요. 법정으로 간다고 해도 결혼에 관한 약속이나 계약 연애 등을 입증해야 하는데 쉽지는 않을 것이라 보여집니다. 엘린이 의도적으로 상대방의 재물을 뜯어내려고 했는지가 핵심인데, 엘린은 "한 번도 별풍선 후원을 강요하거나 유도한 적 없다"고 주장했습니다.

Q 별풍선 후원금을 돌려달라는 사례도 있던데 쉽게 돌려받을 수 있나요?

유튜버 '양팡'에게 "후원금을 환불해달라"고 요구한 후원자의 사례가 있었습니다. 그는 결국 극단적인 선택을 시도하기도 했습니다. 후원자는 양팡에게 3000만 원 상당의 별풍선을 후원했는데, 그 이유가 열혈팬들에게 주어지는 '소원권'을 사용하고 싶었기 때문입니다. 하지만 양팡이 소원을 거절했다며 후원금을 돌려달라며 극단적인 선택을 시도했던 것이고 논란을 빚었습니다. 양팡은 이후 당사자에게 후원금 전액을 돌려줬습니다.

법적으로는 타인에게 이미 증여한 물건을 되돌려 받긴 더욱 어렵습니다. 앞서 뭉크뭉이 엘린에게 선물을 준 행위는 법적으로 '증여'에 해당합니다. 선물로 성립한 증여는 취소할 방법이 마땅히 없습니다. 선물 증여를 취소하고 돌려받으려면 민법 제561조의 부담부증여에 해당해야 합니다. 부담부증여가 되려면 상대방이 어떤 약속(의무)을 이행하지 않는 경우, 해당 증여를 취소한다는 내용의 사전 합의나 계약이 존재해야 합니다.

Q 로맨스 스캠이라는 것은 이런 연예인들만이 아니라 일반인들에게도 심각하다죠? 어떻게 대응해야 할까요?

10대부터 중장년층을 가리지 않고 일어나고 있는데요. 국내외를 막론하고 있고 한국에서도 글로벌 사회관계망 서비스가 늘어나면서 증가하고 있습니다. 2018년 9월 홍콩의 한 여성이 온라인연애 빙자 사기, 로맨스 스캠에 2300만 달러, 우리 돈으로 약 260억 원을 송금하는 사기를 당했습니다. 60대의 이 여성은 영국 기술자에게 4년 동안 이 같은 액수를 이체했는데 하지만, 4년 동안 온라인으로만 관계를 지속해왔던 사이였습니다.

　우리나라에서도 외교관 군인을 가장한 서아프리카 기반의 로맨스 스캠 조직이 적발되었는데 피해자는 20여 명, 피해규모는 14억 정도가 공식적으로 밝혀져 실제는 더 많을 것으로 짐작되었습니다. 경찰청은 '로맨스 스캠' 피해 예방 지침을 알린 바도 있는데요. 먼저 SNS에서 무분별한 친구 추가를 자제하고, 해외 교포나 외교관 등을 사칭하는 인물의 인터넷상 교제를 신중히 할 것. 또 인터넷상으로 연락하면서 부탁을 가장한 금전 요구에 송금을 금지하고 상대방이 선물을 발송한다는 배송업체 사이트 URL 접속 금지 등을 공지했습니다.

　무엇보다 사람의 선의에서 헛점을 파고들기 때문에 이 점에 주의를 기울여야 합니다.

21

'노키즈존'…
문제는 '아이'가
아니라 '매너'

Q 스크린 독과점은 노키즈존과 연결이 되는 보이지 않는 연결고리가 있습니다, 우선 대형 영화는 항상 스크린 독과점 문제가 여전히 지적되죠?

그렇습니다. 예컨대 〈겨울왕국2〉가 개봉 보름 만에 관객 천만이 넘을 것으로 예상이 된 것은 개봉일에 이미 스크린 2,363개로 63%, 좌석 점유율 70%였습니다. 첫 주말에 상영 점유율이 73.9%에 이르렀고 이는 상영관 10개 중 7개에서 겨울왕국2를 볼 수 있다는 것이고 이후 80%를 넘어 스크린 2600개 이상을 확보했습니다.

〈겨울왕국2〉 외에 10편의 영화가 나머지 스크린을 나눠 가졌다. 미국에서는 처음 상영 점유율이 11%인 것으로 알려지고 있고 30%를 넘지는 않았습니다. 시민단체가 이 때문에 88%의 스크린 독과점을 조장했다면서 디즈니를 고발하기도 했습니다. 이런 스크린 독과점 때문에 천만 관객 영화 돌파가 빨라졌고 다른 영화들은 볼 수가 없게 된 건데요. 이는 문화적 선택의 침해라는 주장으로 스크린 독과점 논란이 있게 되었습니다.

Q 프랜차이즈 영화가 스크린 독과점 문제가 심하다는데 프랜차이즈 영

화가 정확히 무엇입니까?

전작이 성공하고 나면 그와 관련된 영화가 제작되고는 하죠. 후속편은 시퀄이고 이전 스토리를 다룬 영화는 프리퀄이라고 합니다. 이런 영화들은 시리즈가 계속 이어지면서 스노우볼 효과 (snowball effect)를 발휘합니다. 전작들이 점점 뭉쳐져서 눈덩이 효과를 나타내는 것으로 관객이 늘어날 수밖에 없는데 따라서 초기에 팬들이 몰려들어 스크린 독과점 문제가 발생하기 쉽습니다.

〈어벤져스 시리즈〉가 대표적이라고 할 수 있는데 극장에서 1억 명이 본 셈이 되었습니다. 〈겨울왕국1〉이 45일 만에 천만을 넘은 것과 달리 2편은 보름만에 천만을 넘었습니다. 1편은 스크린이 676개였는데 2편은 2363개였습니다. 작품성이 2편이 떨어지는데도 말이죠. 국내 영화는 세계 시장 규모가 적기 때문에 이런 시리즈 영화가 성공하기 쉽지 않은 어려움이 있습니다.

시리즈는 많아봤자 3편 정도이고 더 이상 흥행이 되지 않는데 이런 프랜차이즈 외화 영화가 스크린 독과점 현상을 빈번하게 보이고 있습니다. 따라서 프랜차이즈 영화에 관해 스크린 독과점 문제를 생각해봐야 하는데요. 프랜차이즈 영화는 관객의 선택을 수용하는 것처럼 보이지만 영화적 다양성을 해치고 장기적으로 문화적 선택을 위축시킬 수밖에 없습니다.

Q 대안으로 모색되고 있는 것이 스크린 상한제나 플랫폼 릴리즈가 거론되고 있는데 이게 무엇을 말하는 거죠?

스크린 상한제는 한 영화가 점유할 수 있는 영화의 비율을 정해 놓는 것입니다. 일본의 경우 아무리 인기가 있어도 25% 이상의 스크린을 차지할 수 없습니다. 프랑스는 8개의 스크린을 가진 멀티플렉스에서 하루에 한 영화가 30% 이상 비율을 차지할 수 없도록 했고요, 미국도 한 영화가 30%를 넘어서지 못하게 규정하고 있습니다. 국회에는 '영화 및 비디오물의 진흥에 관한 법률 개정안'에 스크린 상한제를 담고 있는데요, 오후 5시부터 11시까지 황금시간대에 여섯 개의 스크린을 가진 영화관은 한 영화가 50%를 차지할 수 없도록 규제하는 내용을 담고 있습니다. 하지만 법안 소위에 상정조차 되지 못했습니다.

'플랫폼 릴리즈'라는 것은 처음에는 공평하게 스크린을 주고 관객의 반응에 따라 스크린을 늘려가는 방식입니다. 봉준호 감독의 〈기생충〉의 경우 미국 배급사가 처음에는 두 개의 영화관에서 선을 보였고 개봉 첫 주 3곳에서 볼 수 있었던 것에서 시작해 33곳에서 21억 원의 매출을 올렸습니다. 이 후에 400여 개, 600여 개로 늘려 북미 최대 외국어 영화 흥행의 기록을 쓰기 시작해서 개봉 3주차에 스크린 수가 43배 증가했습니다. 결국 관객들이 스크린 수를 좌우하는 것이지 기획 투자 제작 배급한 소수의 큰 기업이 결정하는 것이 아닌 것입니다.

Q 근본 원인으로 '대기업 수직·계열화'를 해결해야한다는 목소리도 계속 나오고 있는데 이에 대해서는 어떻게 봐야 할까요?

대기업 수직 계열화는 대기업이 제품이나 서비스의 기획·생산·유통·판매·매장 운용까지 모두 직접 경영하는 것을 말하는데요. 영화는 영화의 기획·투자·제작·배급·상영에 이르는 전 과정에 대기업이 직접 경영하는 것을 말합니다. CJ와 롯데의 스크린 점유가 과반을 넘어서고 있기 때문에 과독점 상태인데요. 해법으로 배급업과 상영업을 한 기업이 할 수 없도록 분리하자는 주장이 오래전부터 제기되어 왔습니다. 주장의 근원에는 이런 내용을 담고 있는 미국의 '파라마운트 판례'를 참고한 것으로, CJ E&M이 CGV를 매각하고 롯데엔터테인먼트가 롯데시네마를 매각해야 하는 건데요. 하지만 이에 관한 법안은 두 개나 발의되었지만 논의조차 되지 못하고 있습니다.

Q 그런데 대기업이 스크린 과독점을 포기하지 않는 이유가 극장상영 수입이 배급 수입보다 많기 때문이라고요?

이는 부율 문제에 관련되는데요. 부율은 배급과 극장의 수익 배분 비율을 말합니다. 지금 부율은 배급이 55%, 극장이 45%입니다. 그런데 대기업 외의 중소 기타 배급사들은 이는 불공정하다고 말합니다. 만약 대기업이 스크린을 갖고 있지 않다면 배급 수익 배분율을 올리려 할 것이지만 극장이 자신들의 과독점이기 때문에 스크린 수익률을 손보지 않습니다. 따라서 배급 수익을 올리는 것은 스크린 독과점 문제와 밀접하고 스크린 수를 과독점 시키지 않게 되면 배급 수익이 중소 배급사에게 돌아가서 선순환이 이뤄진다는 것입니다. 대개 다른 배급사도 영화 기획·제작을 자체적으로 하고 있는 현실이기 때문에 영화적 다양성이 풍부해질 수 있습니다. 또한 돈을 실제 지급하는 부금도 개선되어야 합니다. 한 영화가 극장에서 상영이 끝나면 하던 과거 아날로그 시대가 아니라 전산 시스템에 따라 바로 배분하는 것이 중소 영화사를 살리는 것이라는 주장이 적절할 것 같습니다.

Q 한편 노키즈존 논란을 일으켰다고 하는데요? 우선 노키즈존에 대해서 설명해주세요.

애초에 노키즈존은 호텔이나 식당, 카페에서 아이들의 출입을 금지시키는 것을 말하죠. 그런데 〈겨울왕국〉 상영관에서도 이런 주장이 나왔습니다. 노키즈존 상영관을 만들자는 것입니다. 시끄럽게 떠들고 산만하게 움직이고 돌아다니는 아이들 때문에 영화를 볼 수 없다는 성토가 인터넷에 올라오기도 했는데요. 왜 이런 현상이 일어나는 것일까요? 예전 같으면 애니메이션을 20~30대가 볼 일이 없는데 문화적 변화가 일어나면서 취향의 갈등현상이 불거지고 있는 사례입니다. 인권위에서는 특정 공간에서 특정 집단을 배제하는 것은 차별행위라고 밝혔는데요. 노키즈존은 아이를 단지 잠재적 범죄자나 문제 소지자로 규정하는 것은 차별이라는 것입니다. 중요한 것은 아이가 아니라 매너가 없는 행위죠. 그런 행위를 금지하고 이를 위반할 경우 단계적으로 퇴실조치를 하는 것이 우선일 것입니다.

Q 〈어벤져스〉 때도 그랬는데 〈겨울왕국2〉에서는 오역 논란도 있었는데요.

맞습니다. 엘사가 눈사람 인간 올라프에게 "몸이 녹지 않으니 좋니?"라며 마법을 걸어 녹지 않게 해주는 장면이 있는데 "새 얼음장판이 마음에 드니?"라고 번역해서 논란이 일었습니다. 또한 "금요일에 열리는 무도회(Charades)에 늦지 않게 와"라는 자막이 있는데 무도회로 번역된 샤레이드는 무도회가 아니라 몸짓게임 정도라는 것입니다.

〈어벤져스〉에서도 오역된 부분이 여러 건 지적이 됐었는데요. 번역자를 공개하지 않았고 〈겨울왕국2〉도 마찬가지였습니다. 번역자를 어떤 과정을 통해서 선발하고 검수하는지 관객들은 요구하고 있지만 디즈니는 밝힐 수 없다고 묵묵부답했습니다.

Q 기념품의 과도한 마케팅도 논란이 되고 있는데 이에 대해서는 어떻게 보십니까?

〈겨울왕국2〉의 등장인물들이 입고 나온 드레스, 망토, 신발, 티셔츠 등이 온·오프라인 매장에서 판매가 되었습니다. 이것을 아이들이 사달라고 조르는 통에 부모들이 곤혹스러운 상황이었습니다. 문제는 이 기념상품들, 즉 굿즈의 가격이 저렴하지 않다는 점입니다. 엘사의 드레스는 경매 사이트에서 170만 원에 이르기도 할 정도인데요. 달력은 무려 12만 원이었습니다.

품질이 좋은 상품이라면 그나마 모르겠지만 그렇지 않은 상품들을 고가에 사야 하는 상황이어서 망설이는 부모들이 많다고 하는데요. 변형되기 때문에 세탁을 못하는 경우도 있다고 합니다. 앞으로도 미디어에서 이런 상품이 많이 팔리는 것을 무비판적으로 그냥 전달할 경우, 이런 과도한 소비 현상을 부추기게 될 것이어서 유의해야겠습니다.

22

선거 때만 되면 횡행하는 댓글과 검색어 조작 대안은?

-포털 댓글과 실검 제한, 긍정적 변화

Q 선거만 다가오면 포털사이트 댓글과 실시간 검색어 조작 논란이 재점화되는데요, 대표적인 게 '차이나 게이트'라는 것이었는데, 이게 뭔가요?

중국인 혹은 중국인 유학생, 이 주동포-조선족들이 네이버·다음 등 포털사이트에서 게시글·댓글 작성, 공감수 조작 등을 통해 대규모 여론 조작을 시도하고 있다는 설입니다. 친중 세력이 선거에서 이기는 것을 바라기 때문이라는 것입니다. '문재인 대통령 응원청원'도 차이나 게이트라고 합니다. 심지어 청와대 국민청원 게시판에는 '중국의 조직적 여론 조작 및 국권침탈행위를 엄중하게 수사하십시오'라는 청원이 올라오기도 했습니다.

심지어 야당은 중국의 인터넷 여론조작 차단을 위한 '차이나 게이트 방지법'을 발의했습니다. 이 개정안은 온라인 게시글 및 댓글 등에 대해 국적 또는 국가명이 표시되도록 하는 것이 주요 내용입니다. 이에 대해 청와대는 대통령 응원 청원 방문 트래픽은 96.8%가 국내 유입이고 중국 유입은 0.02%라고 밝힌 바가 있습니다. 이러한 음모론을 야당과 극보수세력이 조장하고 있는 점은 바람직한 여론을 형성하는데도 부정적이라고 볼 수 있습니다. 무조건 반중을 주도하는 것이 국익에 이로움이 없을 것이고, 이는 코로나 이후 혐오 정서에 기댄 것에 불과합니다.

Q 이런 인터넷 여론 조작을 막기 위해 국회에 실시간 검색어법이 상정되기도 했는데 어떤 내용입니까?

2018년에는 '드루킹' 김동원 씨가 매크로 즉 자동입력반복 프로그램을 이용해 댓글 조작을 벌인 혐의로 기소되었습니다. 유죄를 인정받았는데요. 2심에서 징역 3년을 선고되었습니다. 이 사례 이후 포털사이트를 통해 매크로를 이용해서 악의적으로 여론을 왜곡할 수 있다는 문제 제기가 나왔고요, 소위 '실검법'으로 개정안이 논의 되었습니다. 즉 댓글 및 실검 조작을 막는 정보통신망법 개정안이 발의되었죠.

주요 내용으로는 정보통신서비스 이용자가 부당한 목적으로 '단순 반복작업의 자동처리 프로그램'(매크로)을 통한 서비스 조작 금지, 대통령령으로 정하는 일정 규모 이상 사업자는 서비스가 조작되지 않게 기술적·관리적 조치를 해야 한다는 것 등이 포함되어 있습니다. 애초에 있던 '여론형성을 목적으로 한 매크로 사용 금지'는 부당한 목적으로 매크로를 활용하는 것은 금지하는 것으로 바꾸었습니다.

사업자 처벌 조항 대신에 기술적 관리적 조치를 해야 하는 것으로 대체했습니다. 매크로 프로그램이나 타인 개인정보를 이용해서 댓글을 달아 실시간 검색어의 순위를 조작하면 징역 3년 이하 또는 3000만 원 이하의 벌금을 매깁니다. 의견 차이가 있었지만 여야 합의에는 도달하면서 법안 통과 가능성이 높아진 상황입니다. 그동안 관련 규정이 없어서 정확하게 처벌할 수 없었던 미흡함이 보강될 전망입니다.

Q 그렇군요. 실검법에 대해서는 인터넷 기업들은 반대입장인데 어떤가요?

반대의사를 표하는 곳은 인터넷기업협회가 대표적입니다. 정보통신서비스의 제공하는 측이 사적으로 검열을 하게 만든다는 것입니다. 그리고 국가의 형벌권을 남용할 가능성이 높아진다고 비판하였습니다. 성명서를 통해 이미 인터넷기업들도 다양한 이용자 어뷰징에 대해 다각도의 대응을 하고 있다는 것입니다. 끊임없이 개선하고 있는데 충분한 사회적 논의 없이 관련 의무가 부과된다면 '부당한 목적'이라는 행위자 내심의 의사에 대한 판단 책임을 사법기관이 지는 것이 아니라 서비스 제공자에게 전가하는 것이라고 합니다. 사적 검열을 조장하는 일반적 감시의무를 부과하는 것이고, 이용자에게도 광범위한 표현의 자유의 억압을 가져온다는 것입니다. 개정안의 내용은 헌법상 원칙을 위반하고 있다고 하면서, 가치중립적 기술을 일방적인 범죄 도구로 낙인 찍고 인터넷산업 전반에 부작용이 우려된다고 했습니다.

표현의 자유 이전에 그것이 인권을 해치는 플랫폼이 된다면 오히려 인권을 보장하고 있는 헌법을 위반하는 것이 됩니다. 최대한 부작용을 줄이기 위해서 어떠한 조치를 했는가가 중요할 것입니다. 또한 인터넷 서비스는 더 이상 가치중립적이라고 할 수가 없다는 점을 생각해야 합니다. 인터넷 기업 협회는 엔씨소프트·페이스북코리아·11

번가 같은 게임·소셜·전자상거래 업체들이 가입해 있습니다. 그들은 "개정안은 포털 뿐 아니라 게시판에서 이용자가 글·댓글에 추천을 누르는 형태의 서비스를 제공하는 업체에는 모두 적용될 수 있다"고 밝힙니다.

Q 포털사이트 네이버는 '인물 연관검색어' 서비스를 중단하고, '연예 뉴스 댓글'을 잠정 폐지했다고 밝혔던데요. 어떤 내용인가요?

인물 연관 검색어 서비스는 포털사이트에서 관련 검색어를 찾았을 때 그 검색어를 찾은 이용자들이 함께 찾았던 검색어를 보여주는 기능입니다. 화제가 되는 인물들이 궁금할 때 쉽게 포털 사이트에 가서 검색을 하게 됩니다. 인물 정보 검색 서비스도 문제가 있는데 연관 검색어가 문제가 있다는 비판이 많이 있어왔습니다. 연예 뉴스 댓글 서비스도 더 이상 보이지 않게 하기로 했습니다. 연예 뉴스 하단에 있던 댓글창에는 '언론사가 연예 섹션으로 분류한 기사는 연예서비스에서 댓글을 제공하지 않습니다'라는 문구가 게재돼 있습니다. 다만 '좋아요' '훈훈해요' '화나요' 등의 기사에 대한 평가 항목은 그대로 제공되는 상황입니다.

Q 인물 연관검색어 관련해서 어떤 문제가 있기에 그런 겁니까?

나쁜 여론 조성과 부작용은 포털사이트 연예 뉴스 문제는 댓글만이 아닙니다. 연관 검색어도 큰 문제입니다. 특정 사람을 검색하면, 확인되지 않은 정보, 나아가 자극적인 연관 검색어들이 자동적으로 연결되고, 루머를 생성한 근원지로 통하기도 했습니다. 유명인들, 연예인들의 인격권을 침해한다는 지적도 컸습니다. 갈수록 일반인들의 인격권 등을 침해하는 경우가 늘고 있습니다.

네이버는 이런 문제 지적이 비등하게 되면서 연관 검색어 서비스도 종료하게 된 것입니다. 이슈가 생길 때마다 순위가 급상승하여 여론을 형성하는 듯한 실시간 검색어 즉 실검도 문제입니다. 자극적인 키워드를 올리고 여기에 달라붙어 언론도 동참하면서 걷잡을 수 없는 상황에 이르게 됩니다. 더 자극적인 기사들이 포털을 장식하고 확인되지 않은 정보들이 진실인 것처럼 확산됩니다.

이런 문제점 때문에 다음과 카카오는 실검 기능도 폐지했습니다. 네이버는 "인터넷 공간에서 벌어지고 있는 연예인 개인의 인격권 침해에 대한 우려가 커지고 있고 저희 역시 연예인의 인격권 침해 문제에 대해 책임을 공감하고 있다"고 하면서 전격 이러한 조치를 취한 것인데 이는 단지 연예인에만 해당되는 것이 아니라 일반 국민에게도 해당될 수 있다는 점이 더 중요하다고 생각할 수 있습니다.

Q 일부에서는 실검과 댓글창이 제한돼 여론의 반응을 볼 수 없다, 이런 볼멘소리도 하던데요. 이건 어떻게 생각하십니까?

실시간으로 사람들의 반응, 나아가 국민들의 여론을 볼 수 있는 통로가 사라졌다는 것입니다. 여론 형성의 창구라고 생각하거나 표현의 자유를 생각하면 그렇게 보이고, 생각하지 못한 반응들과 아이디어들이 있다고도 합니다. 하지만 포털이 그러한 곳인지 의문입니다. 이미 이를 알아볼 수 있는 창구는 많다고 할 수가 있습니다. 젊은 층은 페북, 인스타, 틱톡, 트위터 등 소셜 미디어를 통해서 서로 의견과 생각을 주고받고, 피드백 반응을 확인할 수 있기 때문입니다. 특히 이미 포털의 연예뉴스의 '댓글 많은 뉴스' 순위는 가수의 팬덤에 따라 움직입니다. '공론의 장'의 기능이 없어진지 오래입니다. 또한 일반 기사라고 해도 대개 특정 진영 논리에 따라서 좌우되는 경우가 많기 때문에 앞으로 포털 뉴스에 대한 제한은 더욱 강화되어야 한다고 봅니다. 그리고 다양한 방식으로 여론을 가늠하고 평가하는 창구가 많아져야 합니다. 혐오와 비방 차별의 창구가 되어 있는 포털 뿐만 아니라 인터넷 커뮤니티 게시판의 혁신이 필요합니다.

Q 포털사이트들의 이런 조치에 여론은 대체로 찬성하는 분위기 아닌가요? 이런 찬성 여론이 주는 의미와 시사점, 어떻게 볼 수 있을까요?

성인 80% 이상이 포털 사이트 연예뉴스 댓글 폐지가 필요하다고 봤습니다. 실시간 검색어 폐지에 대해서는 46.7%가 동의했습니다. 35.7%는 "약간 필요하다"고 답했습니다. 전체적으로 동의가 81%에 이릅니다. 한국언론진흥재단 미디어연구센터 조사 결과였습니다. 성별에 따른 비중은 여성이 57.8%, 남성이 53.3%, 연령별로는 50대(63.0%)와 30대(57.0%)가 가장 많았습니다. 특히 응답자의 98.1%가 최근 연예인들의 잇단 비보에 악성 댓글이 영향을 미친다고 생각했습니다. "크게 영향을 미쳤다"는 대답이 72.6%나 됐습니다.

국가인권위원회는 네이버와 다음이 온라인 상의 혐오표현을 막기 위해 각종 댓글을 제한한 것에 대해 "혐오표현 근절을 위한 긍정적인 변화가 시작됐다"고 평가했습니다. 또한 "카카오와 네이버가 혐오표현의 자율적 대응 노력을 시작한 것을 환영한다. 이러한 노력이 다양한 영역에서 혐오표현을 사용하지 않겠다는 모두의 변화로 이어지기를 기대한다"고 했습니다. 여론이라는 이름으로 상업적으로 이용당하는 댓글과 실검은 포털에서는 적어도 적절하게 조율되어야 합니다. 차별과 편견, 그리고 특정 정치 세력에 이용당할 가능성이 선거를 앞두고 더 강해지고 있는 때이기 때문에 더욱 그러합니다.

Q 유튜브에 출연하는 영상에 미성
년자 청소년들이 많아지고 있고
인권침해가 불거지고 있습니다.
EBS 동영상이 논란이 되었는데
왜 그런 건가요?

EBS 유튜브 방송이
문제였습니다.
하나는 폭행 논란입니다. 유튜브
'보니하니' 방송에서 '당당맨'의 개
그맨 최영수가 다른 진행자 그룹 버
스터즈의 채연(15)을 폭행하려 했
다는 의혹 제기가 단초였습니다. 해
당 영상에서 MC 채연이 카메라 밖으로 나가려는 최영수를 붙잡자, 최
영수는 채연의 팔을 뿌리치고 그를 때리려는 자세를 취했습니다. 맞
는 듯한 소리 뒤에 아픈 듯 팔을 잡는 채연의 모습이 보였습니다.

또한 EBS 유튜브 채널 생방송은 성적 비하와 욕설이 문제였습니
다. 박동근이 채연에게 "너는 리스테린 소… 독한 X"이라고 말했고,
그 뒤에 몇 차례 "독한 X", "소독한 X"이라고 욕설을 했습니다. 일부
누리꾼들은 '리스테린 소독' 멘트가 성매매 업소 은어가 아니냐고 지
적했습니다.

무엇보다도 문제는 30대 남성 출연자 2명이 동일한 15세 여성에
각각 폭행, 성적 비하, 욕설 등을 사용한 것입니다. 교육방송인 EBS

가 제작하는 유튜브 채널에서 이러한 장면들을 방송했다는 것에 더 비난이 일었습니다. 아이들의 정서에 부정적인 영향을 끼칠 가능성이 더 크기 때문입니다. 방송통신위원회에 민원이 쇄도했고, 청와대 홈페이지에는 '공영 교육채널 EBS에서 일어난 청소년 방송인을 향한 언어폭력, 신체폭력에 대한 진상규명을 요구합니다'라는 청원이 게시되었습니다.

Q 왜 이런 일이 발생했을까요? 문제의 행위를 한 출연자나 EBS 등은 뭐라고 해명했나요?

13년째 EBS에 출연중인 개그맨 최영수는 "채연이 안 때렸다. 내겐 조카, 친동생 같은 아이인데, 무슨 폭행이냐. 말도 안 된다. 정말 미치겠다"고 했습니다. 또한 "의심을 벗은 눈으로 보면 정말 아무것도 아닌 상황극"이라고 강조했습니다. 그러면서 "정말 사람 무서워서 방송하겠냐 싶다. 요즘 펭수가 떠서 화살이 EBS로 쏠렸나. 조용히 얌전하게 평생 EBS '보니하니' 잘해온 나 같은 사람한테 세상이 왜 이러나 싶다"라고 했습니다.

EBS 측은 "출연자 간 폭력은 발생하지 않았다"며 "수많은 사람이 함께 일하는 생방송 현장에서 폭력이 발생할 수 있는 가능성은 전혀 없다. 출연자와 스태프 모두 확인한 사실"이라고 했습니다. 다만 "심한 장난 중 위협적으로 느껴지는 부분이 있었고 이는 분명한 잘못이다. 제작진과 출연자 모두 상황의 심각성을 인지하고 있으며 이런 일이 재발하지 않도록 주의하겠다"고 사과했습니다.

또한 리스테린 등의 논란을 빚은 영상에 대해서는 "대기실에 항상

리스테린이 있었고, MC인 채연 양이 방송 전 리스테린으로 항상 가글을 하고 온다"며 "실시간 라이브 방송에서는 채연 양에게 장난을 치며 놀리려 한 말이었는데, 문제가 되는 표현인지 제작진도 당사자인 박동근 씨도 몰랐다"라고 했습니다.

옹호하는 듯한 분위기가 전달되자 비판이 쇄도했고, 이에 EBS 측은 김명중 사장 이름의 2차 사과문을 냈습니다. "어린 학생들을 비롯한 시청자 여러분들에게 심한 불쾌감과 상처를 드렸다"며 "문제의 출연자 2명의 출연 정지를 약속하고 관련 영상 삭제, 재발 방지 노력을 하겠다"고 했습니다.

EBS는 공식 사과문에 최영수, 박동근의 하차 및 출연 정지를 알렸고 이뿐 아니라 '보니하니' 관계자 문책 및 징계하고 책임자를 보직 해임하고 프로그램 제작을 중단했습니다. 하지만 누리꾼 반응은 그치지 않았습니다. "아무리 친해도 아저씨가 중학생한테 X이라고 하는 게 정상적인 사고인가?"라고 하거나 "어린이들한테? 괴롭힘은 나쁜 거다"라고 했습니다. 또한 "저 두 개그맨들은 장난이었다고 하겠지만 두 영상에서 채연 양 표정이 이미 모든 걸 말하고 있다"라는 지적도 있었습니다. 만약 실제 폭행이 아니라 설정이었다고 해도 미성년자 폭행 설정은 적절하지 않은 방송입니다.

Q 이전에도 문제가 될 수 있는 과거 방송 장면들도 있어서 오히려 여태껏 논란이 되지 않은 게 이상하다는 지적도 나왔지요?

그동안 이 프로그램에서 남성 출연자들이 채연에게 했던 과한 행위들, 심지어 성희롱까지 한다는 지적이 계속 있었으므로, 진작에 터질 게 이제야 터졌다는 논란입니다. 남성 출연자가 채연의 입술에 김밥을 먹으라고 강요한 뒤 오히려 김밥을 본인의 입에 넣거나 장난이라면서 채연의 입에 손가락을 넣는 장면, 이밖에 채연을 목 조르는 장면, 또 다른 진행자인 진솔에게 물을 뿌리는 영상 등이 지적되었습니다.

또한 미성년자 여성에게 과도한 신체적 접촉이 자주 있었던 것은 문제라는 것입니다. EBS 게시판에서 한 시청자는 "하니는 아직 미성년자인데 남자 출연자들이 수시로 어깨에 손 올리고, 밀착했고 하니 입에 손가락을 넣는 장면을 보고 경악을 금치 못했다. 하니에 대한 성희롱을 막아달라"라고 적었습니다.

Q 더 논란을 키운 게 애초에 방송통신심의위에서는 심의할 수 없다고 했던 점인데, 이유가 뭔가요?

방통위 측은 논란을 빚은 영상을 공식적으로 심의를 진행해 제재할 근거가 없다는 입장을 밝혔습니다. 지상파 방송이 아닌 유튜브로 해당 영상이 방송되었다는 것입니다. 여기에 더해 현재 문제의 영상이 삭제된 상태라는 이유를 들었습니다. 참고로 TV방송 영상 형태의 모든 프로그램은 방송법에 따라 대통령 직속 기구인 방송통신심의위원회(방심위)의 심의대상이 될 수 있습니다. 그러나 논란된 방송 제작은 EBS가 했지만, 채널이 TV가 아닌 유튜브를 통해 나갔기 때문에 통상적으로 이뤄지는 방송 제재의 대상은 아닙니다. 방송 프로그램이면 방송심의 규정을 유튜브 영상이면 통신심의 규정이 적용되어야 합니다.

Q 이런 입장 표명에 논란이 그치지 않고 항의가 쏟아지면서 다시 심의할 수 있다고 했는데, 어떤 점을 심의한다는 것인가요?

문제는 영상이 삭제되어도 계속 파생된다는 것입니다. 해당 영상은 현재 유튜브에서는 삭제됐는데, 영상 내용에서 위법성이 확인되면 다른 사이트 등 인터넷 상에 영상이 남아있는 곳에 시정요구를 할 수 있는 정도입니다. 방심위는 해당 영상을 '정보통신심의에 관한 규정'에 따라 심의할 수는 있고, 방송심의규정 27조와 43조의 '품의유지'와 '어린이 및 청소년의 정서함양'을 담은 근거로 영상게시판 및 게시물 삭제요청에 관한 '시정요구'를 유튜브 플랫폼 등에 있는 최초의 본영상이 아니라 재가공된 영상 등을 대상으로도 할 수 있습니다. 하지만 정보통신심의에 관한 규정을 어긴 영상이라고 해도 방심위는 문제의 영상이 게재된 게시판, 사이트에 삭제 요청 등의 '시정요구'만 할 수 있습니다. 영상을 게재한 사람에 대해 직접 처벌은 불가능합니다. 더구나 방통위는 EBS에 대한 감독권은 갖지만 방송의 내용과 편성에는 관여할 수 없습니다.

Q 방송 외에 정보통신에 관한 심의규정은 구체적으로 어떻게 돼 있습니까?

해당 정보통신에 관한 심의규정을 보겠습니다. '제8조 선량한 풍속 기타 사회질서를 현저히 해할 우려가 있는 내용의 다음 각 호의 정보를 유통하여서는 아니 된다'라고 규정하고 있습니다. 1항에 사회 통념상 일반인의 성욕을 자극하여 성적 흥분을 유발하고 정상적인 성적 수치심을 해하여 성적 도의관념에 반하는 내용을 담아서는 안 된다고 했습니다. '아동 또는 청소년을 성적 유희의 대상으로 직접적이고 구체적으로 묘사한 내용'이나 그 밖에 일반인의 성적 수치심을 현저히 해할 우려가 있는 정보를 담으면 안 됩니다.

이를 어기면 방심위가 해당 게시물에 대해 삭제나 접속차단, 이용자에 대한 이용 해지 등의 시정요구를 할 수 있습니다. 시정하지 않으면 방심위는 정보통신 제공자나 게시판 운영자에게 취급거부나 정지 또는 제한하도록 하는 명령을 해줄 것을 요청하고 제재를 할 수 있습니다. 다만, 방심위가 실제 통신제재를 하는 경우는 '아동 성착취영상'에만 해당되므로 결국, 방심위가 할 수 있는 제재는 유통을 막는 조치가 전부입니다.

해당 콘텐츠가 복사되어 유통되는 경우 삭제나 접속 차단을 할 수 있습니다. 정보통신에 관한 심의규정 '제3조(적용 범위) ① 이 규정은 정보통신망을 이용하여 일반에게 공개되어 유통되는 정보에 한하여 적용한다'고 규정되어 있습니다. 그럼에도 불구하고 해당 콘텐츠가 복사돼 유통되는 경우에는 심의를 통해 삭제나 접속 차단 조치를 취할 수 있다는 게 방통위 측 설명입니다.

Q 아동복지법과 형법상 모욕죄 조항을 검토할 수 있다는 견해도 있던데 어떤가요?

폭언 등을 들은 여성 진행자가 18세 미만인데 이는 법에서 규정한 아동에 해당하고 비속어를 사용했기 때문에 아동복지법에 저촉됩니다. 아동복지법 제17조에서는 ① 성적 수치심을 주는 성희롱 등의 성적 학대행위 ② 아동의 신체에 손상을 주거나 신체의 건강 및 발달을 해치는 신체적 학대 행위 ③ 아동의 정신건강 및 발달에 해를 끼치는 정서적 학대행위 등을 금지하고 있습니다. 위에 해당하는 금지행위를 하면 아동복지법 제71조에 따라, 최고 징역 10년 이하의 징역 또는 최고 1억 원 이하의 벌금에 처해집니다.

무엇보다 아동학대는 친고죄가 아니기 때문에 피해자가 신고하지 않아도 수사 대상이 될 수 있습니다. 다만 피해자 의사가 중요한 변수입니다. 아동복지법 위반 혐의로 수사가 이뤄지거나 또는 재판에 들어가도 피해자가 정말 학대 피해를 받은 것으로 느꼈는지가 뒷받침되어야 합니다. 그런 차원에서 진술이 이뤄지지 않으면 힘든 면이 있습니다.

형법 제311조에 따른 모욕죄는 공연히(세상에서 다 알 만큼 뚜렷하고 떳떳하게) 사람을 모욕하는 범죄입니다. 1년 이하의 징역이나 금고 또는 200만 원 이하의 벌금형입니다. 그러나 친고죄이므로 피해자의 의사로 직접 고소가 되어야 하는데, 과연 방송 활동을 계속할 생각을 한다면 이러한 친고죄가 가능할지는 의문입니다.

Q 지상파 방송사들이 유튜브를 활용하는 일이 많아지면서 책임은 다하지 않고 방치하고 있다는 지적이 나오고 있죠?

유튜브 대세론에 너무 안일하게 운영해왔다는 것입니다. 유튜브가 반응이 좋다보니 무분별하게 운영한 책임을 지탄하는 목소리가 높습니다. EBS가 주로 아동·청소년이 보는 영상 콘텐츠를 유튜브에서도 활용하기 위해 제작을 해왔지만, 주목을 받기 위해 자극적이고 흥미 위주로 제작하는 행태를 방치한 것 아닌가 하는 점입니다.

EBS뿐 아니라 여러 방송사의 프로그램도 문제입니다. 유트브 채널에 다수의 아동·청소년 출연자가 등장하고 있는데, 폭력 등이 일어나고 있고 그럴 가능성도 높다는 것입니다. 방송통신심의위원회의 관련 규정에는 아동의 방송 출연과 관련해 안전과 노동에 관한 인권 규정이 없다는 것이 또한 지적되고 있습니다.

방송 환경이 이런 동영상 플랫폼과 연계되고 아동 청소년들의 출연이 잦아지는 만큼 이에 대한 규정과 심의가 제대로 적절하게 이뤄질 수 있는 근거 마련이 필요합니다. 방송사가 제작하는 인터넷 동영상에서 아동·청소년의 과로, 성희롱과 성적 대상화, 사생활 노출 문제 등이 불거지지 않도록 만전을 기해야 합니다.

Q 어쨌든 점차 영향력이 커지는 디지털 영상 등에서 아동 청소년 등을 보호하고 인권 침해 영상물을 제어하기 위해 새로운 제도와 시스템이 필요하지 않을까요?

정부가 나서서 유튜브 활동을 하는 모든 아동 청소년들의 실태를 조사해야 합니다. 또한 전반에 걸쳐 제도 정비가 필요하다는 지적도 있습니다. 방송의 경우 청소년 폭력 등의 행위가 발생하면 방심위 등을 통해 과징금이 부과됩니다. 그러나 유튜브 영상은 정보통신망법의 '불법정보'에 불과해 제재는 해당 영상 삭제나 유통 차단이 전부이기 때문에 한계가 있다는 지적이 많습니다. 정의당은 "아동·청소년 출연자의 복지를 위한 담당 인력 배치 등 대책이 검토

돼야 한다"고 밝히기도 했습니다.

　정의당이 "해당 출연자들을 출연 정지시킨다고 해서 비슷한 문제가 재발하지 않는다고 보장할 수 없는 상황"이라고 밝혔죠. EBS는 출연자가 미성년자인 경우를 고려해 출연자 보호를 위한 지원 방안을 마련하기로 했다고 밝혔습니다. 변화하는 미디어 환경에서 공공성과 공익성 그리고 인권보호의 원칙은 여전히 유효하고 이를 어떻게 잘 조율할 수 있을 지 그 계기로 삼아야 합니다.

24
사은품과
리셀러 신드롬

-약자들 짓밟고,
 소외 전략

Q 커피전문점의 사은품 행사가 과열
양상을 보여 눈살을 찌푸리게 했는데,
왜 그런 건지 다시 정리해볼까요?

서울 여의도 한 지점 사례가 논
란을 일으켰는데 한 남성이
커피 약 300잔을 구매하고 사은품
가운데 하나인 작은 가방 17개와
커피 한 잔만 챙기고 나머지 299잔
은 버린 일이 소셜미디어(SNS) 등
을 통해 알려졌습니다. 남은 커피
를 진짜 버린 것은 아니고 해당 매
장에 온 다른 고객이 무료로 마실
수 있게 했지만 거의 마시지 않았다고 합니다. 당연히 매장에서는 폐
기했구요. SNS에는 음료 17잔을 한 번에 가장 저렴한 가격으로 구매
하고 어떻게 가방을 받는지 6만 8700원을 들여 사은품을 받는 팁이
공유되고 있습니다.

참고로 별다방이라 불리는 이 업체는 지정된 음료 3잔을 포함해
총 17잔을 구매하면 여행용 보조 가방이나 캠핑용 의자 가운데 하나
를 사은품으로 주고 있습니다. 커피보다는 이 사은품이 더 경쟁 대상
이 되고 있는 현실입니다. 이 업체가 사은품을 통해서 고객을 유인하
면서 다른 커피전문점들도 덩달아 따라하는 일들이 벌어져 왔기 때
문에 이 업체만의 문제는 아닙니다.

Q 사은품을 둘러싼 논란이 이번이 처음이 아닌데, 해당업체는 대책을 마련하지 않는 건가요, 아니면 나 몰라라 하는 건가요?

처음은 아닙니다. 텀블러나 컵이 나올 때마다 사재기 등이 일어나고는 했습니다. 또한 이전에도 문제가 있었는데 대표적으로 적립 제도가 있었습니다. 다른 고객이 버린 영수증을 가지고 와서 적립하고 사은품을 받아가는 일이 벌어졌기 때문에 이런 적립 제도를 없앴는데 주 2회 방문하는 고객에게 사은품을 주는 행사를 다시 기획한 것입니다. 이렇게 한 번에 사버릴 줄은 몰랐다는 게 업체의 입장입니다.

이런 대란의 원인은 이런 사은품이 한정품이라는 점입니다. 예컨대 겨울에는 다이어리 사은품이 있는데 이는 덜 한정적이고 여름철 사은품은 더욱 빨리 소진될 것이라는 심리 때문에 이렇게 적극 경쟁에 나서게 되었다는 것입니다. 다이어리와 달리 소진되면 재출시되지 않는다는 것입니다. 이러한 심리를 상술에 이용했다는 지적이 나오는 배경입니다. 중요한 것은 이 업체가 사은품의 개수를 구체적으로 공개하지 않기 때문에 이러한 행위들이 자극된다는 것입니다. 업체는 이렇게까지 인기를 끌 줄 몰랐다는 것입니다. 문제가 되니 판매용으로 바꾸거나 한 고객에게 돌아가는 개수를 제한하는 방안을 검토하겠다고 밝혔습니다.

Q 중고나라 등 중고 제품 커뮤니티엔 이런 사은품을 되판다는 게시글 수백 개가 올라왔다면서요?, 이른바 리셀(resell)행위라고 하던데, 되팔아서 돈을 벌기 위해 사은품을 받는 건가요?

이렇게 웃돈을 받고 상품을 되파는 사람들을 리셀러라고 합니다. 가장 싼 음료만 마시면서 약 7만 원을 쓰면 가방이나 의자를 받을 수 있는데 이를 다시 인터넷에서 8~10만 원에 거래하고 있습니다. 한 중고 거래 앱에서만 해당 사은품 중고시장이 순식간에 1600원 규모로 형성되었다는 분석도 있었습니다. 음료 17잔을 7만 원 정도도 아니고 리셀러들이 할인카드와 텀블러 할인 등을 동원해 4만 원 안팎에 구매하고 중고시장에 되팔아 더 차익을 남긴다는 의혹 제기도 있습니다.

'주객이 전도됐다'는 비판이 나올 수밖에 없습니다. 리셀러들이 이렇게 웃돈을 받고 사은품을 중고시장에 내다 파는 일이 많아지고 있는 현상은 애초에 사은품의 의미가 퇴색되었다고 봐야 합니다. '단골 고객에게 감사의 뜻을 표하기 위한 것'이라는 사은품 행사 취지가 가치가 없어진 셈이기 때문입니다.

무엇보다 리셀러들은 오로지 돈을 벌기 위해서 매장을 방문하고 사은품을 취하기 때문에 진정한 고객이라고도 할 수가 없고 고객들은 리셀러들에게 더 많은 돈을 지불하는 일이 벌어지고 있는데 그것이 정말 고객들을 위하는 것일지 생각해 봐야하지 않을까 싶습니다. 또한 수량을 투명하게 공개하지 않기 때문에 이런 리셀러들이 활개를 칠 수 있다는 점을 업체가 외면하고 있다고 밖에는 생각이 들지 않습니다. 아마도 이러한 리셀도 마케팅의 수단으로 활용되고 있는 것은 아닐까요.

Q 중고 사이트에서라도 사는 이들이 있는데 그렇게까지 하는 이유는 무엇일까요?

'커피가 아니라 문화를 판다는 점'을 강조하면서 가치를 소비하는 듯한 매장으로 브랜드 가치를 얻어가게 되었는데 이를 콘텐츠가 없는 허영의 소비라는 비판이 비등합니다. 즉 문화가 과연 있는가, 사은품을 받도록 필요하지 않는 커피까지 사도록 하는 것이 문화인가 하는 점입니다. 사실 커피 애호가들 사이에서 이 업체의 커피가 맛있는지는 의문이 많습니다. 또한 커피 대신 문화를 판다지만 그 문화가 과연 어떤 문화인지 알 수 없다는 평가입니다.

단지 보조가방이나 다이어리를 얻기 위해 수십만 원이나 백만 원 이상을 쓰고 심지어 사은품을 중고시장 앱을 통해 구매하는 것이 바람직한 문화라고 생각하는 세계인들은 없을 것입니다. 한국과 미국에만 이런 굿즈 디자이너가 있다는 것은 생각해 볼 점입니다. 기념품을 수집하는 취향이라고 하면 그것을 비난하기는 쉽지 않을 것입니다. 하지만 비싼 값에 다시 파는 것 즉 전매행위는 바람직하지 않을 것입니다. 전매행위는 '한정판' 등에서 수집욕의 구매자 사이에서 발생하죠. 캐릭터 피규어, 티켓, 입장권 등이 있는데 그건 취향이 아니라 상술에 불과할 것입니다.

그렇기 때문에 차라서 한정판으로 만들지 말고 처음부터 돈을 받고 판매하는 것이 맞을 것입니다. 더 이상 사은품에 문화는 없고, 웃음거리밖에 되지 않으니 업체의 브랜드 효과도 깎일 것입니다. 잠재적 고객 확보를 위해서라도 넓은 시각을 가질 필요가 있을 것입니다.

Q 예전에 아이들이 스티커를 모으기 위해 빵을 사놓고 먹지도 않고 버리던 일이 생각나는데요. 이런 고객들 중에는 개미지옥에 빠진 것 같다고 말씀하신 분들도 있나봅니다?

커피가 본품이고 가방이나 의자가 보조용품인데 그것이 뒤바뀐 것입니다. 아이들이 스티커 딱지를 모으기 위해 빵을 사는 즉시 빵을 버리고 스티커만 모으던 일들이 언론에 보도되면서 어른들이 혀를 찼는데 아이들만 그렇게 탓할 일이 아니라는 것입니다. 어른들이 단지 보조 가방을 하나 얻기 위해서 많은 돈을 쓰고 정작 커피를 버리는 일과 아이들이 스티커를 모으는 일이 무엇이 다른가 하고 지적할 수 있는데 아이들이 그런 어른들을 보고 웃을 수도 있을 듯 하네요. 작은 보조 손가방을 얻기 위해서 130만 원어치 빵을 사고 버리는 어린이가 있지는 않겠지요.

이런 사은품을 모으는 것을 시작한 이들은 매년 나오는 아이템을 구매하기 위해서 돈을 지출하기 시작하면 멈출 수가 없게 되는 경향이 있습니다. 일종의 강박처럼 아이템을 갖추기 위해서 돈을 지출하게 되고 이건 아닌데 싶으면서도 멈출 수가 없다는 점에서 개미지옥이라고 표현하기도 합니다. 어떤 때는 고객이 돈만 쓰고 사은품을 얻지 못해서 오히려 소외감이 커지는 현상이 발생하고 있습니다.

Q 전문가들 사이에서는 이것이 소셜미디어를 통한 과시형 소비 현상이라고 분석하기도 하던데, 그렇게 분석하는 이유나 근거가 있겠죠?

소셜미디어에는 이러한 사은품을 손에 넣었다는 인증 샷이 올라오는 일이 많습니다. 이를 통해서 자랑을 하는 것인데 이른바 과시형 소비라고 할 수가 있습니다. 다른 이들은 손에 넣지 못한 것을 나는 손에 넣었다는 점을 드러내고자하는데 이 과시 채널이 바로 소셜미디어인 것입니다. 게다가 이를 선물하는 것이 마치 커

다란 행복인 것으로 장식되기도 하는 반면에, 이런 소셜 미디어 때문에 스트레스를 받는 이들이 생겨날 수밖에 없습니다. 또한 한 번 시작을 하면 계속 그것을 해야 할 것 같고 하지 않으면 뭔가 허전하거나 뒤처져 있다는 생각을 하게 됩니다. 현명하고 합리적인 소비를 하는 사람이라면 이런 심리에 시달리지는 않을 것입니다. 과시형 소비는 다른 사람보다 내가 더 낫다는 자부심에서 나오지만 곧 다른 사람이 자신보다 우위에 설 수 있다는 것을 한번만이라도 생각해 봄이 중요합니다. 정말 품격있고 앞서가는 사람이 누구일지 자명합니다.

Q 이런 사은품이 공짜는 아닐 것이고 결국에는 상품 가격에 포함되는 것 아닌가요? 시장을 왜곡한다는 지적도 있던데, 어떻게 보십니까?

사은품이 공짜가 아니라는 것은 초등학생도 아는데 사람들은 이 사실을 잊기 쉽습니다. 판촉비용에 속하기 때문에 상품 가격 책정을 할 때 반영하는 것은 당연합니다. 소수에게 돌아가는 혹은 리셀러들에게 이익을 주는 구조에서 많은 일반 이용자들은 웃돈을 내게 되는 것입니다.

콘텐츠나 상품의 질로 평가되지 않는 상황은 시장 구조도 왜곡할 수 있습니다. 출판계에서도 독서대나 책 베개, 심지어 라면 냄비까지 주면서 책이 아니라 사은품을 얻기 위해서 책을 구매하는 일도 벌어졌습니다. 이렇게 할 수 있는 출판사는 대형 출판사일 것이고 영세출판사는 엄두도 나지 않습니다. 이렇게 사은품을 통해 만들어진 베스트셀러는 출판가를 더욱 왜곡시키게 되는데, 출판가에서는 한번 베스트셀러에 올라가면 떨어지지 않고 독식을 해버리는 경향이 있기 때문에 상대적으로 다른 책들이 주목을 받지 못하게 됩니다.

Q 커피 전문점만이 아니라 다른 분야도 문제가 있지 않을까요? 사은품 문화에 대해서 다시 성찰하고 개선할 필요가 있지 않을까요?

사은품으로 주는 굿즈, 기념품은 본래 판촉을 위한 사은 행사 즉 성원해주신 것에 대한 감사의 마음을 전한다는 취지로 기획됐던 것입니다. 하지만 최근에는 다양한 분야에서 본 제품이나 서비스보다 더 중심이 되었습니다. 그러나 이 사은품 행사가 어느 날 갑자기 제기된 것도 아닌데 장기적인 관점이 부족합니다. 과연 업체 들은 정말 고객을 생각하고 사랑하는 것일까요. 고객의 이름을 그들 은 알까요? 하나의 전략 안에 사람들의 선택은 하나의 숫자에 불과한 것이 아닌지 그렇게 했을 때 정말 문화를 팔고 공유하고 하는 것인지 빤한 거짓말을 포장하는 데 문화를 이용하는 것은 아닌지 생각해 봐 야 할 것입니다.

이는 물량 공세를 통해서 다른 경쟁업체들을 고사시키는 전략이기 도 합니다. 승자독식 구조 속에서 약자들을 짓밟는 상술이 되고 있는 데도 아름다운 마케팅 문화인 것으로 포장이 되고 있는 경우가 빈번 하고, 결국 모든 이들을 자기 자신에게서조차 소외시키고 말기 때문 입니다.

Q 우선 생각해봤으면 하는 것은, 한 언론이 유족이 원치 않는데도 고 (故)박지선 씨의 모친이 남긴 유서 형식의 메모글을 단독 보도해서 논란이 된 문제입니다

이러한 보도 행태는 중앙자살예방센터의 권고와 한국기자협회의 자살보도 권고기준 준수와는 너무 거리가 멉니다. 당일 중앙자살예방센터(이하 예방센터)는 각 언론사 사회부, 연예부, 전국부에 '개그우먼 박지선 님 사망 사건 보도 자제 요청'이라는 협조 공문을 보내 "고인이 생전에 사랑받던 유명인으로서 많은 사람들에게 영향을 줄 수 있는 공인임을 감안해 유서 내용에 대한 언급을 자제해주시고, 고인의 인격과 유족의 사생활 보호를 배려하여 주실 것을 부탁한다"고 당부했습니다. 실제 해당 권고기준의 5대 원칙, 제5조에는 "자살 사건을 보도할 때에는 고인의 인격과 유가족의 사생활을 존중합니다"라고 되어 있습니다.

아울러 예방센터는 "유가족의 심리 상태를 고려하여 세심하게 배려해야 한다"면서, "유가족은 다양한 측면에서 힘든 상태인데 언론의 보도로 더욱 고통 받을 수 있다는 점을 기억해야 한다"고 하면서, "유서와 관련된 사항을 보도하는 것은 최대한 자제해달라. 고인과 유가족의 사생활을 보호하고 자살의 미화를 방지하려면 유서와 관련된 사항은 되도록 보도하지 않아야 한다"고 했습니다. 유족의 뜻에 따라 경찰도 밝히지 않기로 결정한 것을 언론이 일방적으로 밝혔는데, 그것도 단독 기사라고 달았습니다. 죄인이 아닌데 왜 이렇게 밝혀야 하는지 이해할 수도 없고 합리적 명분도 없습니다. 국민의 알 권리도 적용이 되지 않는 사안입니다. 국민의 알 권리는 공익을 위한 경우에만 한정됩니다.

Q 한 신문사는 무려 150건의 기사를 쏟아냈다면서요? 이건 언론이 지켜야 할 '자살보도권고기준 3.0'에도 배치되는 것 아닌가요?

무척 심한 경우입니다. 자살보도권고기준 3.0에는 "자살을 예방하기 위해 자살 사건은 되도록이면 보도하지 않습니다. 주요 기사로 다루지 않습니다. 특히 유명인의 보도는 파급력이 크므로 더욱 신중해야 합니다"라고 되어 있습니다. 하지만 우리 언론은 박지선 씨에 대해서 상세하게 주요 뉴스로 반복해서 보도했습니다. 내용도 새로운 것이 없고, 기껏해야 지인들의 SNS 글을 긁어서 대략 구성한 내용들이 복제되었습니다. 더구나 이런 기사를 홈페이지 잘 보이는 곳에 4~5건 올렸습니다. 많은 시민들이 이 같은 보도 행태에 관해 비판적인 목소리를 댓글들을 통해 남기기도 했습니다. 가족을 둘이나 잃은 남은 가족들의 마음을 헤아리지 못했다는 것이고, 남은 가족들에게 2차 상처가 됩니다.

Q 사실 유명인의 죽음에 관한 무분별한 보도는 어제 오늘의 이야기는 아

닌데, 이런 사례들이 많았죠?

2019년 10월 14일 설리 씨 사례가 그렇습니다. 스스로 목숨을 끊은 것으로 짐작할 수 있게 보도를 하거나 그 원인도 우울증인 것으로 몰아갔습니다. 2019년 11월 24일 구하라 씨 사례에서도 마찬가지였습니다. 2004년 한국기자협회와 한국자살예방협회가 발표한 '자살보도 윤리강령'은 "언론은 자살 동기에 대한 단편적이고 단정적인 판단을 바탕으로 이를 보도해서는 안 된다"고 규정하고 있습니다. 꽤 오래 전에 자살보도 윤리강령이 만들어졌지만 준수되지 않습니다. 심지어 고인에게 쏟아진 악플들을 더 자세히 보도하기도 합니다. 고인을 위하는 것 같지만 오히려 모욕하는 것이고 다른 데 목적이 있다는 것이 그대로 두러내는 행태입니다.

Q 무분별한 이런 보도가 자살률을 높인다는 연구 결과도 있지 않나요?

이런 현상을 흔히 '베르테르 효과'라고 합니다. 베르테르 효과(Werther Effect)는 유명인 또는 선망하거나 존경하던 인물이 자신과 비슷한 어려움에 처해 있다고 느껴 극단적인 선택이 연이어 일어나는 현상을 말합니다.

실제로 2003년, 홍콩 영화배우 장국영이 사망 이후 극단적 선택 위험도가 28%나 증가했고, 2005년 한국 영화배우 이은주 씨의 경우에도 2.5배나 상승했습니다. 2007년 정다빈 씨 때도 2.3배였고, 2008년 최진실 씨 때도 2배 이상 증가했습니다. 2013년 중앙자살예방센터 분석 결과 유명인 죽음 이후 2개월간 평균 606.5명 증가했습니다.

특히 20~30대 젊은 여성에게 폭발적으로 증가하는 양상이 있기 때문에 위험한데 그 연령대의 자살률이 다른 연령대에 비해 1.6배나 높았습니다. 자기 자신과 동일시하기 때문에 증가하는 것으로 분석되고 있습니다. 한 연구 조사를 보면, 63.6%가 "자살 관련 기사가 자살시도를 부추긴다"고 답했습니다. 박지선 씨 죽음 이후 나도 죽고 싶다는 문의전화가 관계 기관에 증가하고 있다는데 참 우려스런 대목입니다.

Q 청와대 국민청원 게시판에는 유튜브 채널인 '가로세로연구소 강력처벌해주세요'라는 제목의 청원이 올라왔다는데, 이들 역시 고인을 이용했기 때문인가요?

가세연은 유튜브 채널을 통해 박지선 씨의 생전 사진을 첨부한 썸네일과 같이 '화장 못하는 박지선(의료사고 피해자)'이라는 제목의 영상을 올렸습니다. 1시간 이상의 내용에서 박지선 씨를 다룬 분량은 10분에 그쳤습니다. 무엇보다 얼굴에 문제가 있었다는 내용이 과연 다룰만한 뉴스인지 알 수가 없습니다. 정작 박지선 씨의 활동에 관한 내용은 없고 결국 여자=화장=외모 꾸미기라는 존재라는 도식에 가뒀습니다.

청원인은 "유튜브 방송 가로세로연구소(가세연)가 점점 도를 지나치고 있다. 기업인, 정치인, 연예인, 유튜브스타 영역을 가리지 않고 무차별 저격과 조롱을 하고 있다"고 했습니다. 또한 "하늘나라로 떠난 모 개그맨 사진을 유튜브 스트리밍 방송 썸네일에 사용해서 크게 논란이 됐다"며 고인에 대한 예의 없이 조롱하는 것은 엄연히 따져 범죄라고 하면서 "가세연 유튜브를 없애는 것으로 끝나면 안 되고 강력하게 처벌해야 한다"고 촉구했습니다. 종이, 인터넷 신문뿐만이 아니라 동영상 유튜브 플랫폼에서 이런 수단으로 이용하는 행태가 만연합니다. 자극적인 문구를 내세워 주목을 끌려는 행태이고, 비즈니스의 도구로 삼을 뿐입니다.

Q 이렇게 적절하지 않은 보도가 매번 반복되고 있는 이유, 뭐라고 보십니까?

돈 때문이라고 할 수밖에 없습니다. 죽음을 상품화하고 팔아서 이득을 추구하는 파렴치한 행위라고 봅니다. 앞서 청원인이 "한두 번도 아니고 고인을 조롱하면서까지 조회수를 올리고 싶으냐"라고 반문한 것은 이 때문입니다. 더구나 언론이 단독이라는 표제어를 달아서 기사를 올린 것은 더욱 더 페이지 뷰수를 올려서 수익을 얻으려는 의도입니다. 이른바 조회수를 높여 클릭 장사를 하려는 것입니다. 더구나 내용이 없는 기사를 단순히 어뷰징하는 기사를 양산하는 것도 이 때문입니다. 어뷰징은 남용, 오용 등을 뜻하는 단어인 abuse에서 파생된 단어입니다. 인터넷 시대 특히 모바일을 통해 뉴스를 접하는 일이 많아지면서 심화되었습니다. 사람들에게 계속 추천되고 재방문되는 콘텐츠를 만드는 것이 그들에게도 생산적인데 말입니다.

Q 무분별한 보도와 클릭 장사를 막기 위한 어떤 규제나 처벌이 없는 건

가요?

한국기자협회 홈피에도 '자살보도권고기준 3.0'이 있는데요. 기자와 언론사가 자살 관련 사건보도에서 지켜야 할 기준인데 이를 어겨도 불이익을 당하거나 처벌을 받지 않습니다. 다만, 개정된 자살예방법에서는 누구든지 정보통신망을 통해 자살유발정보를 유통해서는 안 되고, 이를 위반할 경우 2년 이하의 징역 또는 2000만 원 이하의 벌금형에 처할 수 있을 뿐입니다. 또한 신문도 문제지만 SNS 등도 새로운 정보 확산의 통로죠. 고의적으로 유튜브 등에서 고인을 수단화하거나 모욕을 하는 내용들은 처벌할 수가 없습니다. 무엇보다 이런 콘텐츠를 통해 얻은 수익은 환수를 하고, 관련 예방 사업을 위해서 쓰여져야 합니다.

Q 해외에서는 어떻게 하고 있습니까?

대만에서는 무분별한 죽음 보도에 관해 규제를 합니다. 대만 위생복리부는 언론이 신문 1면과 인터넷 플랫폼의 홈피 초기화면 등에 자살 뉴스의 보도를 금지하는 시행세칙을 세웠고, 이를 어길 경우 최대 100만 대만 달러, 우리 돈 약 3천 8백만 원을 벌금으로 내야 합니다. 언론은 관련 사진이나 동영상은 물론 구체적 장소 등도 알릴 수 없습니다. 그만큼 대만에서 늘어나는 자살 문제가 심각했기 때문입니다. 오스트리아 등 해외에서는 언론보도의 변화가 죽음 발생률을 절반 가까이 낮추는 효과를 낳았습니다. 물론 언론의 자유를 최대한 존중해야 하는 원칙이 여전히 남아있는 게 사실이기도 합니다. 문제는 언론의 신뢰입니다.

Q 언론의 보도 행태나 언론 소비자들의 인식도 달라져야 하지 않을까요?

보도와 정보 공유 문화도 바뀌어야 합니다. 섣불리 자살이라는 단어를 사용하지 말고 사망이라고 표기하는 것이 우선입니다. 예컨대 해외 언론에서는 2017년 샤이니 종현의 경우 그냥 죽음이라고 했지, 자살이라고 보도하지 않았습니다. 그만큼 신중하게 보도를 하고, 원인을 함부로 추정하지 않습니다. 시민들도 사망의 원인을 궁금해 하는 것은 바람직하지 않습니다. 오히려 고인이 생전에 어떤 활동을 했고 어떤 사람이었는지를 공유하고 기리는 일이 우선이어야 합니다. 누구를 위한 보도인지 정보 공유인지 생각해야 합니다. 자살 보도가 사람들에게 미칠 영향을 생각해서 어떻게 다루고 공유해야 하는지가 더 우선되는 그런 문화가 확립되어야 할 것입니다.

죽음이 재미나 흥미, 가십거리의 대상이 되는 사회는 문화국가라고 할 수 없습니다.

26
온라인 자경단과 사법 불신

Q 이른바 'n번방 사건'과 관련해 논란이 되고 있는 '온라인 자경단'이 뭔가요?

온라인 자경단이란 성착취 음란물을 제작, 유통, 구매, 소비하는 남성들의 이름, 나이, 전화번호, 주소, 직업 등 신상정보를 공개하며 경찰 수사를 돕겠다는 온라인 활동을 말합니다. n번방의 핵심 운영자들의 명단도 온라인 채팅방을 통해서 먼저 올라왔는데, 예컨대 '박사' 조주빈(24)과 공범 '부따' 강훈(18), '이기야' 이원호(19) 등의 신상도 먼저 단체 대화방에서 공유되었습니다.

단지 신상정보만이 아니라 n번방 등의 참여 경위, 그 안에서 역할, 혐의도 적시하고 있어 어떤 면에서 보면 수사에 도움이 될 수도 있어 보입니다. 자경단을 구성하는 이들은 다양한 직업을 가진 이들인데 공개적으로 제보를 받거나 SNS를 추적해서 얻은 정보들을 단체 대화방에서 공유를 하는 것입니다. 2010년대 초반에 등장한 '네티즌수사대' '누리꾼수사대'보다 더 나간 것이라도 합니다.

Q 신상박제나 범죄자 청문회 등도 하고 있다고 하던데, 이런 방식들이

논란이 되고 있는 건가요?

우선 신상박제라는 것은 신상털기 방식보다 더한 방법으로 개인의 신상을 잡아내서 사람들의 머릿속에 인지, 각인시키는 것입니다. 박제는 타인의 잘못이나 실수를 스크린 샷으로 저장하는 것을 말하는 온라인 은어이고 신상박제는 얼굴, 이름, 전화번호 등 신상이 담긴 디지털 화면을 그림으로 갈무리해서 온라인에 올리는 행위를 말합니다.

수백 명의 신상이 인터넷에서 많은 이들에게 공유되고 있고 매주 10여 명이 새롭게 신상박제된다고 합니다. 신상박제 외에도 범죄자 청문회를 하는데 이는 개인과 직접 연락해 사과를 받아내고 이를 음성파일로 공유하기도 합니다.

이런 무분별한 신상 공유가 인권 침해를 낳을 수 있고, 2차 피해를 일으킨다는 지적이 있습니다. 특정인이 정말 혐의가 있는지 알 수가 없고 부모님 등 가족과 친구들의 신상까지도 공개가 되고 있기 때문입니다. 신상이 박제된 이들 중에는 자신이 해킹을 당한 것이라며 고소하겠다는 주장도 합니다. 정보통신망법을 위반하는 등 명예훼손, 피의사실 공표죄 혐의, 무죄추정의 원칙 위반 등에 해당이 될 수 있어 보입니다.

Q 이런 논란 외에도 자경단을 자처하는 이들이 본래 성착취물 공유에 참여하던 이들로 밝혀져 충격을 줬어요. 구속영장이 기각되기도 했는데, 이건 어떻게 봐야할까요?

자경단에 대해서 의심의 눈초리를 보내온 것도 사실입니다. 과거 n번방 등을 운영하다가 경찰이 수사를 하면서 좁혀오자 갑자기 경찰에 수사 협조한다면서 정보를 공유하는 것 아니냐는 것입니다. 이런 지적에 대해서 n번방 공동운영자로 봤던 경찰이 수사를 해왔고 단체 대화방 주홍글씨의 운영자 송씨(닉네임 미희)가 성착취물 경로 대화방 완장방의 운영진 가운데 1명인 것으로 밝혀졌기 때문에 구속영장을 신청했던 것입니다.

그런데 서울중앙지법은 피해자를 협박 성착취물을 제작 유포한 n번방과 다르다며 관여 정도가 같을 수 없어 개설자가 아닌 관리자로 본다며 구속영장을 기각했습니다. 이는 성착취물 무관용 원칙을 요구하는 여론에 반한다고 할 수 있습니다.

또한 신상박제는 선한 의도라기보다는 알력 다툼에서 서로의 신상정보를 박제하기 위해 시작되었다는 주장도 있습니다. 주홍글씨라는 단체 대화방의 행위도 문제가 되고 있는데요. 신상 공개를 빌미로 일부 남성을 노예로 만들어 각종 지시이행을 만들고 신체에 이물질을 삽입한 사진을 올리게 하는 등 불법적인 행위를 저질렀는데 이런 부분에 대해서는 구속여부에 관계없이 법적인 처벌이 이뤄져야 할 것입니다.

Q 해외 사례는 어떤가요?

해외에서도 이러한 비슷한 사례가 있는데 영국의 '레츠고 헌팅(Letzgo Hunting)'은 아동범죄를, 미국의 '변태적 정의(Perverted Justice)'는 불법 성매매 감시하고, 중국의 '인육검색엔진

(Human Flesh Search)'은 각종 불법 행위를 추적 공유합니다. 명분은 좋지만 언제나 부작용이 따를 위험성이 있는데요. 특히 함정 수사를 통해서 정보를 수집하고 있는 방식이 문제가 되는데, 인권 침해 소지가 크기 때문입니다. 또한 제공되는 자료들이 생각하지 못한 무고한 시민들을 고통스럽게 할 수도 있습니다.

예컨대, 2013년 보스턴 마라톤 폭탄 테러 때는 현장의 동영상, 사진 등을 수사기관에 제공해 기여를 하기는 했지만 무고한 시민들이 용의자가 되어 인권 침해를 많이 당했습니다. 공적인 명분을 내세워 개인의 권리가 침해되는 것은 항상 주의를 해야겠습니다. 한편으로 이런 활동 등을 수사기관과 정보 플랫폼 운영자가 긍정의 방향으로 유도해서 사건을 신속하게 해결하는데 활용해야 한다는 지적도 많습니다. 국가와 시민들의 자발적 참여가 가능할 수 있는 방안을 모색할 때라고 보겠습니다.

Q 한편으론 n번방을 소재로 한 영화가 논란이 되고 있다는데, 또 다른 성 상품화가 아니냐는 지적이 일고 있다면서요?

미성년자 성착취와 미성년자 성범죄에 대한 복수극을 다룬 영화로 알려졌는데요, 아직 수사가 진행 중이고 전모가 밝혀지지 않은 상황에서 영화제작을 추진하고 홍보를 하는 것은 성범죄에 대한 이슈를 통해서 상업적으로 이용한다는 지적이 나오고 있습니다. 또한 개인 범죄자의 행태로 규정하는 것은 부분적이라는 것이고, 사회 문화적인 전체 구조에 대해서 간과할 가능성이 많다는 것입니다. 과연 얼마나 n번방의 본질을 담아낼지 의문입니다.

그동안 한국 영화들이 이런 성범죄에 대한 영화들을 제작해 왔는데 예컨대 그간 작품화된 사건이나 소재로 강남역 여성 살해사건, 스튜디오 성폭력, 여성 감독 성폭력, 장자연 사건 등등이 있었지만 만족할 만한 작품들은 나오지 않아서 안타까웠습니다. 성범죄를 자극적 선정적으로 다루기도 하고 단순 에로물로 만들어 미투운동의 근본 맥락에서 이탈하고 본질을 왜곡해서 오히려 비난을 불러일으키기도 했습니다. 물론 이런 이슈에 대해서 관심을 갖는 창작자들의 노력은 보장이 되어야겠지만 본질과 진실에 가까운 작품이 우선일 것입니다. 충분한 숙의와 창작과정이 필요하겠죠. 그것은 시간의 흐름에 따라서 걸러지거나 무르익을 것입니다.

Q 이런 성적 착취물에 관해 법적인 조치가 미비하다는 지적이 있어왔는데, 이번에 마련한 n번방 방지법은 졸속 논란이 일고 있다는데, 무슨 이유 때문인가요?

전기통신사업법·정보통신망법 개정안 즉, n번방 방지법은 인터넷 사업자에게 음란물을 삭제하고 접속 차단 의무를 지우는 내용을 담고 있습니다. 개정안을 보면 제22조의5 제2항은 대통령령(시행령)으로 정하는 부가통신사업자가 성폭력처벌법 제14조에 따른 불법촬영물, 제14조의2에 따른 딥페이크 영상, 아동청소년이용음란물(이하 불법촬영물)의 유통을 방지에 필요한 기술적 관리적 조치를 하도록 규정하고 있습니다. 이를 어기면 3년 이하의 징역 또는 1억 원 이하의 벌금을 부과합니다.

하지만 정작 텔레그램과 같은 해외 서버의 서비스에 대해서는 규제할 수 없기 때문에 실효성이 없다는 지적이 나왔습니다. 이용자의 입장에서는 인터넷 사업자가 게시물을 사실상 검열을 당해야 하는 상황입니다. 이용자의 사생활과 통신비밀, 표현의 자유 침해가 발생할 수 있는 것인데 지금은 암호화 때문에 사업자는 볼 수가 없는데 앞으로 상시 데이터를 감시해야 하기 때문에 불법 사찰에 이용될 수 있습니다.

개정안에 기술적·관리적 조치를 해야 한다고 했는데 이것의 정확한 의미를 밝히지 않아 향후 시행령에서 과도한 규제가 양산될 것이라는 지적도 있습니다. 부작용을 줄이기 위한 전문 숙의 기간이 필요하다고도 합니다. 하지만 그간 인터넷 사업자들이 사회적 책임과 의무를 다하지 않아왔다는 점을 성찰해야 한다는 지적도 비등합니다. 앞으로 이런 문제에 대해서 어떻게 대응할 것인지 대안을 제시해야 할 것입니다.

Q 또 한편으로 n번방 관련 수사가 너무 느리다, 코로나 대응과 비교해봤을 때 수사기관의 의지가 약한 것 아닌가라는 지적에 대해선 어떻게 보십니까?

서울시가 이태원 클럽 인근의 통신 기지국 접속자 10,905명의 명단을 확보해 적극적으로 대처에 나선 것을 두고 n번방에 대한 수사 의지가 있는 것인지 목소리가 컸습니다. 성착취 영상물 공유와 소비에 가담한 26만 명에 대한 처벌과 신상 공개를 요구하고 있었기 때문입니다. 이와 관련한 청와대 국민청원은 100만 명을 넘었습니다. 청원만이 아니라 온라인 커뮤니티에도 이러한 요구가 넘쳐난다고 표현하는 것이 맞을 정도입니다. 이태원 사례를 들어 온라인으로 제공되고 있는 신상정보를 활용한다면 빨리 찾아낼 수 있는 것 아닌가 하는 의견이 많았습니다. 다만 텔레그램은 해외 서비스 업체이고, 신상 공개 자료를 무분별하게 수사의 자료로 사용할 수 없는 면이 있을 것입니다. 불신을 회복하고 사법적 정의를 실현하는 사례를 하루빨리 만들어내는 경찰과 사법부의 모습이 필요합니다.

Q 코로나19 팬데믹을 살펴볼 때 바이러스가 문화적 요인에 영향을 미치고 있다는 지적이 나옵니다. 문화적 요인이란 게 뭔가요?

27
바이러스 전염과 문화적 거리두기의 필요성

문화는 대개 좋은 것으로 간주되는데요, 감염병 위기 상황에서 문화적 요인은 긍정적인 작용을 할 수도 있지만 부정적인 작용도 충분히 할 수 있습니다. 문화는 어떤 집단 구성원이 바람직한 가치관을 실천하거나 나아가 실현하는 행위를 포함합니다. 사람들은 이런 문화가치와 행위에 따라서 사회생활을 하고 질서를 유지하고 변화도 만들어 냅니다. 그런데 본인들 스스로가 바람직하고 옳은 것이며 그것을 해야 한다고 간주하고 있지만 이것이 집단 행위로 이루어질 경우에 감염병에 취약할 수가 있게 됩니다. 그렇기 때문에 문화적인 행위들이 특히 사람과 사람의 접촉을 낳고 이것이 전염을 악화시킬 수가 있는 것입니다.

Q 생각해보면 캠핑장 감염, 카페 그리고 교회 소모임 등은 문화적 요인 때문에 감염된 사례라고 봐야 하나요?

캠평장 감염사례도 캠핑 자체가 문제가 아니라 캠핑 동호 모임이 원인이 되었습니다. 구성원들이 좋다고 여기는 가치관에 따라 이뤄진 사례임에 분명합니다. 교회 소모임은 다양한 문화적 행사들을 포함하고 있습니다. 또한, 인간적인 관계를 중시하는 문화심리도 포함하고 있습니다. 인간적인 정에 따라서 식사를 같이 하거나 담소를 나누는 것을 당연하게 생각할 수 있지만 밀폐된, 환기가 잘 안 되는 공간에서 이러한 정이 넘치는 행위는 서로에게 불행한 결과를 낳을 수 있는 것이 감염병 상황이라고 할 수 있습니다.

또 카페 공간은 커피를 마시러만 가지는 않습니다. 그곳에서 친교 활동을 하거나 모임을 하기 위해서 방문을 합니다. 문화적 공간으로 진화한 지 오래입니다. 하지만 감염병 위기 상황에서는 이런 문화적 행위들은 바람직하지 않습니다. 특히 불특정 다중인들이 이용하는 공간에서 장기간 회의를 하는 조직 문화는 바람직하지 않습니다. 이런 노동 문화는 트렌디해 보이지만 위기 상황 속에서는 전혀 트렌디하지 않을 수 있습니다.

Q 일각에서는 문화적 거리 두기가 필요한 것 아닌가라는 지적도 있는데, 사회적 거리 두기와는 어떤 점이 다른 걸까요?

사회적 거리 두기는 사회적 관계의 관점에 따른 것이고 최대한 잘 모르는 이들과 접촉을 줄이는 것을 말합니다. 규정하자면 내 집단과 외집단이라고 했을 때 외집단 구성원들과의 접촉을 줄여서 감염병이 광역적으로 확산하는 것을 막자는 개념입니다. 이러한 개념은 광범위한 확산일로에 있을 때는 효과적일 수 있습니다.

하지만 내 집단 즉 아는 사람, 같은 구성원, 가족, 지역 감염 확산에서는 치명적일 수 있습니다. 가까운 사람들 사이에서 일어나는 문화적 행위들에 대해서는 느슨하게 되는 문제를 해결하기가 쉽지 않습니다. 그렇기 때문에 당연히 문화적 가치에 따라서 해야 하거나 해야 한다고 생각하는 행위에서 거리를 두는 것입니다. 이것이 사회적 거리두기라는 물리적 거리 두기를 넘어선 문화적 거리 두기입니다. 예컨대 관혼상제는 물론이고요. 친구 동료 친인척 모임, 동호인 취미 행위, 종교 특정 활동이나 정적인 인간적인 관계에 기반을 둔 판매, 세일즈 등도 해당될 수 있습니다.

Q 휴가와 휴식을 취하는 문화에서도 주의를 해야 할 필요가 있지 않을까요?

방역이 모범적이라고 생각되었던 독일의 경우도 휴가철이 되자 코로나19 감염자가 수백 명씩 늘었습니다. 일본도 여행 주간을 만들어 독려를 했는데 코로나19 확진자가 연일 천여 명이 넘게 발생했습니다. 이처럼 전국적으로 모여서 휴가를 보내는 것은 적절하지 않습니다.

특히 요즘에는 호텔에서 휴가를 보내는 호캉스를 선호하는 경향이 많아, 실내공간에서 보내기도 하는데 실내공간에 많은 사람이 있다면 감염 우려는 여전히 큽니다. 긴 장마가 실내공간의 집단 감염을 늘게 할 수 있는데 또한 땡볕과 무더위도 이런 위험성을 내재하고 있습니다. 집단 전염이 일어나지 않도록 문화적 조치들이 필요해 보입니다.

Q 코로나19 상황 속에서 비대면 문화가 확산되었는데, 부작용이 있다면 무엇이었나요?

당분간은 비대면 문화가 확산될 것으로 보입니다. 하지만 비대면 문화는 대안이 될 수는 없고 현상에 불과하다고 생각합니다. 느슨한 거리두기나 불필요한 접촉을 최소화하는 노력이 필요한 것은 사실이지만 그것이 전적으로 가능한 방법은 아닙니다. 적절한 테크놀로지를 활용하는 온라인과 오프라인의 콜라보가 필요한 것도 사실입니다.

비대면 문화가 확산될수록 비인간적인 형식주의와 수단화가 일어날 수 있습니다. 사생활 침해와 개인정보 누출 등 사이버 보안도 우려됩니다. 비대면 시스템을 만들고 구축하며 운영하는데 노동인권 문화가 강력하게 고려되어야 합니다. 게임 등의 소비나 이용이 늘어났다고 하는데 이에 따른 중독 현상도 우려됩니다. 불필요한 대면문화를 줄일 수 있지만 대면을 통한 인간적 관계의 가치가 크게 부각되고 있습니다.

Q 그래서일까요. 문화적 방역도 필요하다는 지적이 있던데, 이건 어떤 의미일까요?

문화적 방역은 콘텐츠를 통한 힐링 치유를 말하는 것으로 오해할 수 있습니다. 드라마나 영화, 공연, 콘서트를 온라인으로 보는 것 즉 콘텐츠를 소비하는 것이 문화적 방역은 아닐 것입니다. 코로나 우울증 때문인지 막걸리 등 술이 많이 판매되고 있다는 통계도 발표되고 있는데 이런 음주 문화가 근본적으로 도움이 되는지 알 수 없습니다.

　문화적 요인 때문에 벌어질 수 있는 집단 전염 가능성을 선제적으로 조치하고 차단하는 것이 문화적 방역입니다. 이런 연장선에서 방역 관련 의사 결정자들과 주체들은 문화적 트렌드와 공간에 대해서 항상 주의 깊게 살피고 연구해야 할 필요성이 있습니다. 특히 젊은 세대의 문화는 역동적으로 요동을 치고 있기도 하는데, 이태원 클럽이나 동전 노래방을 놓친 것은 대표적입니다. 방문 판매업체의 행사를 통한 영업 방식이나 신천지교회의 문화 센터 운영 등의 실체도 이와 같은 맥락 안에 있습니다.

　특히 사회적 약자들이 문화적인 지체 속에서 집단적 피해를 당하는 일이 없도록 해야 합니다. 문화적 요인으로 집단 감염이 일어나는 공간에는 사회적 약자들이 많이 관계될 수 있기 때문에 더욱 제도적으로 변화하고 있는 문화현상을 포용해야 합니다.

Q 포스트 코로나19에 대한 논의는 이미 있어왔는데요. 문화적으로 어떤 변화를 예상해 볼 수 있겠습니까?

코로나19 이전으로 다시 돌아갈 가능성은 거의 없습니다. 쉽게 끝날 것 같던 코로나19 사태가 쉽게 끝나지 않고 있는 것이 더욱 이런 상황을 예견해 줍니다. 코로나19 이전에 가지고 있는 문화적 행태들은 이제 버려야할 것은 버려야 합니다. 바이러스 감염이 지나가면 다시 이전 문화행위를 하겠다는 생각이 계속 감염 확산을 낳고 있습니다. 코로나19 사태가 앞당겨 종식되어도 이번에 인식하게 된 위기는 언제든지 다시 찾아올 수 있습니다.

코로나19 이후는 안전과 보건이 경제적 효율성보다도 더 우선하는 문화 사회로 진전되어가야 합니다. 이것이 가능하기 위해서는 안전과 보건에 관한 테크놀로지의 문화적 행동이나 공간에 대한 융합적 노력이 활발하게 이뤄져야 합니다. 안전과 보건의 가치에 역행하는 공긴문화에 대해서는 다시 디자인하는 것이 필수일 것입니다. 개개인들을 집단적으로 동원하는 문화적 행사나 프로그램은 변화해야 합니다. 그렇지 않으면 불행한 결과만이 아니라 그것 때문에 경제 활동까지 위협을 당하게 될 것입니다.

Q 영화인 1325명이 영화산업의 구조 개선을 담은 '포스트 봉준호법'에 서명했는데 '포스트 봉준호법'이란 뭔가요?

온라인으로 많은 영화인들이 서명운동을 했습니다. 이른바 '포스트 봉준호법'은 영화계의 모순에 관한 개선책을 담은 법안입니다. 봉준호 감독의 영화 〈기생충〉이 칸영화제 황금종려상과 아카데미 작품상·감독상 등 4개 부문 수상 이후 제2, 제3의 봉준호가 활동할 수 있으려면 이러한 개선책이 필요하다고 본 것입니다.

영화산업구조 개혁 법제화 준비모임은 21대 국회에서 법제화할 수 있도록 이런 서명운동을 해왔습니다. '포스트 봉준호법'은 구체적으로 대기업의 배급업·상영업 겸업 제한, 특정 영화 스크린독과점의 금지, 독립·예술영화 및 전용관 지원 제도화 등이 중심 내용입니다. 이러한 내용들은 갑자기 제기된 것이 아니고 그동안 줄기차게 지적된 것이지만 실현이 되지 않고 있었습니다. 많은 미래 영화인들이 세계로 진출하기 위해서는 반드시 필요한 개선책이라고 할 수 있습니다.

Q 이런 '포스트 봉준호법'을 만드는 건 영화 산업 구조가 심각하게 왜곡되어 있다고 판단하기 때문이죠?

이법을 위한 준비모임에서는 "97% 독과점의 장벽에 갇힌 한국 영화산업의 현실"에 대한 비판이 많았습니다. 또한 씨제이·롯데·메가박스의 멀티플렉스 3사는 현재 극장 입장료 매출 97%를 차지하고 있고 뿐더러 배급시장까지 장악하고 있다는 주장입니다. 더 심각한 문제는 극장과 결합한 배급사들이 부당하게 극장을 살찌우는 데 앞장서고 있다는 것입니다. 이 때문에 미래의 봉준호들이 반지하를 탈출하는 데 쓰일 자금이 극장으로 흡입되고 있다고 비판했습니다.

항상 언급되는 판례이자 사례인데요. "미국은 이미 1948년 배급·상영 겸업을 금지하고 있고 그것에 준하여 계속 배급·상영 겸업을 하지 않는 것이 불문율이라고 하고 있습니다. 또한 우리나라 헌법에 제119조 제2항 경제민주화에서 '시장의 지배와 경제력의 남용 방지'를 규정하고 있습니다. 이를 토대로 대기업이 기획 제작 배급 상영의 '겸업 제한'을 요구하고 있는 것입니다.

이른바 대기업 수직계열화가 한국 영화의 미래를 어둡게 하고 있기 때문에 이 같은 지적을 하고 있는데 비단 해외 사례가 아니더라도 한국은 매우 비정상적인 시장 구조를 가지고 있기 때문에 해외의 사례를 적용시킬 수 없을 만큼 변형된 영화 산업 구조이자 시장입니다.

Q 무엇보다 심각하다고 지적하고 있는 것이 스크린 독과점 문제 아닌가요?

법제화 준비모임은 "한 인기 영화의 경우 무려 81%의 상영 점유율을 기록했다"고 지적했습니다. 상영점유율은 전체 상영회수 대비 작품별 상영회수입니다. 이를 방지하기 위해서는 한 영화가 배당받을 수 있는 스크린 수를 제한해야 한다고 주장합니다.

다른 나라의 사례를 보면, 프랑스는 영화영상법과 편성협약에서 8 개 이상 스크린이 있는 극장에서는 영화 한 편이 일일 상영 횟수의 30%를 넘을 수 없도록 하고 있습니다. 15~27개의 스크린을 보유한 대형 멀티플렉스도 아무리 대작 영화라고 해도 일일 최다 4개 스크린만 할당합니다. 이러한 사례들을 언급하면서 법제화 준비모임은 '스크린 상한제' 도입의 필요성을 주장하고 있습니다

또 독립·예술영화의 현실도 말하지 않을 수 없는데 그 독립·예술영화의 전체 비중에 비해서 관객 점유율이 적다는 것입니다. 독립·예술영화는 전체 개봉 편수의 9.5%에 이르지만, 관객점유율은 0.5% 밖에 되지 않기 때문에 멀티플렉스에 독립·예술영화 상영관을 지정하고 일정 기준 이상 상영하도록 규정하고, 이에 관해서 국가는 해당 상영관을 지원해야 하는 영화관련법 개정을 제안했습니다.

당장에 인기 있을 만한 영화를 스크린 독과점을 통해 극장 수익은 올릴 수 있으나, 관객의 영화 선택의 자유를 침해받습니다. 해외영화제 상을 받은 한국 영화도 스크린 독점에 밀려 상영 기회조차 못하는 게 현실입니다. 한 시민단체가 스크린 독점을 이유로 관련업체를 서울중앙지검에 고발한 사례를 생각해야 할 필요가 있습니다.

Q 또한 영화진흥위원회 위원들도 21대 국회에서 추진해야 할 '영화산업 경제민주화 제도 마련 요청문'을 발표했는데, 내용이 무엇인가요?

영진위원은 요청문을 통해서 "새로운 국회의 관심과 역할에 힘입어 한국영화의 지속가능한 발전을 위한 새로운 영화정책이 마련되고, 더 나아가 제2, 제3의 봉준호 감독이 등장할 수 있는 바람직한 영화 생태계가 반드시 형성되기를 간절히 바란다"고 했습니다. 봉준호 감독과 그의 작품들이 계속 나오려면 영화 산업 구조를 개신해야 한다고 본 것입니다.

위원들이 언급한 내용은 크게 네 가지였습니다. ① 독립·예술영화 전용관 설치 제도화와 재정적 지원책 마련, ② 스크린(상영회차) 상한제 도입, ③ 대기업의 배급·상영 겸업 등으로 발생하는 불공정성 문제 해소, ④ 영화발전기금 부과 기간 연장 추진 등 입니다.

영진위원들도 "한두 편 영화에 대한 상영기회 몰아주기가 가능한 것은 전체 스크린의 97.2%를 3개 회사가 집중 소유하고 있기 때문"이라고 했습니다. 독과점 문제를 가장 심각하게 보고 있는 것으로, 형식적으로는 배급사가 따로 있지만 실제로는 이들 시장지배적인 영화관 기업들이 영화 배급까지 좌우하는 상황이라고 했습니다. 또한 공정한 기회가 중요하다고 말했습니다. 즉 한국의 영화산업은 기울어진 운동장이라 불릴 만큼 심각한 경제활동에서의 불공정성 문제를 안고 있다는 것입니다.

또한 이러한 구조의 개선은 민주화의 과정이라고도 하면서 "제도 개선 요청은 이런 불공정성 문제를 해결하기 위한 영화산업 경제민주화에 초점이 맞춰져 있다"고 했습니다. 〈기생충〉을 만든 나라가 영화 산업 자체부터 불평등 문제가 심각하다는 것은 아이러니한 일이자 부끄러운 일이라고 할 수 있습니다. 강자가 약자에 기생하는 구조는 바람직하지 않고 자칫 숙주 자체를 죽게 할 수 있습니다.

Q 영화인들의 요구에 대해서 극장 측이 반박 성명을 냈다는데요. 스크린 상한제에 대해서 반대를 하고 나섰다는데 어떤 이유를 들어 반박하고 있는 건가요?

극장 등 상영업체들이 회원인 한국상영발전협회는 "다양한 영화, 소형 영화에 기회의 평등을 보장하는 것은 스크린 상한제 규제 등 극장 규제로 실현될 수 있는 영역이 아니다"라고 했습니다. 스크린 상한제에 대해서 반대를 공식적으로 밝힌 것입니다. 소비자 관객 주권을 언급하기도 했습니다.

또한 "법으로 영화를 상영할 수 있는 최대 비율을 제한하는 것은 소비자 관객의 주권을 무시하는 것"이라고 하면서, 스크린 제한이 다른 영화를 희생시킨다고도 했습니다. 즉 "수요가 높은 영화의 희생을 강요하면서 다른 영화 상영 기회를 보장하는 것은 오히려 산업의 발전을 후퇴시키는 행위"라는 것입니다. 하지만 관객들이 선택하지 않은 영화들을 봐야 하고, 원하는 영화들을 보지 못하는 현상에 대해서는 근거가 약한 것이라 생각이 듭니다. 스크린 상한제가 한국 영화계에 오히려 나쁜 영향을 미칠 것이란 주장이 있기도 합니다. 기업의 수익 및 운영권을 침해하고 투자가 줄면서 자본이 필요한 대형 영화를 만들 수 없게 된다는 것입니다. 그러나 대형 영화를 만드는 것이 반드시 한국 영화를 건강하게 만드는 것인지는 알 수가 없습니다. 근래 대형 영화들의 흥행 성적이 좋지 않은 것은 이를 말해줍니다.

Q 이렇게 주장해도 스크린독과점 문제는 지속적으로 문제가 제기된 사안인데, 현재 영화비디오법 개정안들은 이미 다수 발의돼 있는데, 상

정조차 되지 않고 있다면서요?

대기업의 수직계열화와 그리고 스크린독과점은 영화계는 물론 영화 산업의 구조적인 문제로 지적되어 왔습니다. 법적 규제를 통해 해결해야 한다며 입법 노력이 계속되어 왔지만 법안이 한 개도 통과되지 못한 상태입니다. '영화 및 비디오물의 진흥에 관한 법률'(영비법) 개정안, 국회에 계류 중인 영비법 개정안은 모두 13개로 알려져 있습니다.

대기업 규제 및 불공정 구조 개선에 관한 법 개정안들입니다. 2016년 안철수 전 국민의당 대표는 10월 한국영화제작가협회와 개정안을, 더불어민주당 도종환 의원이 참여연대와 영비법 개정안을 만들었는데, 공통적으로 주목되는 대목은 '대기업이 영화상영업과 배급업을 겸업할 수 없다'는 것이었습니다. 2019년 4월에는 우상호 의원이 한 영화가 특정 시간대에 스크린 50%를 갖지 못하게 법안도 발의되었지만 상정이 되지 못하고 있습니다. 스크린독과점에 관해서는 4개의 법안이 국회에 올라와 있습니다.

조속한 통과가 필요한데 통과될 기미가 없기 때문에 영화계가 '포스트 봉준호법'을 요구하고 있는 것이라 볼 수 있습니다. 영진위 위원들이 "한국영화를 둘러싼 산업구조적 문제를 비롯해 해결해야 할 여러 과제를 안고 있는 영화계로서는 보다 적극적인 국회의 역할을 요청드리지 않을 수 없다"라고 말한 바를 국회가 되새겨야 하는데 국회의원 후보자들이 이러한 점들을 잘 새겨들어야 합니다.

Q 또 하나의 법안이 주목을 받았는데, 어떤 내용인가요?

더불어민주당 김영춘 의원은 '영화 및 비디오물의 진흥에 관한 법률'(영화비디오법) 일부 개정 법률안을 발의했습니다. 멀티플렉스 상영관에서 한 영화가 40%를 초과해 스크린을 독점하지 못하게 하는 내용입니다. 이는 종전의 개정안보다 스크린 수를 10% 정도 더 제한을 하는 것입니다. 동시간대에 최소 3개 이상의 영화가 상영되도록 했습니다. 황금 영화 관람 시간대뿐만 아니라 기타 시간대에도 40% 제한을 적용해 주 영화 관람시간대에서 상영회수를 제한당한 독점적 영화가 조조·심야 등 기타 시간대 스크린까지 독식하는 현상을 막으려는 것입니다. 이에 대해서 인위적으로 대기업들의 영화 수익을 줄이려는 행위라고 비판하자, 적절한 점유율을 통해 오랜 시간 상영할 수 있게 하려는 조치라고 입법 취지를 말합니다. 독립·예술영화 등 저예산 영화의 상영, 관람객의 영화 선택권에 관한 영화비디오법 개정안들과 영화의 스크린 점유 제한 내용을 담은 법안들이 통과되어야함에는 이견이 있을 수 없습니다. 대기업 중심의 영화 구조는 단기적인 정책일 뿐 장기적으로 문화적 관점에서 미래 비전을 가질 수 없기 때문입니다.

Q 문재인 대통령은 영화 〈기생충〉 제작진·배우들과 만난 자리에서 "영화 유통 구조에 있어서도 독과점을 막을 스크린 상한제가 빨리 도입될 수 있도록 최선을 다하겠다"고 말했죠. 정부나 문체부의 태도는 어떤가요?

문재인 대통령은 "영화 산업 종사자들의 복지를 챙기고 영화 유통구조에서도 독과점을 막을 스크린 상한제가 빨리 도입되도록 노력하겠다"고 밝혔습니다. 문재인 대통령은 "기생충이 보여준 사회의식에 깊이 공감한다"며 "문화예술계에도 〈기생충〉 영화가 보여준 불평등이 존재하고 있다. 특히 제작현장이나 배급 상영 유통구조에서도 여전히 불평등이 남아 있다"며 "우리나라뿐 아니라 전세계적인 문제이긴 하지만 불평등이 하도 견고해져서 마치 새로운 계급처럼 느껴질 정도가 됐다"고 했습니다. 문화체육관광부 장관은 2019년 4월 "스크린 독과점을 막을 상한제가 필요하다"며 국회와 조율, 법률을 개정한다고 밝혔습니다. 다만, 문체부 장관이 CJ 사외이사 출신 경력이라는 점 때문에 의구심을 영화계에서 갖게 만들었는데 이를 지켜보는 영화계의 시선이 냉철했습니다.

Q 영화 〈기생충〉이 한국 영화 최초로 아카데미 시상식에서 4관왕을 수상하자 정치권이 총선에서 봉준호 감독을 선거 마케팅에 활용하는 등 숟가락 얹기가 점입가경이었습니다. 봉준호 감독에 대한 정치권의 지나친 선거 공약이 비난을 받았는데 어떤 내용인가요?

4월 총선을 앞두고 선거 마케팅이 쏟아졌는데, 패러디 포스터는 그나마 양호한 정도였습니다. 자유한국당 현역의원이 봉준호 감독의 출생지인 대구에 박물관을 짓겠다며 영화 테마 관광 메카 조성 공약이 있었고, 다른 예비 후보들은 봉준호 거리, 봉준호 카페거리, 봉준호 공원, 심지어 봉준호 생가터 복원과 동상도 건립하겠다고 밝혔습니다. 아울러 봉준호 타운은 물론 봉준호 명예의 전당, 봉준호 아카데미 유치를 내걸기도 했습니다. 차려진 밥상에 숟가락만 없는 것 아니냐는 비판이 나올 수밖에 없었습니다.

봉준호 감독은 1969년 대구에서 태어나 초등학교 3학년 때 서울로 이사했습니다. 과연 고향이라는 이유로 이렇게 많은 사업을 벌이는 것이 타당한 것인지 의문입니다. 이런 사업에 들어가는 것은 국민이 낸 세금, 혈세이기 때문에 더욱 신중해야 합니다. 지역주의를 조장하는 문화예술 정책은 바람직하지 않습니다. 대구에 있는 시민단체조차 황당하다는 반응입니다. 전형적인 탁상행정, 보여주기식 정책 공약이라고 할 수 있습니다.

Q 특히 봉준호 감독이 블랙리스트에 올라 탄압을 받았는데, 모순(적)이네요?

박근혜 정권에서 봉준호 감독과 배우 송강호 씨가 모두 문화계 블랙리스트에 올랐습니다. 이는 공적 지원에서 배제하는 명단에 올라간 것이죠. 이른바 색깔론의 피해자입니다. 블랙리스트에 오른 시기에 대해 봉준호 감독이 직접 밝힌 적도 있는데요. 봉준호 감독은 해외 언론과 가진 인터뷰에서 "한국의 예술가들에게 깊은 트라우마에 빠지게 만든 악몽과 같은 몇 년"이었다고 말했습니다.

미국 『워싱턴 포스트』조차 블랙리스트가 계속 되었다면, 〈기생충〉은 빛을 보지 못했을 것이라고 하면서 봉준호 감독의 수상은 민주주의 승리라고 했습니다. 더구나 과거 자유한국당은 영화 〈기생충〉을 좌파영화라고 낙인을 찍기도 했습니다. 이렇게 색깔론으로 모욕을 주고 고통을 가한 행위에 대해서 사과를 먼저 하는 것이 수순이었습니다.

Q 영화 〈기생충〉의 수상을 정말 기념하고자 한다면 영화에서 지적한 빈부격차 문제를 해결하는데 정치권이 더 집중해야 한다는 지적이 있었는데요, 맞는 지적 아닌가요?

이 영화에서 주목하고 있는 것은 빈부격차, 양극화 문제라고 할 수 있습니다. 겉으로는 도시 서민이 기생충으로 묘사되는 듯해서 불편하다고 하는 분들도 있는데요, 사실은 그러한 주제 의식이 아니라고 해야 합니다. 봉준호 감독은 모든 이들이 기생충이 되는 구조에 주목했던 것으로 생각해야 합니다. 특히 부자들이 잘하지 않으면 빈민층 서민층은 양산되고 마침내 부자들의 기득권도 무너지고 나아가 생명도 파괴당할 수 있다는 것입니다.

영화의 마무리에서 부잣집은 비게 되는데 과연 그 부잣집은 그대로 경제적 수준을 유지할 수 있을까요. 영화 〈기생충〉은 넘지 말아야 할 선을 말하면서 공존 공생을 말합니다. 따라서 단순히 빈부격차를 일률적으로 해결하려는 방안이 아니라 공존 공생할 수 있는 방법을 모색해야 하고 그것은 정치권에서 특히 선거를 통해서 공론화되는 기회들을 많이 가져야 합니다. 그런데 이런 공론화의 공약보다는 당장의 국고를 끌어올 수 있는 치적 중심의 빈 공약이 남발되는 것은 오히려 국민적 분노라는 역풍에 직면할 수밖에 없습니다.

Q 지자체에서도 봉준호 감독의 〈기생충〉 관련 정책을 내놓고 있는데 일부에서는 논란이 좀 있는 듯해요.

반 지하방이 물에 잠기는 장면이 인상적인데, 고양시 세트장에서 촬영되었지만 철거되었죠. 고양시의 경우 이미 철거된 세트장을 다시 복원하기로 했습니다. 2009년 이미 버려진 정수장에 달동네 반지하방 기택이네 집 등 40채를 만들어 장마에 물이 잠기는 장면을 촬영했습니다. 강수 장치와 급수 장치가 가능한 공간이라 다른 곳보다 수월하게 촬영할 수 있었죠. 영화 속에 또 다른 집인 박 사장 집과 지하 계단은 전주영화촬영소에서 촬영했는데 이곳도 다시 복원할 계획을 밝혔습니다. 새만금 간척지에 복원한다고 하는데 이런 복원에 대해서 조심스러운 우려도 있습니다.

많은 비용을 들여서 복원을 했지만 정작 관광객이 많지 않거나 일시적이기 때문에 예산낭비일 수 있습니다. 단지 세트장만 다시 건립할 것이 아니라 봉준호 감독의 영화 세계나 철학, 그리고 관련 콘텐츠가 좀 더 고민되어야할 것입니다. 무엇보다 지속성을 위한 방안이나 프로그램이 우선해야겠지요. 한편 대구시에는 기념사업회를 추진한다고 하는데 봉준호 감독은 반대 의사를 밝히기도 했습니다.

Q 영화 촬영지를 말씀하셨는데 가장 뜨거운 곳이 관광 투어 코스라고 하던데요, 이에 대한 논란도 있군요? 어떤 문제가 있는지요?

촬영지 일부는 이미 명소가 되어 많은 이들이 찾고 인증샷을 올리고 있습니다. 성지 순례 같은 장소가 되고 있는 것입니다. 예컨대 마포구 돼지쌀슈퍼, 기택이네 주변 동네 계단, 종로구 자하문 터널 계단, 동작구 스카이피자 등입니다. 이곳을 관광명소화한다는 발표가 있었는데요, 관광명소화는 좋을 수 있지만 그곳이 모두 현재 주민들이 사는 공간이라고 할 수가 있습니다.

그렇기 때문에 많은 방문객들이 드나들게 되면 사생활 침해는 물론이고 거주 자체를 불편하게 할 수 있습니다. 이미 영화 〈조커〉로 유명해진 미국의 뉴욕 브롱크스 계단도 관광객의 방문 성지가 되자 소음 때문에 주민들이 고통을 호소했습니다. 문제를 일으킨 관광객에게 주민이 날달걀을 던지기도 했습니다. 명소화가 된 북촌에서는 주민들이 견디다 못해 시위를 하고 출입을 막기도 했습니다.

소음, 쓰레기, 개인공간 침해 등등의 문제가 예상되기 때문에 출입시간이라든지 에티켓 문제 등을 사전에 주민들과 충분히 협의하는 과정이 필요하다고 봅니다. 사진을 찍을 때도 주민이 찍히지 않도록 조심해야겠죠.

Q 또 일부에서는 이런 명소화 작업이 빈곤을 구경거리로 전락시키는 현상(포르노화 현상)**이라고 비판하는 경우도 있더군요, 어떤 내용인가?**

'빈곤 포르노'(poverty porn)는 이런 투어 명소화를 통해 가난을 구경거리로 전락시키는 것을 말합니다. 2015년 인천 동구청이 괭이부리마을에 쪽방촌 체험관을 만들겠다고 발표했다가 비난에 직면하고 없던 일로 했던 것은 바로 이 빈곤 포르노라는 말이 나왔기 때문입니다. 지역주민들은 주민들의 가난을 상품화했다고 반발했던 것입니다.

2017년 중구에서는 대학생들을 대상으로 한 쪽방체험이 있었는데 결국 주민들에 대한 인권 침해를 낳았습니다. 마찬가지로 이번 투어 코스 개발에 대해서 가난을 포르노처럼 팔아먹겠다는 비판이 있습니다. 정의당에서는 "〈기생충〉의 촬영지를 관광코스로 개발한다는 것은 가난의 풍경을 상품화하고 전시거리로 삼겠다는 것 그 이상도 이하도 아니다"라고 비판하기도 했습니다.

가난을 내세우는 빈곤 포르노 이미지는 편견과 차별을 낳기 때문에 매우 주의가 필요하다는 지적입니다. 시민들은 촬영지가 가난한 지역이라고 낙인찍는 것도 유쾌하지 않다고 말합니다. 더구나 이러한 명소화 작업이 경제적으로 전혀 지역주민들에게 도움이 되지 않는다는 것입니다. 심지어 영화촬영 슈퍼에서 껌 하나 사지 않고 그냥 가는 경우가 많아서 명소 방문에 관한 매너가 정말 필요할 때입니다. 명소화가 되면 젠트리피케이션도 우려됩니다. 오히려 주민들이 쫓겨나시는 곤란하죠.

지역 주민과 상생하는 관광 투어 코스를 기대해봅니다. 한편, 서울시는 최소 규모로 하는 방식이라 대규모 동원이 아니라 외국인 관광객에게 최소 정보 제공을 위한 차원이라고 밝혔습니다. 어쨌든 해당 지역은 밀집지역이고 건물이 오래전에 짓고 낡아서 조그만 소리도 다 들린다고 합니다. 때문에 개인적으로 방문해도 주의가 필요해 보입니다.

Q 영화 〈기생충〉은 빈부격차, 양극화 문제를 지적했는데 정작 영화계의 양극화 문제를 해결해야 더 좋은 영화가 창작될 수 있지 않을까요?

스크린 독과점 논란이 여전합니다. 이에 관한 법안들은 모두 국회에서 잠을 자고 있습니다. 영화계는 대박 영화에 작은 영화들로 이분화 되어 있고 이른바 중박이라는 중소 영화가 빈곤 수준입니다. 100억 이상을 들인 대작 영화들의 흥행 결과가 별로 좋지 않습니다. 이런 상황이라면 과연 제2의 기생충이 나올 수 있을지 의문입니다.

다양성의 확보도 매우 중요합니다. 독립영화에 관한 제작지원은 물론 관객들과 많이 만날 수 있는 기회를 주어야 합니다. 국가만이 아니라 기업들의 지속적 지원도 매우 중요합니다. 그러나 이벤트성 지원은 오히려 독이 될 수도 있습니다. 창작비도 물론이지만 홍보마케팅 예산도 필요합니다. 만약 독립영화가 없었다면 봉준호 감독의 영화 〈기생충〉은 세상에 나올 수 없었을 것입니다. 또한 이번 〈기생충〉의 결과도 홍보 마케팅의 결과이기도 합니다.

좋은 작품은 알려야 하고, 새로운 유통환경에 적응을 정착해야 합니다. 봉준호 감독의 영화 〈옥자〉가 보여주었듯이 넷플릭스를 포함한 인터넷 동영상 플랫폼(OTT)이 영화 공유와 소비의 중심축으로 이동하고 있습니다. 디즈니 등 글로벌 대기업이 적극 진출하고 있기 때문에 협력적 관계를 통해서 우리 영화를 디지털 세대에 맞게 특화시키는 글로벌 전략에 기민하고 역동적으로 움직여야 할 필요가 있습니다. 세계적인 화제작 〈오징어 게임〉도 이같은 사실을 잘 보여줬습니다.

이제 한국의 콘텐츠는 변방이 아니게 되었으므로 이에 걸맞게 나가야 합니다. 한국은 창의적이고 역동적인 나라이기 때문에 세계의 글로벌 트렌드와 세계인들의 감성과 고민 화두를 순발력 있게 작품화하고 공유할 수 있는 시스템을 만들어 나가야 할 것입니다.

30
제로 웨이스트 운동

Q 코로나19 시대에 '제로 웨이스트 운동'이 확산되고 있는데요. 쉽게 말하면 쓰레기를 '0'으로 줄이자는 운동이죠?

자연 환경과 인간의 위생 둘 나 지킬 수 있다는 것이 '제로웨이스트' 운동입니다. 구체적으로 일회용품 등의 사용을 최소화하고 식재료도 알맞게 활용해 쓰레기 배출량을 '0'에 가깝게 하자는 것입니다. 이와 관련해 인터넷에서는 챌린지 운동이 벌어지고 있습니다. '페이스북, 인스타그램 등 SNS를 통해 '#(해시태그)제로웨이스트챌린지'가 이뤄지고 있는데, 생활 속에서 쓰레기 발생을 줄인 사례를 공유하는 방식입니다. 개개인이 실제로 실천한 방법을 알리거나, 아는 사람들을 SNS에 태그해 릴레이 형식으로 진행하고 있습니다. 여기에서 소개하는 제로웨이스트 방법은 간단해서 실천이 가능합니다.

냉장고 속 남은 재료를 활용해 음식을 만들거나 옷 수선, 손수건/텀블러 이용, 플라스틱 빨대 사용 안 하기 등입니다. 간단하지만 제대로 실천하지 않고 있는 것들입니다. 잊기 쉬운 방법들을 항상 접하는 사회관계망 서비스를 통해 끊임없이 환기하고 있는 것입니다.

제로 웨이스트를 실천하려면 '5R'을 기억해야 한다고 합니다. 제로 웨이스트 운동을 이끌고 있는 비 존슨(Bea Johnson)은 책 『나는 쓰레기 없이 살기로 했다』에서 언급되고 있는 5R인데요, 우선 필요 없는 물건 거절하기(Refuse), 쓰는 양은 줄이기(Reduce), 일회용 대신 여러 번 사용가능한 제품을 사기(Reuse), 재사용이 불가능하면 재활용으로 분류하기(Recycle), 나머지 썩는 제품은 매립한다(Rot) 등입니다.

Q 제로 웨이스트 운동을 통해 재활용이 세심해졌다는데 어떤 내용인가요?

복합 소재의 경우에는 재활용이 어렵습니다. 예컨대, 페트병 뚜껑, 작은 장난감 부품, 화장품 용기 등이 속합니다. 플라스틱이고 유리이면서 쇠이기도 한 복합소재가 많습니다. 재활용이 어려우니 업체들이 수거를 거부하기도 합니다. 그래서 '플라스틱 방앗간'이 생긴 이유입니다. 업체들이 거부하는 것들을 모아 재활용하는데, 참여도가 높고 결과도 좋습니다. 자원회수센터도 인기인데 모인 커피가루는 화분, 병뚜껑은 치약 짜개, 우유팩은 화장지로 쓰입니다. 가정에서도 고체 샴푸나 설거지 바 사용, 비닐랩이 아닌 다회용 천으로 음식 덮어두기, 우산 비닐 대신 우산 집 활용하기가 꼽힙니다. 한편, 제로 웨이스트 전문 커피전문점의 매장의 매출은 늘었습니다. 한 사례를 보면, 코로나19 발생 초기인 2~3월 매출이 직전(12~1월) 대비 50% 이상 늘었다고 합니다.

Q 코로나19 확산에 따라서 일회용 쓰레기가 정말 급증하고 있는데, 어느 정도일까요?

비대면 '집콕' 생활이 늘어나면서 가정에서도 늘고 식당이나 카페에서도 플라스틱 쓰레기가 늘었습니다. 애초에 정부는 2022년까지 일회용품 35% 감축을 목표로 했는데 환경부는 공항·역의 식당, 카페, 패스트푸드점 등의 일회용품 사용을 한시적으로 풀었습니다.

환경부 통계에 따르면 플라스틱 폐기물은 하루 평균 889t이 발생했습니다. 같은 기간에 비해 29.3% 늘어난 양입니다. 폐플라스틱류와 폐비닐류는 하루 발생량이 각각 15.6%, 11.1%씩 늘었습니다. 이 수치는 지자체별 공공 폐기물 선별장의 기록을 합친 것, 민간 선별장의 처리 폐기물량을 더하면 훨씬 많습니다.

이에 비해 매립지는 포화상태이고 쓰레기가 많아지고 있어 재활용 플라스틱의 가격은 떨어지고 있습니다. 환경부가 발표한 자료에 따르면 페트(PET)는 지난 3월까지만 해도 1kg 당 800원 수준이었으나 지난달 590원까지 떨어지고 이 때문에 업체들이 폐플라스틱을 받지 않으려는 경향을 보이기도 합니다.

Q 특정 플라스틱은 해외에서 여전히 수입하고 있어서 재활용 비율을 높이는 것이 필요할 것 같은데요. 왜 높아지지 않을까요?

국내 활용 재생 페트는 대부분 일본, 대만 등에서 수입하는 양에 의존하고 있습니다. 재생섬유 등의 생산에 필요한 폐페트병 수입양만 연간 2만 톤이 넘는 것으로 알려지고 있습니다. 그럼 왜 이렇게 수입을 해야 하는가 하면 재생 페트로 활용하려면 페트병에 붙은 종이나 비닐 라벨을 완전히 떼어내야 합니다. 국내 배출

페트병 대부분은 그렇지 못하기 때문에 재활용할 수 있는 양이 제한적입니다. 그래서 수입을 하게 되는 것입니다.

최근 라벨을 뜯기 쉽게 하고 라벨을 처음부터 없애 프린트해 나오는 제품이 있지만, 그냥 버려지는 페트 물량에 견주면 극히 일부에 머물고 있습니다. 플라스틱 페트병 무게를 줄이는가 하면 생분해성 원료로 제작하는 친환경 경영의 기업들을 장려해야 합니다. 또한 생산에서 재활용 소재 제품으로 제작하게 하고 재활용이 잘 되게 해서 재활용 쪽 순환 구조가 확립되도록 해야 합니다. 포스트 코로나 시대에 대비하기 위해 '제로 웨이스트' 확산을 지원해야 합니다.

Q 일부 자치 단체에서는 비닐과 투명 페트병 분리 배출제가 실시되고 있는 걸로 알고 있는데요. 아직 모르시는 분들이 많은 것 같습니다. 다시 한 번 안내를 해 주시죠?

이런 제도는 시간 문제로 다른 자치 단체로 확산할 가능성이 많기 때문에 미리 미리 대비가 되어야 할 것입니다. 서울시는 비닐·투명 페트병 분리 배출제를 본격 시행하고 있습니다. '재활용 가능 자원의 분리수거 등에 관한 지침'을 개정해 무색 페트병과 골판지를 분리 배출 품목에 추가했습니다. 전국 아파트에서 실시되고 있고, 단독주택에서도 전면 시행됩니다. 구체적으로 보면, 아파트의 경우 음료와 생수용 투명 페트병은 일반 플라스틱과 분리해 전용 수거함에 배출해야 합니다. 이 과정에서 비닐 라벨지를 제거하고 병뚜껑은 일반 플라스틱으로 분리해서 내놓아야 하며 페트병만 따로 모아야 합니다. 다만 페트병 가운데 맥주용 갈색, 유색 음료수병, 불

투명 막걸리병 등은 투명 페트병에 포함되지 않으므로 기타 플라스틱류로 분류하고 다른 요일에 배출해야 합니다. 단독주택과 상가에서는 모든 재활용품을 혼합 배출해 왔는데 이제 매주 목요일(일부 지역은 금요일)에 비닐과 투명 페트병을 각각 다른 봉투에 담아 내놓아야 합니다.

Q 요즘 비대면 온라인 주문이 많아서 환경 단체들은 용기의 재사용 시스템 도입을 실시해야 한다, 이렇게 주장하고 있는데요. 환경 단체에서 주장하는 재사용 시스템은 무엇인지요?

특히 요식업체 배달에 관련되는데요. 배달 앱 측에서 해야 할 일이라고 할 수 있습니다. 다회용 용기 제공을 규정하고 다회용 용기를 수거, 세척, 다시 제공하는 방식을 취하도록 요식업체들에 의무화해야 한다는 것입니다. 그린피스도 재사용 시스템이 도입되어야 한다고 주장하고 있습니다.

그린피스 미국 글로벌 프로젝트 리더인 그레이엄 포브스는 "인간과 자연의 건강 모두를 지키는 안전한 재사용 시스템을 구축해야한다"라고 말한 적이 있습니다. 또한 '루프 시스템'도 있습니다. 미국 루프사는 여러 유통업체와 협력해 재사용이 가능한 포장재나 용기에 제품을 담아 배달하고 사용한 빈 용기를 회수 후 세척해서 재사용하고 있습니다. 기업은 다회용품 이용 소비자에게 가격 할인 등 혜택을 제공하면 좋습니다. 정부에서는 이런 기업에 인센티브를 주어야 하고요. 다만 시민들이 안심할 수 있을 만큼 다회용기를 사용할 수 있게 식품 접객업소의 세척과 관련한 안전 지침이 확립되어야 할 것입니다.

Q 음식물 쓰레기도 만만치 않은 양이 나오고 있을 텐데요, 방송가에서도
이런 제로 웨이스트 운동에 따라 제작되는 음식 프로그램이 선을 보
이고 있다는데 우리나라 음식 쓰레기 여전히 많죠?

제로웨이스트에는 '음식물을 남기지 않는다'는 의미도 포함
되어 있는데 식재료를 먹을 만큼만 구입하는 게 중요합니
다. 지난해 환경부의 「환경통계연감」에 따르면, 하루에 배출되는 음
식물 쓰레기의 총량은 약 1만5천여 톤(2018년 기준)입니다. 이를 처
리하는 비용만 8천억 원인 것으로 알려지고 있는데 그만큼 막대한
예산 낭비가 이뤄지고 있습니다. 하루에 버려지는 음식 쓰레기만 1
만 5900톤입니다. 광장시장 내 육회 가게 22개 곳에서, 한 달 평균
11만 마리의 이상의 낙지 머리가, 달걀 흰자는 연 평균 200만 개가
버려진다고 합니다. 자투리 고기는 한 달 평균 500kg이었습니다.

예능 '식벤져스'는 자투리 음식 재료를 활용한 방송프로그램이라
눈길을 끌었습니다. 당연히 버리는 것으로 알았던 식재료를 가지고
전혀 식재료를 남기지 않으면서 음식 만들기 경합을 벌이는 방송프
로그램입니다. 먹방이나 국방이 많은 현실에서 방송의 역할과 기능
도 매우 중요하다고 할 수 있습니다. 이런 방송을 통해서 쓸데없이
음식을 많이 먹게 하고 쓰레기를 배출하고 만들고 있기 때문이 아닌
가 싶기 때문입니다.

Q '제로 웨이스트 레시피'라는 것도 주목을 받고 있겠네요. 음식물 쓰레

기를 줄이기 위해 IT기술을 접목하기도 하는데요. 효과가 있다고 하죠?

'제로 웨이스트 레시피'는 복잡하고 전문적이지 않은 요리법이라고 한다면 많은 국민들이 따라할 수 있는 방법이 될 것입니다. 이렇게 재료를 고르고 조리한 과정에서 낭비를 줄이려는 개인의 노력도 있고요. 식재료와 식단의 구성 등을 체계적으로 데이터화하는 방법도 있습니다. 남기고 버리는 음식을 IT기술로 데이터화 해 음식 낭비를 줄이려는 기업들의 시도도 있습니다.

미국의 스타트업 린패스는 버려지는 양을 집계하기 위해 카메라와 스마트저울을 구비하고 버려지는 음식 쓰레기 데이터를 모으고 식재료 주문량을 조절했습니다. 시스템 도입 뒤에 5년 동안 구글 본사 식당에서 2.7톤 이상의 음식물 쓰레기를 줄였습니다. 샌프란시스코 대학도 린패스 시스템으로 식재료 낭비를 없앴습니다. 대학병원이 분석한 결과 주방에서의 음식 쓰레기가 2년간 34.5% 감소했고 약 6만 달러의 비용이 절약되었다고 합니다. 이런 체계적인 방법도 적극 도입할 필요가 있겠습니다.

Q 문화예술계 중에서도 특히 공연계 예매 건수가 급격히 감소하는 등 심각한 피해를 입고 있다는데, 어느 정도인가요?

통계자료를 비교해 볼 수 있습니다. 공연예술통합 전산망을 통한 예매는 1월 넷째 주 44만 건이었고, 주간 예매 건수는 다섯째 주 43만 건이었습니다. 2월 첫째 주에는 10만여 건이 줄어 32만 건을 기록했고, 이어서 둘째 주에는 31만 건이 되었습니다. 특히 어린이 전문극장이나 단체관람 공연장은 공연을 할 수 없었습니다. 공연 기회가 없어진 공연예술인들이 생계에도 고통이 가중되었습니다.

관객들의 불안감이 문제라 이를 해소할 수 있게 해야 하고, 민간에서 운영하는 극장들에 대한 관리도 필요했습니다. 2월부터 약 2억 2000만 원의 예산을 들여 민간 소규모 공연장 430곳에 소독·방역 용품, 휴대형 열화상 카메라 등을 지원했습니다.

Q 문화예술계를 지원하기 위한 정책은 어떠했나요?

피해 업체들을 전담하는 창구도 생겼는데 경영애로와 법률 등의 상담을 받을 수 있는 '예술경영지원센터 코로나19 전담창구'입니다. 예술인에게 긴급생활자금 융자지원책이 있는데 3월부터 총 30억 원 규모의 자금 지원을 정부가 해주고 있습니다.

예술활동을 증명하면 공연 취소로 보수를 받지 못한 예술인들에게 기존 융자 대비 금리가 2.2%에서 1.2%로 낮춰지고 지원한도도 500만 원에서 1000만 원으로 늘려주는 방식입니다. 4월부터 피해를 받은 공연단체에 대한 총 21억 원 규모의 피해 보전방안을 말하기도 합니다. 그런데 이런 지원 정책들이 대부분 저리라고 해도 결국은 대출이고 빚이 되는 문제가 있습니다.

특히 300석 이하 소공연장이 크게 운영 문제를 안고 있기 때문에 이들 공연 단체에서 가장 힘들어하는 비용은 대관료라는 점을 생각해야 합니다. 매뉴얼에 대한 확립이 필요하다는 지적도 할 수 있습니다. 많은 질병이 주기적으로 발생하고 있는데 지금까지는 매번 벌어질 때마다 대책이 수립되었는데 일반 공연, 콘텐츠, 기획행사 등 몇 가지 유형에 대한 매뉴얼을 만드는 것이 필요하고, 단기적인 대책이 아닌 장기적인 대책이 필요한 것입니다. 상시 대응체계를 마련해야 합니다. 매뉴얼 작성만이 아니라 상시 예산도 확보할 필요가 있다는 것입니다.

Q 코로나19 여파에도 끄떡없는 작품들도 있었는데, 양극화 현상이라고 봐야 하나요?

티켓 파워 1위, 김준수의 〈드라큘라〉는 전석 매진. 옥주현의 〈레베카〉도 모든 회차는 매진됐습니다. 드라마 〈동백꽃 필무렵)의 용식이, 강하늘 주연의 연극 〈환상동화〉도 전 회차가 매진됐죠. 영국 팝카수 미카(MIKA)는 2007년 데뷔 그동안 6차례나 한국을 찾았습니다.

한편 악동뮤지션, 백지영, 김태우, 먼데이키즈, 젝스키스, 이승환, V.O.S 등은 취소·연기했고 입장권 예매 날짜를 미뤘습니다.

공연을 하지 않으면 예술가들에게 대가가 지불되지 않기 때문에 티켓 동원에 자신이 없을 경우 아예 문화 행사 공연을 하지 않는 것입니다. 이런 현상에 대한 핀셋 정책이 필요합니다.

Q 행사 일정들이 취소되고 미뤄지면서 케이 팝의 타격이 상당했습니다. 특히 신인들의 경우에는 더 타격이 많았죠?

코로나19의 확산이 큰 싱가포르, 일본, 태국, 마카오 등에서 활동하는 K팝 그룹들은 더 경각심을 가져야 하는 상황입니다. 태연과 NCT드림의 싱가포르, 마카오 공연, 위너, 모모랜드, 갓세븐, 효민 등도 해외 콘서트·팬미팅 일정을 연기 취소했습니다. 케이팝 기획사들은 대관비 등 프로모션 비용의 손해를 감수해야 했습니다. 각종 장비와 인건비, 홍보비용까지 하면 손해비용이 더 큽니다. 연기한다고 해서 능사는 아닙니다. 주요 공연장은 상당 기간까지 이미 일정이 차 있어서, 다시 일정을 잡을 수 있을지 알 수가 없습니다.

팬들을 위한 팬 미팅이나 쇼케이스의 경우는 아티스트가 팬과 나누는 교감의 장인데 팬들이 떨어져 나갈까봐 노심초사합니다. 이미 유명세가 있는 가수들보다 신인들이 타격이 큽니다. 초기 팬덤의 경우에는 관계를 쌓고 깊게 해야 하는 상황인데 이렇게 취소가 되고 연기되고 있어 타격이 더 큽니다. 간신히 잡은 기회인데 언제 다시 그 기회를 잡을지 알 수가 없기도 했습니다. 대형 기획사의 경우는 그 손해를 감수할 수 있고 나아갈 수 있지만 작은 기업 자체가 흔들릴 수 있습니다. 이런 부분에서 공적 대책이 필요했습니다.

Q 코로나19가 세계적으로 확산됨에 따라 마스크를 쓰는 것을 두고 동서 양이 문화적 충돌을 빚었죠? 왜 그런 걸까요?

미국 뉴욕에서 마스크를 한 아시아 여성이 흑인 남성에게 공격당하는 영상이 인터넷에 오르기도 하구요. 마스크 쓰고 온 여성고객 때문에 경찰을 부른 은행도 있었습니다. 코로나19 팬데믹 초기에는 미 보건 당국도 마스크 착용을 권장하지는 않았습니다. 미국 질병통제예방센터(CDC)는 홈페이지 공지사항을 통해 "CDC는 공공장소에서 마스크를 쓰는 것을 권하지 않는다"며 "마스크 착용보다는 열과 기침증세를 세밀히 잘 살펴야 한다"고 강조했습니다. 마스크가 예방효과가 크지 않기 때문에 오히려 초기 증상을 잘 잡아내는 것이 중요하다고 봅니다.

주로 동양은 마스크를 반드시 쓸 것을 권장하고 서양은 환자가 아니면 마스크를 쓰지 말라고 하는 것입니다. 마스크를 두고 또 하나의 문화 갈등 내지 문명 충돌을 벌이고 있다는 분석도 있습니다. 코와 입을 가리는 마스크 유형은 한국과 일본, 대만, 중국 등에서 많이 착용합니다. 서양에서는 마스크 착용을 장려하지 않는 것은 얼굴을 가리는 것을 매너가 아니라고 생각하는 문화 때문입니다. 오히려 극도로 경계하는 문화가 있습니다. 특히 미국에서 마스크는 범죄자들이 쓰는 것으로 생각합니다.

미국의 기침예절 문화도 생각합니다. 기침예절은 기침할 때 손바닥이 아닌 휴지나 손수건으로 입과 코를 가리는 것입니다. 한국을 포함한 아시아에서는 이보다는 마스크가 더 선호되고 있다는 것입니다. 미국에서는 개인 공간에 마스크를 쓰고 들어가면 총을 맞을 수 있습니다. 각 주에 따라서는 머리에 쓸 수 있는 후드가 달린 옷을 금지시키는 법안을 마련하는 곳도 있을 정도입니다.

또 미국에서는 마스크를 쓸 정도로 아프면 학교나 직장을 가지 않고 집에 머물러야 한다고 생각합니다. 고용구조 때문인지 한국은 아파도 회사나 학교는 나와야 하는 것으로 장려되거나 그것이 성실성의 지표가 됩니다. 지금 모양의 마스크는 19세기 이후에, 코와 입을 가리는 마스크는 수술용으로 개발됐습니다. 1897년 프랑스 파리에서 외과의사 폴 버거가 처음 사용, 중국에서 발명되었다는 주장도 있습니다. 길거리에서 마스크를 착용하고 다니다가 지하철이나 버스를 탈 때 마스크를 벗는 사람들이 있는데, 사실은 그 반대가 돼야 합니다.

Q 인사 문화도 변화하고 있죠? 코로나19 때문에 피부를 접촉하는 인사 방법이 도전받고 있다는 것이죠.

미국과 유럽 사람은 낯선 사람을 만났을 때 인사로 악수를 하거나 포옹(hug)을 합니다. 때로는 볼 키스(cheek kiss) 또는 키스를 하기도 합니다. 악수는 손이라는 피부 접촉이 있고 근거리에서 사람의 따뜻한 체온을 느낄 수 있는 상대방과 교감을 하게 합니다. 악수는 공격 무기를 없음을 내보이기 위해 상대방의 손을 잡은 행위에서 유래되었는데, 손을 잡은 채 팔을 흔들면 소매에 무기가 없다는 것을 말하는 것입니다. 악수는 공격할 의사가 없는 의사표현을 넘어 타인과 평화롭게 소통하기를 바라는 인사로 자리 잡았습니다.

아랍 여러 나라 사람은 서로 코를 맞대 두 차례 문지르는 코 키스(nose kiss)를 하고, 뉴질랜드 마오리족은 두 사람이 악수하면서 이마와 코를 맞대는 '홍이'(hongi)를 합니다. 가국의 보건당국, 건강 관련 시민단체에서는 '접촉 인사 방법'을 하라고 권고하고 있습니다. 미국 의사협회도 의료 종사자들에게 악수를 자제하라고 했습니다. 미국은 물론 한국에서는 '하이파이브'나 '주먹 부딪치기'(feastbump) 또는 '팔꿈치 비비기'(elbow rub)를 대신하려는 움직임이 있습니다.

중국과 대만에서는 악수(握手) 대신에 공수(拱手)를 말하는데 공수는 두 손을 앞으로 모아, 한 손은 주먹, 다른 손으로 주먹을 감싸는데, 손등을 포개기입니다. 우리의 전통적 인사법, 묵례(默禮)와 목례(目禮) 그리고 '90도 직각 인사'의 장점도 부각됩니다. 사람 간의 거리, 대화, 수다문화 식문화도 영향을 받을 밖에 없어 보입니다.

Q 직접 만나는 게 꺼려지니 SNS나 인터넷을 통해 각종 행사나 모임, 문화 예술계의 홍보 마케팅은 많이 증가했어요. 어떤 사례가 있나요?

가요계는 온라인을 통해 라이브, 스트리밍 등에서 각종 행사 프로모션을 진행하는 사례가 많아졌습니다. 특히 최근 컴백한 아이돌들은 '팬 없는 팬 쇼케이스'를 하게 됩니다. 앨범 발매는 하되 팬 쇼케이스를 라이브 중계로 대신합니다. 아이돌은 대부분이 1년 단위로 국내외 활동계획을 정하고 있습니다. 미리 짜놓은 앨범 발매 일정을 변경하면 향후 활동에도 큰 타격을 주는 도미노 효과가 생깁니다.

　슈퍼주니어는 400여 명의 팬들과 컴백쇼를 녹화할 예정이었지만 녹화를 비공개로 바꿨습니다. 여자친구, 에버글로우, 이달의 소녀 등은 팬들에게 쇼케이스를 여는 대신 온라인을 통해 라이브 중계 하였습니다. 음악방송은 지상파에서 '무관객 녹화'를 해서 진행하고 있으며, 방탄소년단은 소속사 설명회를 취소하고 유튜브 채널을 통해 관련 영상을 올렸습니다. 팬들과 아티스트를 지켜야 하는 것이 우선으로 하면서 홍보 마케팅과 인터넷에 맞는 콘텐츠 제작에 고심을 하고 있습니다.

　온라인 컨텐츠가 대면 공연과 행사를 대체하지는 못하지만 다양성 차원에서 자리매김했습니다. 그렇게 해도 자본의 규모가 좌우하기는 마찬가지이므로 정책적 모색이 공공성 차원에서 필요합니다.

32
예술가에게
고용보험이
필요한가?

Q 정부에서 추가로 프리랜서, 문화예술가들을 위해 한 달 50만 원씩, 3개월간 지급하기로 했는데, 문화예술계는 어떻게 받아들였나요?

1차에 이어서 2차로 93만 명을 지원하기로 했는데 수백만 명에 이르는 예술계에는 턱없이 부족하다는 의견이 있습니다. 몇 명만 골라서 지원하는 것은 자격여부를 판가름하는 과정에서 누구는 주고 누구는 주지 않게 되니 여러 가지 문제를 낳을 수 있습니다. 이런 모순의 연장선상에서 자격이 있는지 스스로 증명하라는 식의 지원 제도는 여전히 문화예술노동자에게 힘든 일입니다. 더구나 코로나19 때문에 생활고가 심해졌다는 것을 증명하기는 쉽지 않습니다.

그리고 3개월에 50만 원씩이라는 것은 어떤 기준에 따른 것인지 동의할 수 없다는 입장도 있는 상황에서 문화예술만을 하는 이들에게는 매우 곤란한 지원액이라고 할 수가 있습니다.

Q 아무래도 신인 예술가들은 더 힘든 상황 아닌가요?

한쪽에서는 젊은 예술가 중심이라지만 나이 불문하고 신인은 힘들죠. 이유는 간단합니다. 예술활동증명 기준은 5년간의 '공개적'인 활동이어야 하는데 신인 예술가들은 경력이 많지 않습니다. 즉 예술가라는 점을 증명하기가 힘들죠. 데뷔한 지 얼마 되지 않은 젊은 예술가 지망생들에게는 정말 힘든 시기라고 할 수 있습니다. 이제 자신을 알려야 하는 상황에서 재난이 터졌기 때문에 미래가 더 불확실해진 점이 있는데 제대로 지원도 받지 못하기 때문에 이중고에 시달리고 있는 것입니다.

예술인복지재단의 지원은 융자방식인데 그 융자방식에서도 경력을 증명해야 합니다. 융자제도 자체도 이렇게 신인들에게는 불리한 점이 있습니다. 긴급생활자금 경우에는 공연·스포츠·관광·방송 등 몇 개 영역에 한정 융자지원액을 설정하고 있고, 기타 문화예술 영역의 경우 한국예술인복지재단에서 '예술활동증명'을 완료해야 생활안정자금을 대출하고 있습니다. 융자 자체는 지원 정책이 아니고 빚에 불과하다고 생각합니다. 빚을 얻을 데가 없어서 어려움을 호소하고 있는 것은 아니라고 생각합니다. 이렇게 신인들에게 불리한 상황은 케이팝 등 대중문화에서도 마찬가지입니다.

Q 그렇군요. 프리랜서·예술가들의 생계 문제와 관련해 개정고용보험법은 어떤 내용을 담고 있나요?

'고용보험법 개정안'은 예술인도 고용보험 가입을 의무화하는 것입니다. 프랑스가 시행하는 '엥떼르미땅'(Intermittent) 즉 예술가 고용보험의 한국형 버전입니다. '예술인의 지위 및 권리보장을 위한 법률'(예술인권리보장법)은 예술인의 노동자성과 노동자로서의 권리를 보장합니다. 예술이 밥 먹여주는가 하는 말이 있지만 예술가들에게는 작품활동이라는 점과 아울러 밥이라는 문제, 생계라는 문제가 걸려 있고 그렇기 때문에 노동자라고 규정한 법률이 필요하고 그것에 따른 지원도 이뤄져야 합니다.

민주딩은 2024년까지 엥떼르미땅에 총 2조 6774억 원을 두입할 계획이라고 밝힌 바가 있는데 이는 반드시 지켜져야 할 국민과의 약속이라고 봅니다. 장기적으로 '전 국민고용보험제'도 거론되고 있는데 전 국민이 혜택을 받는 건강보험처럼 고용보험을 전 국민 의무가입으로 전환하는 게 필요해 보입니다. 독일의 경우 신진 예술가 보호장치로 작동하고 있습니다. 직업실습생, 예술학교 졸업생 등의 신진 예술가는 3년간 최저소득 연간 3900유로가 없어도 혜택을 받을 수 있는데, 3900유로는 524만 원 정도입니다.

Q 영화계, 특히 독립영화인과 단체의 피해는 더욱 심각한 상황이어서 관련 단체가 정부에 대책을 촉구했다는데, 어떤 내용인가요?

27개 단체와 독립 영화인 52명이 참여한 '코로나19 독립영화 공동행동'이 정부에 실질적인 대책을 촉구했습니다. 입장문에서 "영화 지원 정책은 가장 긴급한 곳에 직접적이고 차별 없는 집행을 원칙으로 해야 한다"며 "코로나19 영화 지원 정책은 현장에 근거해야 한다"고 주장하면서 자체 조사 결과도 발표했습니다. 특히 코로나19로 수입이 0원이라고 응답한 경우는 개인 응답자 52명 중 42%(22명)이었습니다. 문제점을 보면 세대를 기준으로 한 지원금

지급 정책의 모순을 지적하고 있고요, 까다롭고 복잡한 서류 준비 등 때문에 지원 신청을 하기 힘들다고 절반이 넘는 51%가 신청조차 못 했다고 말합니다. 이런 상황이 벌어지고 있는 것은 스스로 모든 것을 찾아가라는 행정 서비스 태도에서 비롯합니다. 선제적으로 찾아가는 정책이 무엇보다 필요하고 그것은 비단 문화예술계에만 한정되는 것이 아니라 긴급재난지원비 정책 전반에 필요합니다. 인력이 부족하다면 공공부문 일자리 창출 또한 필요하다는 생각이 듭니다.

Q 현금을 지원하는 정책 외에 예술가 창작지원금 제도도 있던데, 이것은 어떻게 볼 수 있을까요?

한국예술인복지재단의 창작준비금 지원사업이 코로나19 대책으로 홍보되기도 했는데, 창작준비금 지원 사업은 상·하반기에 예술활동증명이 된 문화예술 창작자 가운데 소득 기준 등의 심사 이후 1인당 300만 원을 지급합니다. 2019년에는 지원자 수가 4000명 수준이었는데 2020년 상반기에만 지원자 수가 총 14,803명이었습니다. 이런 지원자 수만 보아도 상황이 얼마나 심각한지 알 수가 있습니다. 예술가 증명을 받는 것도 힘들 수도 있는데 다시 지원금을 받기 위해 경쟁을 해야 합니다. 이러한 과정을 몇 번 겪다보면 지쳐서 시도조차 하지 않는 일이 벌어질 것입니다. 그렇기 때문에 기존의 행사들이나 공연들 속에서 해법을 찾는 것도 필요합니다. 예술가들에게 필요한 것은 생계도 있지만 자신이 무슨 작품을 했는지 그리고 사람들에게 자신의 존재감이나 작품을 공유시키는 것이 무엇보다 중요하기 때문입니다.

Q 문화예술인들은 작품 활동만이 아니라 교육기관 등에서 강의를 하면서 생계를 해결하기도 하는데, 이런 문화예술 강사들에게 어떤 지원책이 시행되고 있나요?

네, 예술가들은 작품활동 외에 교육을 통해서 생계를 해결하기도 합니다. 공연은 진부 중단 혹은 연기됐고 개학 연기에 학교나 학원 강사 수입도 없어 문화예술계 사람들에게는 힘겨운 코로나 나날을 보냈습니다. 많은 강의나 프로그램이 아예 취소가 되었기 때문에 일을 잡지 못하는 이들이 많습니다. 이런 경우 계약이 된 것이 아니기 때문에 증명하기가 힘이 듭니다. 고용이 확정된 것이 아니라 잠정적인 상황이기 때문에 이런 수입 감소 현실은 공식적으로 잡힐 수가 없습니다.

또한 강의를 해야 돈을 지급하는 형태가 일반적입니다. 문화예술 교육사업에 참여하는 예술인의 생계 곤란을 해소하기 위한 인건비 선지원 방안이 모색되는 곳도 있는데 이는 더욱 확산될 필요가 있습니다. 무조건 강연이나 강의를 취소하는 것이 능사는 아니고 생활 방역이 이뤄지는 한도 내에서 제한적으로 프로그램을 운영하는 것이 필요하다고 생각합니다. 또한 연기된 경우라면 미리 강의료가 지급이 될 수 있도록 해야 합니다.

강의는 그 준비하는 절대노동과 시간이 투여되기 때문에 일정 정도 이상의 비용이 지급되어야 합니다.

Q 다른 나라에서는 어떤 지원 정책을 시행하고 있는지요?

영국은 영국예술위원회(Arts Council England)가 문화예술을 창작하는 개인과 단체나 조직에 총 1억 6000만 파운드 우리 돈으로 약 2422억 원을 지급합니다. 문화예술 기업 등 중소기업에게는 월 2500파운드 즉 우리 돈으로 약 378만 원 정도를 임금의 80%를 직원들에게 줍니다. 독일은 문화예술 창작자에게는 3개월 최대 9000유로인데 우리나라 돈으로 약 1195만 원입니다. 문화예술기업에게 3개월 간 최대 1만 5000유로 즉 한화 약 1991만 원의 즉각적인 지원금을 줍니다. 현금지원이고 해당 지원금은 갚지 않아도 됩니다.

미국은 연방국립예술기금(National Endowment for the Arts)에서 비영리 예술단체의 운영비에 쓰일 7,500만 달러, 약 910억을 마련했습니다. 일본은 전년 동월 대비 50% 이상 감소했으면 최대 100만 엔 즉 우리 돈으로 약 1000만 원의 수입감소액을 개인에게 주었습니다. 재정적인 상황이 각 나라마다 다를 수 있기 때문에 일률적으로 말할 수는 없지만 뉴 노멀을 만들어 놓는다면 다른 재난 상황에서는 갈등과 혼란, 고통이 덜할 것입니다. 문화예술계의 재난 극복 뉴 노멀이 필요합니다.

33
예술인의
권리 보장은
왜
법으로
안 될까요?

Q 20대 국회 마지막 본회의를 통과한 문화예술 관련법 중에 눈에 띄는 게 예술인의 고용보험 가입에 관한 일부개정안이더군요. 내용과 의미를 먼저 짚었으면 합니다.

예술업계에 종사하는 노동자는 7만 명이라고 하지만 전업으로 하지 않는 이들까지 생각하면 훨씬 더 많습니다. 일부 개정안 통과로 이제 예술인들도 고용보험을 적용받게 되어, 이제 예술인은 고용보험의 임의가입이 아닌 당연 적용 대상입니다. 일반 노동자와 마찬가지로 예술가들도 실업급여와 출산전후급여 등을 받을 수 있습니다.

하지만 임금 노동자와 같이 중대 귀책사유에 따른 해고, 피보험자의 자발적 이직 등의 조건이라면 실업급여를 받을 수 없습니다. 고용보험 대상 예술인은 1개월 미만 문화예술용역 계약의 단기예술인을 포함해서 문화예술용역 계약 체결과 직접 노무 제공의 예술인으로 규정했습니다. 조건으로 실직 전 24개월 동안 고용보험료를 내고 9개월간 일을 해야 합니다.

이 개정안의 의미는 앞으로 전국민 고용보험제도의 시금석이 될 수 있기 때문입니다. 즉 예술업계에 안착이 되어야만 전국민 고용보험제가 성공할 수 있습니다. 예술가들의 70%가 프리랜서이기 때문에 이는 새로운 도전 과제라고 할 수 있습니다.

Q 새로운 도전 과제라고 말씀하시니까, 개정안이 갖는 한계와 과제도 있어 보이는데요. 어떤 점 때문일까요?

예술인들의 급여를 명시하지 않았다는 점이 지적됩니다. 예술업계는 계약서에 급여를 밝히는 경우가 드문 현실을 개선할 필요가 있습니다. 용역 형태의 계약도 많다는 점을 생각할 때 어떻게 이런 문제들을 개선할지 과제입니다. 주 단위 공연 등에 대한 노동일수 인정 부분도 문제가 될 수 있습니다. 매일 매일 공연을 하는 것이 아니고 주말에 공연을 하는 것이 빈번합니다. 또 실제 공연을 하는 것만이 아니라 연습에 들어가는 활동은 어떻게 산정할 것인지도 과제일 것입니다. 이런 점들이 제대로 정리 적용되지 않으면 이번에 빠진 특수고용노동자들의 고용보험 적용도 힘들어질 수 있기 때문에 매우 중요한 방향타이자 바로미터가 될 것입니다. 어쨌든 코로나19 때문에 힘들어진 문화예술인들의 삶이 좀 더 나아지기를 바랍니다.

Q 그런데 예술인권리보장법은 오랜 시간 동안 국회 법사위에서 보류되었다고 하던데, 어떤 내용이 논란이 됐기에 그런 건가요?

일단 국회 문화체육관광위원회 전체회의에서 '예술인의 지위 및 권리보장에 관한 법률', 즉 예술인 권리보장법 제정안이 의결이 되었는데요. 최종 법사위를 통과하지 못했습니다. 이 법에는 표현의 자유와 예술노동권, 성평등 환경조성 등 세 가지 범주가 있습니다. 예술인 지위와 권리를 명시하고, 예술인 권리가 침해되었을 때 대응 구제할 수 있는 근거와 절차, 기구, 조치에 대해 규정하고 있습니다.

이 법안은 박근혜 정권기의 문화계 블랙리스트 논란 그리고 문화예술계 성폭력을 막기 위한 취지로 입안되었고, 예술표현의 자유와 예술인의 직업적 권리 보호를 내용으로 하고 있는데, 대표적으로 '국가와 지방자치단체는 예술을 검열하거나, 정당한 이유 없이 예술 활동의 성과를 전파하는 활동을 방해하는 행위를 해서는 안 된다'라고 규정하고 있습니다.

국가와 지방자치단체가 예술창작과 표현의 자유를 보호하고, 그들의 노동과 복지면에서 직업적 권리를 증진해야 합니다. 우여곡절 끝에 이 법이 국회 본회의를 통과했는데, 예술인 권리보호에 관한 지원 사업, 성폭력 보호 대책 수립을 할 수 있는 근거 법령을 갖게 됩니다.

Q 예술인들의 권리 보장을 위해서 반드시 필요한 법인 듯 싶은데요. 야당이 반대한 까닭은 무엇이었나요?

관례상 제정법은 공청회를 해야 하는데 그렇지 않았다는 것이고 체계자구 심사가 필요한데 법원 행정처의 문제점에 대해 지적했습니다. 특히 제7조 제2항을 문제 삼는데요. 그 내용을 보면 '제7조 제2항에서 공무원, 예술지원기관 또는 예술교육기관에 소속된 자가 정당한 이유 없이 폭행, 협박, 불이익의 위협, 위계 등을 행사하여 예술인 또는 예술단체의 예술 활동이나 예술 활동의 성과를 전파하는 활동을 방해하는 행위를 하여서는 아니 된다'고 했는데 이를 반대로 보면 정당한 이유가 있으면 폭행, 협박, 불이익의 위협, 위계 등을 행사할 수 있을 것으로 해석될 여지가 있다는 것입니다.

예술인 교육기관에 대한 규정이 명확하지 않다는 점도 지적했습니다. 전문위원과 문체부가 문제점을 잘 보완하고 반영해서 해결할 수 있음을 강조했지만 법사위 통과가 불발되었습니다. 예술계 일부에서는 집권 여당의 의지를 의심하기도 합니다. 회기 내에 적극적으로 통과시켰어야 한다는 지적입니다. 야당은 심도 있는 논의를 말하지만 어쨌든 일을 하지 않은 국회의 희생양이 된 예술인 권리보장법이 되었습니다. 그나마 21대 국회에서 다행히도 통과되었습니다.

Q '장애예술인 문화예술활동 지원에 관한 법률', 이른바 장애예술인 지원법이 국회를 통과했는데, 의미가 적지 않은 법안 같습니다. 어떤가요?

장애예술인들의 숙원인 법안이 하나 통과가 된 셈입니다. 장애예술인에 관한 독립법안이 만들어진 건 역사적 쾌거라고 할 수 있습니다. 이 법률이 통과되기까지 8년의 시간이 걸렸습니다. 장애예술인들은 그동안 공연장 등 문화공간에 접근하기도 어려울 뿐만 아니라 창작·연습 공간을 사용할 수도 작품 발표 기회의 부족도 매우 부족한 상황이었습니다.

'장애예술인 지원법'은 크게 장애예술인들의 문화예술활동 실태조사 및 지원계획 수립은 물론 창작 활동 지원, 작품 발표 기회 확대, 고용 지원, 문화시설 접근성 제고 등을 내용으로 하고 있습니다. 장애예술인이 공연이나 전시 등을 위한 문화시설 이용에 불편이 없도록 제12조가 장애예술인의 문화시설 접근성 제고를 규정하고 있습니다.

'장애예술인 지원법'에 따라 국가와 지방자치단체는 장애예술인의 문화예술 활동 촉진에 필요한 종합적인 시책을 수립·시행을 해야 합니다. 이에 필요한 예산을 확보하고, 행정적·재정적 지원 방안을 마련해야 합니다. 무엇보다 문체부는 5년미디 장애예술인의 문화예술 활동 지원에 필요한 기본계획을 수립·시행해야 합니다.

아울러 장애예술인 문화예술활동 지원사업을 효율적 수행에 필요하다면 장애예술인 문화예술활동 지원업무를 전담하는 기관을 지정할 수 있게 했습니다. 아울러 예술인 공공쿼터 제도의 근거인 제10조 장애예술인의 참여 확대도 장애예술인들의 활동에 기여할 것으로 보입니다.

Q 법이 통과된 것으로 끝은 아닐 텐데, 어떤 과제가 또 남아 있나요?

기금이 문제인데요, 애초의 법안과 달라졌기 때문에 벌어진 일입니다. 국회 본회의 통과 과정에서 초안인 가칭 '장애예술인진흥기금'의 설치 조항이 빠졌기 때문입니다. 법률안 제13조에 장애예술인진흥기금의 설치 등이 규정되어 있었는데 발의자들은 장애예술인진흥기금은 별도 예산 책정 없이 예술인복지기금과 복권기금에서 각각 1%만 장애예술인에게 사용해도 마련될 수 있다는 주장을 해왔습니다. 이 조항이 빠진 것에는 예산문제를 맡는 기획재정부의 반대가 있었습니다.

때문에 장애예술인진흥기금의 설치 조항이 빠져 법률을 집행할 수 있는 예산을 마련할 근거가 없어진 것이 참 안타까운 일입니다. 이런 문제 때문에 일단 민간 차원에서 기금을 만들어야 하는 과제가 생겼습니다. 앞으로 장예예술단체들은 대학로의 장애인문화예술센터(이음센터)를 활용하는 방안들을 거론하고 있는데 이제부터 관련법을 활용하여 이런 문제들을 하나하나 해결하는 로드맵이 필요합니다.

34
K컬쳐 콘텐츠의 창작 방식의 업그레이드

Q 국내외에서 최고의 인기를 얻고 있는 걸그룹 트와이스의 신곡이 앨범 공개 이틀 만에 표절 의혹에 휩싸였는데, 어떤 내용인가요?

표절 논란이 된 것은 노래가 아니라 뮤직비디오인데요, 트와이스의 신곡 'MORE & MORE' 뮤직비디오 가운데 한 장면입니다. 연못 위의 무대 조형물 앞에서 멤버들이 춤을 추는데 이 조형물이 외국 작가의 작품이라는 것입니다. 보통사람이 그냥 봐도 비슷하다는 것을 알 수가 있습니다. 급기야 해당 작품을 만든 조형예술작가 데이비스 맥카티(Davis McCarty)는 지난 3일 자신의 SNS에서 트와이스의 뮤직 비디오가 자신의 작품 '펄스 포털'(PULSE PORTAL)을 표절했다고 공식 문제제기 했습니다. 트와이스의 소속사 JYP는 이 같은 사실을 인지하고 비슷하다는 점을 인정했습니다. 그리고 작가와 원만한 대화를 할 것이며, 재발하지 않도록 검증 시스템을 보완하겠다고 밝혔습니다. 하지만 해외에서 활발하게 활동하고 있는 한류 스타 트와이스가 신뢰성을 잃었습니다.

Q 재발 방지를 말하고 있는 이 소속사는 표절 논란이 그동안 계속 있어

오지 않았나요? 어떤 사례가 있었는지 짚어볼까요?

원더걸스 출신 유빈이 첫 솔로곡으로 발표한 '도시애'는 일본 아티스트 작품을 일부 표절한 것으로 논란이 되었는데 결국 인정하고 음원 발매를 취소했습니다. 박진영 작사·작곡 량현량하의 '춤이 뭐길래'는 오랫동안 표절 논란에 휩싸였습니다. 2000년 발표 직후 서믹스얼랏의 '베이비 갓 백'을 표절했다는 의혹을 받았는데 앨범 재킷에 박진영 작곡이라고 기재되어 있지만, 저작권자는 유니버설입니다. 유니버설에서 서믹스 얼랏의 노래를 저작권 소유하고 있기 때문에 이렇게 기재했다고 봅니다.

박진영의 'Kiss Me'는 '스티비 원더의 Superstition 삽입'이란 표기 뒤 박진영 작사·작곡으로 기재되어 있지만 한국음악저작권협회 자료에는 스티비 원더가 작사·작곡 모두 100% 저작권을 갖고 있습니다. 즉 스티브 원더의 음악을 따라한 것을 인정했다는 점을 의미합니다. 최종 화해 권고가 내려지기는 했지만 박진영이 작곡한 노래 '섬데이'(Someday)는 1심과 2심에서 유죄를 인정하는 등 4년 동안 법정 공방을 벌이기도 했습니다.

과거 원더걸스는 스테이시 큐의 'Two of Heart'를 표절했다는 의혹을 받아왔습니다. 트와이스 사례를 보면서 '아니 땐 굴뚝에 연기나랴' 싶은 생각이 들기도 합니다. 그간에는 노래에만 한정되어 표절 논란이 있었는데 이번에는 뮤직비디오를 표절한 것입니다.

Q 방탄 소년단의 멤버 슈가가 빌보드 최고 기록을 세우며 화제를 일으켰는데, 발표한 다른 곡에 부적절한 음성이 삽입되어 논란이 됐다는데,

이건 또 어떤 얘기인가요?

미국 사이비 교주 짐 존스의 연설을 자신의 곡에 일부 삽입한 사실이 뒤늦게 외국 팬들을 통해서 지적되고 알려져서 논란이 된 것입니다. 이 논란에 대해서 소속사는 사과를 한 상태입니다. 슈가의 '어떻게 생각해?'의 도입부에는 미국인의 연설이 10초 가량 들어있는데 이 미국인이 문제가 되었습니다.

이 미국인은 짐 존슨이라는 인물로 1955년 미 인디애나폴리스에서 900명에게 음독을 하게 해서 집단 살인을 저지른 사이비교주로 알려져 있습니다. 소속사는 특별한 다른 의도를 갖고 있지는 않으나 이 같은 사실을 인지하지 않은 것에 대해서 사과를 했습니다. 분명한 것은 부적절한 샘플링을 해서 곡을 만든 것에 대해서 잘못을 인정한 것입니다. 논란이 된 부분을 삭제하고 재발매 하는 한편 재발 방지를 위해 면밀한 검증 시스템을 갖추겠다고 밝혔습니다.

세계적으로 영향력이 커질수록 이에 대한 적절한 창작 방식이 더 중요해졌다는 점을 이 사례를 통해서 역시 알 수가 있었습니다. 단순히 샘플링 수준이 아니라 해당 분야에 대해서 깊이 있는 연구와 자문 체계가 구축이 되어야 재발이 없을 것으로 생각됩니다. 한번 가해진 타격은 쉽게 회복되지 않는 것이 문화예술 작품이고 이는 글로벌 시대에 더욱 강화되고 있습니다.

Q 출판계에서는 표지디자인이 표절 논란을 빚었는데 작가도 인정을 했군요?

SNS을 기반으로 에세이를 쓰며 인기를 끈 작가의 책 표지가 문학동네의 시인선 표지가 같다는 지적이 있어왔는데 해당작가는 표지를 참고해서 만들었다고 인정했습니다. 단색으로 구성되고 책 이름과 저자이름이 들어가는 방식인데 저자는 자신이 운영하는 출판사를 통해서 비슷한 자신의 책을 출간했다고 사과를 했습니다. 그리고 해당 출판사와 대화를 나눴고, 다시는 이런 일이 없을 것이라고 했습니다. 이런 디자인은 문학동네 디자인이 아니어도 많이 나와있기 때문에 사용했다고 해서 저작권에 대한 인식을 의심케 했다는 것입니다.

한편 인터넷에서 이뤄지고 있는 저작권 논란과 별도로 저자의 글 자체를 폄하하는 것은 타당하지 않다는 주장도 있습니다. 무엇보다 요즘은 온라인 커뮤니티 등이 활성화되어 있기 때문에 비슷한 콘텐츠의 경우에는 바로바로 지적이 되고 여론이 형성이 되기 때문에 결국 속일 수 없는 상황입니다.

Q 무엇보다도 출판계에 빈번한 디자인 표절에 대해서 경각심이 일어야 하지 않을까요?

디지털 시대이고 책을 읽지 않는다고는 하지만 책은 더 많이 출간이 되고 있습니다. 한 통계를 보면 한 해 2백만 권 이상의 책이 나오고 있습니다. 이런 책들 속에서 디자인 표절 논란은 여전합니다.

대개는 작은 출판사들이 책 디자인이나 해외 책 디자인을 표절하는 사례가 많은데 오히려 대형 출판사들에서 표절한 경우도 빈번합니다. 대형출판사에서 이뤄지는 표절에 대해서 암묵적으로 침묵을 하게 되는 이유는 만약 문제제기를 하는 것이 자신들에게 사회적·경제적 타격을 줄 수 있다고 생각하기 때문에 특히 저자의 입장에서 제기하기는 쉽지 않은 경우가 많습니다. 그만큼 대형 출판사들이 출판계에서의 영향력이 만만치 않고 또 문학권력을 행사하고 있기 때문입니다. 어쨌든 저작권 인식이 독자들 사이에서도 높아지고 있기 때문에 앞으로 이런 도용사례들이 좌시되지는 않을 것입니다.

Q 한편 영화계에서 표절 논란이 22년 만에 밝혀진 사례가 있었다면서 요?

〈본명선언〉을 연출한 홍형숙 감독에게 〈흔들리는 마음〉을 연출한 양영희 감독이 비교 시사회를 개최하자고 제안을 하면서 본격적으로 알려졌습니다. 홍 감독은 시사회장에 나타나지 않았고, 홍 감독이 대표로 있는 단체가 SNS에 사과문을 발표했습니다. 또한 독립영화협의회에서도 대표로서 당시 침묵을 한 것에 대해서 사과를 했습니다.

홍 감독은 양영희 감독의 다큐 약 10여 분의 필름을 그대로 자신의 다큐에 사용을 했는데 이는 전체 분량의 3분이 1에 해당되는 것이었습니다. 분량만이 아니라 내용도 같아서 재일 조선인 청소년들의 정체성을 숨기는 문제 등을 그대로 다뤄주고 있어 두 영화의 차이점이 별로 없다는 것입니다. 이 다큐는 그해 제3회 부산국제영화제에서 최우수 다큐멘터리상을 받았습니다. 1988년 이 같은 사실을 뒤늦게 알고 표절을 주장하는 양 감독에게 제작사 서울영상집단은 물론이고 부산국제영화제, 한국독립영화협회 등은 표절이 아니고 인용이라고 하며 정당화했습니다.

심지어 한국 다큐가 막 성장하고 있는데 이런 찬물을 끼얹는 선정적인 문제제기를 해서는 안 된다고 논박하기도 했습니다. 오히려 가해자가 피해자, 피해자가 가해자가 되었습니다. 문화권력을 쥔 자들이 그것을 유지 강화하기 위한 행태들이 창작 활동은 물론이고 창작물에 대한 권리 보호조차 해주지 못한 사례였는데 너무 오랜 시간 지난 뒤에 바로 잡힐 수 있었던 것은 가슴 아픈 일로 이제라도 이런 일들에 관해서 미투운동이 일어날 필요가 있어 보입니다.

Q 본래 작품인 〈흔들리는 마음〉이 상영되고 나서 한국독립다큐멘터리의 표절과 창작 윤리에 대한 토론이 이뤄졌는데, 어떤 대안이 모색되었나요?

이런 문제는 단순히 개인 간의 문제가 아니라 집단의 문제이고 공동체의 문제라는 점이 중요하다고 봅니다. 많은 경우 도용이라고 생각하는데 도용이 아니라 표절인 경우가 대부분입니다. 왜냐하면 단순히 도둑질해서 쓰는 것이 아니라 작품 전체에 중요한 형식과 내용을 이루는 경우에는 표절이라고 봐야하기 때문입니다. 그렇기 때문에 도용과 표절의 기준을 명확하게 해야 하고 이에 대한 처벌과 저작권 보호 대책이 마련되어야 한다는 것입니다.

특히 한국독립다큐멘터리 내에 윤리적 쟁점이나 담론에 대한 연구 등이 거의 없다는 점이 지적됩니다. 남의 시선이 개입된 영상 기록물을 마치 자신의 창작적 관점이 들어간 것으로 사용하는 것이 과연 창작 행위인지 말입니다. 이는 비단 다큐만이 아니라 방송국의 시사 다큐프로그램에서도 자유로울 수 없을 것입니다. 문화창작은 그 다양성의 생명력이 존중에서 시작되어야 선순환될 수 있습니다.

Q 인기 유튜버를 비롯해 연예인 등 유명인들이 '뒷광고' 논란에 휘말려 있다는데, 뒷광고란 게 뭔가요?

뒷광고는 대가 및 협찬을 받아 제작된 영상들인데도 이 같은 사실을 알리지 않은 채 업로드하거나 생중계하는 것을 말합니다. 부실한 제품 소개의 피해는 고스란히 소비자, 이용자에게 돌아오기 때문에 문제가 됩니다. 유튜브가 지급하는 수익보다 광고를 통해 얻는 수익이 엄청나게 많은 것으로 짐작되고 있습니다. 그렇기 때문에 광고수익을 숨기고 유튜브 방송을 제작하는 행태가 벌어지고 있습니다.

Q 그렇군요. 광고 표기를 정확히 하도록 심사 지침을 개정해야 할 것 같은데요?

공정거래위원회가 추천·보증 등에 관한 표시·광고 심사 지침을 개정해서 시행하고 있는데요. 지침에 따르면, 추천하거나 보증하는 사람과 광고주 사이의 이해관계를 공개하도록 하고 있습니다. 이를 위반하면 벌금 및 과태료 처분을 받을 수 있습니다.

하지만 기존에는 유료광고 고지 의무는 있었지만 구체적이지 않았습니다. 특히 블로그, 인터넷 카페, 트위터 등 주로 문자 형태의 추천·보증에 관한 원칙과 사례로 이뤄져 있습니다. 이제 의무적으로 협찬, 광고 등의 사실을 자세히 표기해야만 하는데 사진이나 동영상 등에 관한 내용을 신설해 법 위반에 대한 예측 가능성을 높인다는 것입니다.

Q 협찬, 광고 등의 사실을 구체적으로 어떻게 표시해야 하는 건가요?

SNS에서 문자를 주로 활용한 추천·보증의 경우 표시 문구는 게재물의 첫 부분이나 끝 부분에 본문과 구분되도록 넣어야 합니다. 인스타그램 등의 경우 본문 첫 줄부터 광고라는 점을 고지해야 합니다. 쉽게 파악하거나 찾을 수 없도록 하면 안 됩니다. 예컨대 본문과 구분 없이 광고 표기를 해 쉽게 찾을 수 없거나 댓글로 표시하고 심지어 '더보기'를 눌러야 확인할 수 있는 것은 쉽게 찾을 수 없도록 한 것이기 때문에 규정 위반에 해당합니다. 인스타그램의 경우 첫 번째 해시태그에 넣어야 하고, 여러 개의 해시태그를 넣어 중간에 광고·협찬 문자를 넣는 것은 위반입니다.

또한 적절한 크기, 색상 등을 통해 이용자가 쉽게 알아볼 수 있도록 해야 합니다. 쉽게 인식할 수 없는 경우는 알아볼 수 없게 문자 크기가 너무 작거나 문자 색상이 배경과 비슷해 문자라고 인식할 수 없으며 너무 빠르게 말해 명확하게 이해하기 어렵다면 역시 규정위반에 해당합니다.

Q 무엇보다 동영상 콘텐츠가 문제일 텐데, 광고비를 받거나 제품 협찬을 제공받으면 어떻게 유튜브 동영상을 제작해야 하는 건가요. 좀 더 엄격해야할 것 같은데요?

유튜브 등에서 동영상을 제작해 업로드해 올릴 때는 제목부터 '광고'라고 표기해야 합니다. 즉 유튜브 등 동영상의 추천·보증은 표시 문구가 명확히 구분되어 인식할 수 있도록 게시물 제목 또는 시작 부분과 끝 부분에 넣어야 합니다.

라이브 방송은 더욱 주의를 해야 할 필요가 있는데요, 유튜브도 그렇고 아프리카TV 등 실시간 방송에서도 추천 보증 관계가 있을 경우 동영상과 같은 방식으로 표시를 해야 합니다. 다만 여건상 실시간으로 자막을 넣을 수 없는 경우에는 진행자의 고지나 음성 삽입을 통해서 광고비를 받았거나 협찬을 받았다는 사실을 알려야 합니다.

무엇보다 방송을 일부만 보는 시청자들을 위해 광고임을 명확히 알려야 합니다. 생방송만이 아니라 녹화 형태에서도 BJ 등 방송 진행자는 5분마다 '협찬 방송'이라거나 '광고 방송' 등 직접 말로 해야 합니다.

Q 그밖에 어떤 점을 주의해야 할까요?

제목을 길게 만들고 뒷부분에 협찬·광고 문구를 넣는 건 안됩니다. 그렇게 하면 스마트폰에서는 광고인지 읽을 수가 없기 때문입니다. 스마트폰의 디스플레이면에서 볼 때 앞부분만 노출되기 때문에 뒷부분의 광고 문구는 노출되지 못합니다.

광고주와 고용 관계라면 이를 밝혀야 합니다. 유명인이 SNS에서 특정 상품·브랜드를 의도적으로 노출하거나 언급하는 행위, 나아가 제품 정보 사이트를 링크하는 등의 행위도 추천·보증에 해당하기 때문에 표시해야 합니다. 표시를 할 때는 추천·보증 등의 내용과 같은 언어를 써야 하는데 가급적 우리말을 사용해야 합니다. '#AD', '#Sponsored by' 등의 영어 단어도 위반에 해당합니다.

Q 그런 규정이 있음에도 제대로 처벌받지 않거나 처벌이 약하다는 지적도 나오고 있다면서요?

표시·광고법을 위반하면 시정 명령, 정정 광고, 과징금을 물게 되는데 최악의 경우 2년 이하의 징역, 1억 5000만 원 이하 벌금에 처해집니다. 그런데 뒷광고를 하고 있음에도 이를 고지하지 않는 것이 만연해 있는데 처벌된 사례는 많지 않습니다.

2019년 한국소비자원이 상위 인플루언서, 그러니까 영향력 있는 개인들의 계정 60개의 광고성 게시글 582개를 분석했는데 광고 사실을 표기한 경우는 174건으로 4건 중 3건 가까이가 뒷광고를 알리지 않았습니다. 174건도 표시 내용이 명확하지 않고 댓글, 더보기 등에 표시해 확인하기 쉽지 않았습니다.

공정위는 7개 사업자에 대해 총액 2억 6900만 원의 과징금을 부과했는데요. 이를 두고도 비판이 많았습니다. 수많은 사례 중에 몇몇 기업에게만 과징금이 부과되었기 때문입니다. 세부 지침을 이번에 만들었기 때문에 적발 사례는 늘어날 수 있는데 근본적인 대안이 될지 의문이기도 합니다.

공정위에서는 불법 뒷광고 증가에 비해 모니터링 요원이 절대적으로 부족합니다. 유튜브도 뒷광고를 금지하고 있지만 이에 대해서 모니터링을 하거나 단속하지 않습니다. 어차피 많은 이들이 이용을 하면 자신들의 수익이 올라가기 때문일 것입니다.

Q 기존의 규정이 주로 사업자를 처벌하는 것이라서 SNS운영자나 유튜브, 아프리카의 인터넷 방송 채널의 진행자에 대한 제재 조치도 마련돼야 하지 않을까요?

유튜버들을 하나하나 세무조사를 하지 않는 이상 광고인지 아닌지 알기가 쉽지 않고, 본인이 밝히지 않는 이상 알기 힘든 경우가 많은데 스스로 밝힌다고 해도 처벌을 받은 예가 없습니다. 특히 '표시·광고의 공정화에 관한 법률' 제3조는 사업주와 사업단체를 처벌하기 위한 법률로, 법의 한계를 보여주고 있습니다.

SNS나 동영상 채널 운영자나 진행자에게 사기죄를 묻는 것도 적절하지 않을 수 있습니다. 형법 제347조의 사기죄가 성립되려면 기망행위를 통해 재물의 교부를 받거나 재산상의 이익을 취득해야 합니다. 하지만 이런 광고방송을 통해 진행자 등이 직접 자신이 물건을 팔아 수익을 얻는 것이 아니고 기업이 수익을 가져가며 진행자는 공식적으로는 유튜브에서 광고 수익을 받는 것이기 때문에 처벌이 쉽지 않을 수 있습니다.

더구나 많은 돈을 벌 수 있기 때문에 이런 불법적 행위들을 그대로 하는 부도덕적 행위가 만연합니다. 공정거래위에서 개별 진행자나 운영자에 대한 과중한 벌금을 매겨야 하고요, 뒷광고를 반복적으로 할 경우 유튜브 채널을 금지시켜야 합니다. 향후 활동을 못하도록 하는 강력한 대응 조치가 필요하고, 불법적인 수익은 환수하고 공익적 목적을 위해 사용해야 하는데 과연 그러한 조치를 취할 의지나 자세가 아프리카 TV나 유튜브에 있을지 의문입니다.

Q 베스트셀러 그림책 『구름빵』의 백희나 작가가 출판사 등을 상대로 낸 저작권 소송에서 최종 패소했던데요. 이 분쟁이 주목을 받았던 이유는 무엇인가요?

출판사와 작가 사이의 부당한 출판 계약의 상징이자 실제적인 사례로 여겨졌기 때문입니다. 특히 초기의 부당한 계약 때문에 나중에 베스트셀러가 되었을 경우 작가에 대한 보상이 제대로 이뤄지지 않고 출판사만 이익을 챙기는 현실을 그대로 보여주는 사례라고 간주되었습니다. 하지만 대법원은 저작권 침해금지 등 청구 소송 상고심에서 심리불속행 기각 판결을 내려 최종 2심 판결을 확정했습니다. 대법원은 출판사만 이익을 취한 것이 아니라고 판단한 것입니다.

Q 심리불속행 기각이란 게 뭔가요?

심리불속행 기각은 대법원이 원심판결에 법 위반 등 사유가 없다고 판단하고 본안 심리 없이 상고를 기각하는 결정입니다. 작가는 대법원에서 심리조차 열리지 않은 것에 대해서 실망스

럽다고 밝히기도 했습니다.

앞서 2심 재판부는 쟁점이 되었던 매절 계약에 대해서 판단했는데 "매절 계약이 체결된 2003년 당시 원고가 신인작가였던 점을 감안해 상업적 성공 가능성에 대한 위험을 적절히 분담하려는 측면도 갖고 있다"는 점을 인정했고 그렇기 때문에 "백 작가에게 부당하게 불리한 조항이라고 볼 수 없다"고 판단했습니다.

1심 재판부는 "백 작가가 출판사로부터 개발 대가를 지급받았음을 인정하고 있고 해당계약은 쌍방의 이행이 완료돼 종료됐다고 보인다"며 출판사 등의 권리를 인정한 바가 있습니다. 대법원은 출판사와 작가 사이의 저작권 분쟁에서 최종 출판사측의 손을 들어줬습니다.

Q 이 책을 통해 창출된 가치가 4천억 원 이상이라는 얘기도 있고, 그런데 정작 작가 본인이 받은 액수는 2천만 원도 채 되지 않은 것으로 알려져 논란이 일었다는데, 진실은 뭘까요?

『구름빵』은 13권짜리 그림책인데 2011년 영어판을 비롯해 10여개 국에 출간이 되었고 50여만 부가 판매되었습니다. 아동문학계의 노벨 문학상이라는 아스트리드 린드그렌상을 받기도 했습니다. 아침을 거르고 출근하는 아빠에게 『구름빵』 반죽을 먹은 아이들이 『구름빵』을 전한다는 이야기의 내용이 어린이들의 주체성을 잘 형상화했다는 인정을 받아 대중성과 작품성을 세계적으로 인정을 받았습니다. 이 작품의 작가는 계약금과 인센티브를 포함해 1850만 원을 받았는데 이 작품으로 4400억 원 이상 가치가 창출되었다는 사실이 언론에 보도되면서 공분을 자아내게 되었습니다.

4400억 원은 IP(지적재산권)을 통한 각종 캐릭터 상품, TV애니메이션, 뮤지컬 등 2차 콘텐츠를 통한 가치 창출을 말합니다. 하지만 출판사에서는 이를 부정했습니다. 지난 정부에서 박근혜 전 대통령이 불법복제 규모를 말하면서 4400억 원을 언급했고 이때 대표적인 사례로 『구름빵』을 언급했는데 이것이 와전이 되어서 『구름빵』이 마치 4400억 원의 수익을 올린 것처럼 보도되었다는 것입니다. 센세이션한 대비보다는 수익에 대한 정확한 집계는 이에 따라 이익 배분이 이뤄져야하는 것이 맞겠습니다.

Q 앞서 잠깐 언급을 하셨는데, 백 작가가 출판사와 체결한 계약에 들어간 소위 '매절계약' 조항이 백 작가의 발목을 잡았다는데, 이 계약이 뭘 의미하는 건가요?

'**매**절계약'은 출판사가 일정 금액을 원작자에게 지급하고 이후 저작물 활용 관련 수익을 모두 갖는 것입니다. 즉 원고를 매입하는 것입니다. 이 때문에 이런 매절계약을 맺으면 원작자는 책 등을 통해 추가수익이 있어도 더 이상 어떤 것도 받을 수 없습니다.

매절 계약은 선진적인 저작권 계약은 아니고 구습이라는데 의견이 모아집니다. 과거에 판매면에서 위험부담이 있는 그림책이나 만화책에 많이 사용되었습니다. 실패 확률이 높을 때 출판사와 작가가 위험을 분담하는 것입니다. 하지만 문제는 책이 잘 팔려도 작가에게는 추가수익이 하나도 돌아가지 않는다는 점입니다.

출판사에서는 애초에 이 책은 단행본이 아니라 회원제에서 제공되는 도서로 4만 부의 인세에 해당하는 850만 원의 돈을 지급하고 추가로 천만 원의 인센티브를 지급했다고 주장합니다. 하지만 50만 부의 판매와 2차 저작권에서 발생한 매출액을 생각한다면 여전히 적다는 것이 공통된 지적입니다. 매절 출판은 사실 런닝 개런티 제도가 일반화되고 있는 문화 콘텐츠 산업에서 전근대적인 제도라고 볼 수밖에 없습니다.

Q 그런 문제 때문인지 작가도 매절 계약이 앞으로 출판계에서 계속되는 걸 막기 위해 소송전에 나섰다고 말했던데, 저자와 출판사 간 입장이 커 보이는데요?

백작가는 아동 문학에서 엄청난 성공을 한 『구름빵』이 만약 매절 계약이 정당한 것으로 최종 판결이 난다면 나중에 신인작가들에게 매절 계약이 계속 횡행할 수 있다고 합니다. 그렇기 때문에 앞으로 매절 계약 관행을 근절하기 위해서 소송전에 나올 수밖에 없었다는 점을 말합니다. 당시 백 작가는 신인 작가였기 때문에 부당한 출판사의 매절 계약에 응할 수밖에 없었다는 점을 강조하기도 했습니다. 출판사는 『구름빵』으로 얻은 수익을 공익의 목적으로 사용할 계획이라고 밝혔습니다.

하지만 모든 작가는 자신의 작품에 대한 모든 권리를 가져오는 것이 중요하다고 말합니다. 특히 2차 콘텐츠에 관한 저작권을 작가에게 보장해줘야 그 작품이나 콘텐츠의 질도 유지될 수 있다고 주장합니다. 출판사 측은 애초에 그 그림 저작권을 작가에게 넘겨주고자 했지만 2015년 진행 중인 2차 저작권까지 요구해서 최종 합의에 이르지 못했다고 밝혔습니다. 향후에 법원의 판단과는 별도로 작가와 출판사의 권리 조정이 당사자 간에 직접 이뤄지기를 바랍니다.

Q 일체의 권리에 대해서 양도를 한다는 개념에 대해서도 주장이 엇갈리고 있다고 해요? 어떤 점 때문인가요?

계약서에 일체의 권리를 출판사에 양도한다고 되어 있는 점이 부당하다는 견해도 여전합니다. 여기에서 양도는 권리 및 법률상의 지위 등을 모두 넘긴다는 뜻을 가지고 있습니다. 얼마 전 문제가 되었던 '이상문학상'의 경우 '3년 저작권 양도'라는 조항이 크게 문제가 되어 작가들이 수상을 거부하기도 했습니다. 양도라는 것은 권력의 우열 관계에 따라서 성립이 되는 계약관계라는 점이 문제라는 지적이 있습니다.

양도가 아니라 이용 허락의 개념이 더 적절하고 저작물에 관해 이용 허락을 받도록 규정하는 것이 맞다는 것입니다. 당시에 백 작가는 일체의 권리를 양도한다는 조항에 문제 제기를 했지만 다른 작가들도 다 그렇게 한다고 하며 다른 작가들과 평형성 문제를 제기하는 출판사의 입장에 동의를 할 수밖에 없었다고 밝혔습니다. 이런 상황적 조건들이 신인이나 무명작가들에게는 제대로 권리를 주장하지 못하게 할 수 있음을 환기해야 할 것입니다.

Q 『구름빵』만이 아니라 1960~70년대 팍팍한 현실을 재밌게 그려내 큰 인기를 끈 만화 『검정고무신』의 원작자가 창작 포기 선언을 했다면서요. 이것도 불공정 계약과 연관이 있는 건가요?

이작품은 만화잡지에 연재되어 큰 인기를 끌고 45권의 단행본에 이어 애니메이션으로도 제작되어 많은 인기를 끌었는데 하지만 주요 캐릭터 저작권이 절반 이상 다른 곳에 양도된 데 이어 애니메이션과 게임 등 2차 사업의 수익 역시 제대로 받지 못했다고 합니다.

애초 두 작가 즉 그림 작가와 글 작가끼리는 수익 배분을 각각 65%, 35%였는데 콘텐츠 기업 대표를 만나면서 그가 53%의 지분을 보유하고 원작자 몫이 크게 줄었습니다. 이들 주장에 따르면 KBS와 함께 『검정고무신』 애니 4기를 만들었는데 작가 형제들이 4년 간 받은 돈은 435만 원밖에 되지 않았던 것입니다. 무엇보다 2007년에는 작가들에게 사전 고지나 동의 없이 여러 2차 사업을 진행하게 되었습니다. 계약서에 캐릭터와 작품을 통한 사업권을 모두 콘텐츠기업에게 양도하도록 한 것은 불공정 계약이라는 입장입니다. 더구나 콘텐츠 기업 대표는 작가들의 부모님 농장에 '검정 고무신'이라는 이름을 사용했다는 이유로 1억 원의 민사소송을 제기한 상황입니다.

기업 측은 문제가 없다고 반박했는데 저자들은 저작권료가 435만 원이 아니라 1026만 원이라고 했습니다. 또한 애니메이션 캐릭터 수정 보완은 다른 문제라고 주장했습니다. 2차 사업을 하면서 원저작자에게는 3만 원 정도 수익이 돌아가도록 했다고 합니다. 이 액수가 정당한 것인지 따져볼 문제인데요.

한편 한국만화가협회는 "『검정고무신』 사건은 창작자가 보유한 저작권을 사업이라는 명목으로 포괄적, 배타적으로 양도 받아 행사하는 불공정한 계약 관계가 만화계에 만연한다는 걸 시사하는 사례"라며 "문화체육관광부는 이런 사례가 반복되지 않도록 재발 방지 대책을 마련하라"고 주장했습니다. 작가 자신들이 이름을 짓고 창작을 한 작품들인데 오히려 저작권 행사를 하지 못하는 현실이 반드시 개선이 되어야 합니다.

Q 이런 작가들을 구제하기 위해 어떤 개선된 조치들이 이뤄지고 있나요?

『**구**름빵』 사태 뒤 문화체육관광부는 표준계약서에 저작재산권의 종류를 선택적으로 양도하고, 기간을 작가와 출판사가 협의토록 했습니다. 공정거래위원회는 '2차적 저작물 작성권'의 양도 여부를 원저작자가 별도 특약으로 직접 선택할 수 있게 관련 약관을 개정했습니다. 2018년 '저작권법 일부개정 법률안'이 발의되기도 했는데요.

해당 법안은 계약내용이 불명확할 시 저작권자가 유리하게 할 것, 장래 창작물 등 포괄적 양도 금지 등은 물론이고, 저작권 계약으로 창작자가 받은 대가가 저작물 이용자가 얻은 수익에 비해 정당하지 않으면 저작권자가 정당한 보상 요구가 가능하도록 했는데 본회의를 통과되지 못했습니다. 한편 문체부는 작가들이 나중에 추후 보상을 요구할 수 있는 추가 보상청구권을 개정 저작권법에 담아 통과시키겠다고 말했습니다. 창작자들이 성공 이후 발생하는 추가 수익에 대해서 보상받을 수 있는 길이 열리기를 바랍니다.

Q '이상문학상' 수상 거부 사태, 『구름빵』 저작권 소송 등 문학계에 나타난 불공정 관행을 제보할 수 있는 온라인 공간이 문을 열었다는데, 어

떤 곳인가요?

제보센터 '스픽 라우더'(Speak Louder)입니다. 문학계의 부조리와 실제 피해 사례 수집을 목적으로 합니다. 문예지 원고 청탁 및 작품 발표, 창작 대가 지급 과정, 작품집 발간과 계약 등 출판 과정, 문학상과 유사 공모제도 참여와 저작권, 2차 저작권, 불공정 사례 인식 등에 해당됩니다. 제보는 익명과 공개를 선택할 수 있고 연구자료로만 쓰입니다. 물론 공론화 여부도 선택할 수 있습니다. 공론화를 원할 경우 기사화를 선택하면 됩니다. 원하지 않을 경우 제보를 선택하면 됩니다. 기사화 과정에서도 익명을 선택할 수 있습니다. 정보 보안을 위해서 각별히 신경을 쓰고 부조리한 출판계 관행을 개선하는데 도움이 될 수 있게 운영이 되어야 할 것입니다.

Q 법이 바뀌어서 어느 차라도 캠핑 카로 개조를 할 수 있게 됐다는 데요. 주의할 점도 있죠. 세금 문제도 그 중의 하나일 것 같은데, 어떤가요?

네, 자동차 '안전관리법 시행규칙' 개정으로 어떤 차라도 캠핑카로 개조할 수가 있습니다. 국민소득 3만 달러가 넘으면 활성화된다는 캠핑카 레저 문화를 활성화시키기 위한 정부 정책에서 세금이 오히려 발목을 잡는 것 아닌가하는 목소리가 있습니다.

우선 개별소비세하고 교육세입니다. 차량 가격과 개조비용을 합한 전체 금액의 5%를 개별소비세로 내야 합니다. 또한 개별 소비세의 30%를 교육세로 내야 합니다. 그런데 여기에 부가가치세도 납부해야 합니다. 이게 문제가 되고 있는데요. 법 개정 이전에는 개조 비용의 10%만 부가가치세로 내면 되었습니다. 하지만 이제는 개조비용, 개별소비세, 교육세의 총액에서 10%에 해당하는 액수를 내야 하기 때문에 세 부담이 늘었습니다. 누구나 캠핑카를 개조할 수 있게 하고 세수를 더 늘리겠다는 게 정부 방침입니다.

Q 승용차의 이중과세도 논란이 되고 있다는데, 왜 그런 겁니까?

이전에는 캠핑카 튜닝은 승합차에 가능했지만 이제 승용차도 가능합니다. 승용차를 사실 때 이미 개별소비세를 냅니다. 그런데 캠핑카로 개조를 하게 되면 다시 개별소비세를 내야 합니다. 이동 수단인 승용차가 숙박 시설 기능까지 갖추게 되었으니 재산 가치가 상승했으므로 자동차 가격에 튜닝 비용을 합해 개별소비세를 매기고 있습니다. 하지만 이전 자동차 가격에 대한 개별소비세를 납부했다면 이는 이중 과세라는 것입니다. 그렇기 때문에 개조 전 자동차 가격에 대한 과세는 바람직하지 않다는 것입니다. 이 때문에 기획재정부에서는 튜닝한 액수에 개별소비세를 부과했는데, 일반 캠핑카를 다시 개조하는 경우에는 찻값의 50% 이상을 들인 튜닝비용에 대해서만 개별소비세를 내도록 하고 있습니다. 천만 원짜리 차를 500만 원 들여 캠핑카로 튜닝하면 개별소비세를 내지만 499만 9천 원은 내지 않습니다.

Q 개별소비세가 시대에 맞지 않는다는 지적도 나오고 있다는데, 이유가 뭔가요?

개별소비세의 취지와 성격 때문입니다. 개별소비세는 사치성 상품이나 서비스 소비에 붙는 세금입니다. 사치성 물품이나 서비스에 별도의 높은 세율로 과세하는 것이죠. 이는 지난 1977년 7월 '특별소비세'로 신설된 이후에 이름이 바뀐 것입니다. 즉, 2008년부터 개별소비세로 바뀌었는데 기본 세율에 근거해 물품에 따라 7~20%가 붙고, 장소에 따라 10%, 50%, 정액세로 부과되는 세금입니다. 하지만 지금 자동차는 사치성 물품이라고 볼 수가 없습니다. 사치품이라기보다는 생활필수품으로 봐야한다는 것입니다.

차 가격에 따라서 사치성일 수도 있지만 일률적으로 적용하기에는 한계가 있다는 것입니다. 이미 1가구 1차를 넘어 1.5차를 보이고 있기 때문입니다. 더구나 자동차 뿐 아니라 경유, 휘발유, 등유, 천연가스 등 에너지에도 사실상 사치세를 붙이고 있는 셈인데 환경세라면 모르지만, 시대적인 문화 변화에 맞게 세금도 취지와 목적이 달라져야 할 것입니다.

Q 어떤 관점에서 보느냐에 따라 논란의 여지가 있다고 보여지고요. 캠핑카를 개조할 때 세부적인 운전면허 기준을 보지 않으면 자칫 무면허 운전으로 낭패를 당할 수도 있다면서요?

캠핑카 개조시에 1종 보통 면허와 2종 보통 면허를 혼동하면 곤란합니다. 도로교통법에 따르면 승차 정원 10인 이하의 승합차에는 2종 보통운전면허가 필요합니다. 승차 정원 15인 이하의 승합자동차의 경우는 1종 보통운전면허가 있어야 합니다. 문제는 캠핑카를 구조적으로 개조하게 될 때 무면허 운전에 해당할 수 있다는 점입니다.

구조 변경의 대표적인 예가 승차 정원을 늘리는 것인데요. 이렇게 늘려도 원래의 승차 정원에 따라 운전면허가 적용됩니다. 예컨대 11인승 승합차를 2인승으로 개조할 경우에 11인승에는 1종 보통 운전면허가 필요합니다. 하지만 이를 2인승으로 개조를 했다고 해서 2종

보통운전면허로 운전을 하면 무면허에 해당하고요, 만약 사고를 냈을 때 무면허 운전 사고가 됩니다. 잘못하면 한 건의 사고 당 무면허 운전자는 임의보험에서 1억 원의 사고부담금을 부담할 수 있습니다. 본래의 승차 정원을 생각해 운전면허를 갖춰야 합니다. 이러한 점이 잘 공지가 되지 않는 면이 많습니다. 2종 보통면허를 가지신 분들은 10인 이하의 승합자를 캠핑카로 개소를 하시는 것은 맞습니다. 아니라면 1종 보통 운전면허를 따로 취득하셔야 합니다.

Q 그렇군요. 낭패를 보지 않으려면 꼭 알아두셔야 하겠어요. 캠핑카가 늘어나면서 주차 문제로 인한 갈등도 심해지고 있다는데, 어느 정도인가요?

국토교통부에 따르면, 5년 사이에 6배가 늘었구요. 올해 캠핑카 개조도 3.5배 이상 늘었다고 합니다. 이렇게 많아진 캠핑카 때문에 각 지역에는 주차장 몸살을 앓고 있습니다. 유원지, 관광지는 물론이고 아파트 주차장, 농로 등지에 주차를 하는 바람에 지역주민들과 마찰을 빚기도 합니다. 단순한 피해가 아니라 경제적 타격을 주기 때문입니다. 한 지역에서는 농로에 세워둔 캠핑카 때문에 지역주민과 다툼이 심해져 칼부림이 일어나기도 했습니다.

경인아라 뱃길 일대는 불법 캠핑카 주차로 악명이 높은 곳으로 지난 봄 400여 건을 적발하기도 했습니다. 차박이라고 해서 차안에서 숙박을 하는 캠핑 문화가 확산되다보니 이렇게 주차 문제가 심각해졌습니다. 특히 장기간 주차를 하는 캠핑카들 때문에 고통을 받는 주민들이 생겨나고 있습니다. 지역이라고 해도 주차 문제가 심각할 수 있고 특히 누군가에게는 경치가 좋은 곳일지 모르지만 누군가에게는 생업의 터전일 수 있기 때문에 주의가 필요한 상황이 되었습니다.

Q 이런 불법 캠핑카가 많아지는 건 인프라가 부족하기 때문일 텐데, 어떤 대안이 없을까요?

일반 자동차에 비해서 캠핑카 주차장은 거의 주목을 받지 못합니다. 캠핑카나 카라반(트레일러)은 크기 때문에 더 많은 면적을 차지합니다. 그렇기 때문에 좁은 주차장을 더욱 협소하게 만들기 때문에 일반 공영주차장 등을 이용할 수가 없습니다. 더구나 캠핑카 전용 주차장은 거의 없다고 보는 것이 맞습니다.

수도권에서 전용 주차장은 인천 남동구에 하나 있을 정도입니다. 차박을 포함해 차를 세워 놓고 숙박을 할 수 있는 캠핑장 자체도 부족합니다. 대개 일반 캠핑장과 섞여 있습니다. 정부가 캠핑카 문화를 활성화시키려 하지만 정작 캠핑장은 많이 부족한 편입니다. 지자체에서는 나름 노력을 하고 있는데요, 부천시 같은 경우 유휴지를 캠핑카 전용 주차장으로 만들기도 했습니다. 도심에서 거리가 있어도 이런 공간을 활용해서 대안을 찾아야 할 것입니다. 또한 관광 시설에는 따로 캠핑카 주차장을 만들 수 있도록 해야 합니다. 물론 다른 차량 이용객들과 형평성을 맞춰야 할 것입니다.

Q 여름철에 캠핑카를 이용해 숙박하시는 분들을 위한 안전 수칙이 반드시 필요해 보이는데요. 어떤 게 있을까요?

에어컨을 켜놓고 창문을 닫은 채 차안에서 잠을 자게 되면 아무리 기술이 좋아졌어도 일산화탄소가 배출이 됩니다. 특히 연식이 오래될수록 위험할 수가 있기 때문에 주의가 필요합니다. 또한 캠핑카는 주방 시설에서 연료를 태울 수 있는데, 여기에서 유독가스가 발생할 수 있습니다. 일산화탄소가 아니더라도 산소 부족으로 이상 증세가 일어날 수 있습니다. 평소 심혈관질환이 있고 호흡 자체가 불안하시거나, 기저질환이 있는 분들은 더욱 더 각별하게 챙기셔야 합니다. 그렇기 때문에 차안에서 잠을 잘 경우에는 약간 창문을 열어놓아야 합니다. 모기나 해충이 들어오는 것이 염려된다면 모기장을 차안에 설치해야 합니다. 또한 휴대용 일산화탄소 측정기를 휴대하는 것이 좋습니다.

Q 포털에 연재되고 있는 웹툰을 둘러싼 논란이 연이어 나오고 있는데요. 특히, 작가 기안 84의 웹툰 '복학왕'이 논란이 됐는데요. 무엇이 문제였나요?

38
기안 84로 본 포털 웹툰 성장의 속살

무엇보다 혐오 논란이 있었습니다. 인턴 여직원이 정규직이 되기 위해서 직장 상사와 성관계를 수단으로 삼았다는 묘사와 여성 비하 혐오적이라는 이유 때문에 논란이 되었습니다. 비판이 빗발치면서 작가 기안 84는 사과를 하고 일부 내용을 수정하였습니다. 애초에 조개를 배 위에 놓고 깨는 장면이었지만, 논란 뒤에 바꾸었습니다.

하지만 비판은 여기에 그치지 않았습니다. 오히려 사과의 말이 문제가 되었는데 일자리 구하기 힘든 여성이 귀여움으로 승부를 본다는 점을 반영하려 한다고 언급했는데 여성과 귀여움을 연결지어 언급했기 때문입니다. 이에 출연 중인 예능 프로그램 '나혼자 산다'에서 하차를 요구하는 목소리가 커졌습니다. 작가 기안 84는 개인 사정을 이유로 4주간 출연을 하지 않다가 다시 녹화에 참여한 것으로 알려졌습니다. 이 때문에 다시 논란이 불거졌습니다. 과연 하차까지 해야 하느냐는 반론도 있었습니다.

Q 이 작가는 그동안 여성 혐오만이 아니라 사회적 약자 혐오 때문에 여러 차례 논란을 일으키지 않았나요?

네, 그렇습니다. '늙어서 맛이 없다'는 혐오 정서의 대사(2017년)도 있었고 여성 장애인이나 이주 노동자 비하 논란이 있었습니다. 특히 2019년에는 청각장애인이 생각할 때도 말이 어눌하다고 묘사하는 대목이 문제가 되었습니다. 이 작가가 그린 다른 웹툰 '회춘'에서는 자신이 출연하고 있는 예능 프로그램의 출연진을 비하했는데, 전헌무와 지화사 등 연예인과 비슷한 이름의 캐릭터들을 유흥업소 주변에 등장시켜 논란이 되기도 했습니다. 어떻게 해서 같은 출연 동료들조차도 비하의 대상으로 삼았다고 해서 비판이 가해졌습니다.

그의 웹툰은 사회적으로 소외된 사람의 시선으로 사회를 그린다고 해서 반향을 불러 일으켜 왔는데, 그 과정에서 적절하지 않은 묘사로 논란을 일으킨 것입니다. 이는 단지 소재와 묘사의 문제가 아니라 세계관이 적절하지 않은 문제라는 지적도 있습니다. 작가의 말대로 고민해본다고 해서 이런 사례가 그만 나올지 의문입니다.

Q 또 다른 네이버 웹툰 '헬퍼2'가 문제가 되었는데 어떤 장면이 논란을 일으켰나?

이런 논란이 한 작품만의 문제는 아니라는 점이 부각되었습니다. 274화가 문제였는데 여성 노인에게 약물을 주입하고 고문을 하는 내용입니다. 저급한 성차별적인 묘사라는 비판이 나왔습니다. 이 작품은 이번만이 아니라 이전에도 논란이 되는 묘사를 해왔습니다. 어머니 매춘, 약물을 통한 강간, 미성년자 성폭행 등 18세 이상이어도 혐오스럽고 불쾌한 묘사들이 있어 왔습니다.

이에 대해 팬들이 자발적으로 문제 제기를 했습니다. 남성들이 보기에도 심했다는 지적이 나옵니다. 단지 한두 번이 아니라 반복적으로 묘사되거나 설정되었기 때문에 이 역시 세계관의 문제일 것입니다. 작가는 왜 이런 장면들을 묘사했는지 밝혔는데 악한 이들의 민낯을 보여주고, 약자들이 응징하는 과정을 그리기 위해서 한 것이라고 밝혔습니다. 하지만 SNS에는 웹툰 내 여성 혐오를 멈춰 달라는 해시태그 달기 운동이 벌어지기도 했습니다. 작가들이 자신들만의 작품을 고집하고 불응하는 것은 아닙니다. 작가는 일부 장면을 수정하는 작업을 하는 가운데 휴재를 선언했습니다.

Q 포털 웹툰은 청소년들이 많은 것으로 알려져 있는데 학원물에 일진이 너무 많이 등장한다는 지적도 있습니다. 일진에 대해서 잘못된 묘사도 빈번하다고요?

일진은 사전적으로 '폭력 서클의 일원'이라고 규정되어 있습니다. 요즘은 폭력서클과 같은 말로도 통합니다. 하지만 지금은 폭력 써클이라는 말을 사용하지 않고 일진이라는 말을 쓰고 있는데 청소년이라면 이 말을 모를 수 없을 것입니다. 그만큼 학교에서 이 일진문제가 광범위하기 때문일 것입니다. 학교 안팎을 다룬 학원물 웹툰이 상당량을 차지하는데 그 일진들은 잘나가는 이들로 묘사가 되고 나머지는 못 나가는 사람이 됩니다.

일진이 관심을 보이는 사람은 멋지고 예쁜 이들입니다. 외모지상주의에 권력적으로 서열이 높고 자기 마음대로 학교를 휘젓고 통제할 수 있는 존재로 등장하기가 빈번합니다. 더구나 일진보다 더 센 존재가 나타나서 상황을 힘으로 평정하는 스토리가 반복적으로 등장해 현실적으로 어려운 전개가 일반적입니다. 더구나 그들은 타인을 배려하지 않고 자기중심적인데 바람직하지 않고 그들을 이기는 주인공도 이런 면이 강해 현실적으로 적절하지 않은 세계관이 확대 재생산됩니다.

Q 문제가 있는 장면들에 대해서는 적절하게 걸러낼 필요도 있겠는데 방송 콘텐츠와는 달리 웹툰은 규제에 관한 법적 기구가 없다지요?

방송 콘텐츠와 달리 내용을 규제하는 법적 기구는 없고, 내부 자율규정에 따릅니다. 연령 등급의 기준도 웹툰자율규제위원회의 사전 기준에 따라서 작가와 포털과 같은 공급자가 정합니다. 네이버측은 내부 가이드라인을 통해서 문제가 될 만한 부분을 작가에게 전달한다고 밝혔습니다. 웹툰 연령 등급 분류를 위한 자가 진단표를 참고하는 수준입니다.

그렇다면 작가만이 아니라 이를 걸러내지 못한 네이버에도 귀책사유가 있을 것입니다. 네이버측은 가이드라인을 섬세하게 보완 강화하겠다고 밝혔습니다. 방심위의 경우, 민원이 들어오면 이를 한국만화가협회 산하의 웹툰자율규제 위원회를 통해서 해결하도록 합니다. 위원회에서 정한 내용을 다시 포털 웹툰 측에 보내는 과정을 거칩니다. 2012년 이후 방심위의 규제가 아니라 자율심의규제방식으로 바뀌었기 때문입니다.

방심위의 '3년간 웹툰 선정성·폭력성 민원 현황'(2017년)에 따르면 민원은 2015년 594건에서 2016년 2893건으로 크게 증가했는데 이 중 실제 조치는 39건에 머물렀습니다. 이러한 통계가 진실의 모든 것을 말해주는 것은 아니지만 불신의 단초는 되고 있습니다.

Q 한편으로 섣불리 규제를 하면 곤란하고 표현의 자유가 보장되어야 한다는 주장도 만만치 않은데요.

규제와 관련해서는 전문가들 사이에서도 의견이 분분합니다. 인기 작품 '풀하우스'를 창작한 여성 작가 원수연 씨는 웹툰에 대해 연재 중단을 요구하는 것은 검열이라고 주장하고 있습니다. 한국여성만화가협회의 견해에 대해서도 "유신헌법 긴급조치 9호를 보는 듯하다"고 비판했습니다. 웹툰협회도 작가 퇴출이나 연재 중단을 요구하는 것은 파시즘이라고 비판했습니다. 과도한 규제가 웹툰 산업 전반을 위축시킬 수 있다는 지적도 있습니다.

미국에서는 2차 세계대전 이후 슈퍼 영웅 만화들이 유행이었는데 선정성, 폭력성 때문에 규제 기관인 CCA(Comics Code Authority)를 만들었지만, 규제 때문에 만화 기업이 무너졌다는 지적도 있습니다. 산업적인 측면에서 우려를 표하는 것이 그동안의 대표적인 논리였습니다. 표현의 자유는 남들에게 피해를 주지 않는 인권적인 수준에서 보장이 되어야 합니다. 산업의 논리와 표현의 자유가 완전히 일치할 수는 없습니다. 작가가 선택하도록 유도하고, 그렇지 않다면 문화적으로 선택하지 않도록 여론을 조성해야 합니다.

Q 네이버 포털의 책임 있는 자세가 필요한 듯한데 어떻게 되어야 할까요?

2019년 거래액이 1조 원을 이미 돌파했고, 만화 앱 수익은 세계 1위입니다. 5년 만에 두 배로 성장했습니다. 네이버의 경우 월간 실이용자수(MAU)가 6000만 명을 넘어섰습니다. 유료 결제액만 30억 원이 넘고 무료 웹툰이라고 해도 막대한 광고수익을 얻고 있고 해외에도 수출이 되고 있습니다. 영화, 드라마로도 제작이 되는 등 남녀노소 누구라도 쉽게 접근할 수 있는 모바일 환경 속의 심화에서 웹툰에 대한 고민과 책임 있는 태도가 많이 부족했습니다. 무엇보다 이제 웹툰은 단지 조회수만이 아니라 작품의 질을 모색하는 단계로 나아가야 합니다.

작가를 무조건 쫓아내는 방식은 자칫 마녀사냥이 될 수도 있지만 작가들도 의도와는 다를 수 있는 부작용을 생각해야 합니다. 사회적 약자나 모순을 드러낸다는 이유로 선정성, 폭력성을 그대로 드러내는 것이 좋은 작품이라는 인식에서 벗어나야 합니다. 오히려 역효과를 낼 수 있으며 반감을 갖게 할 수 있습니다. 직접적 묘사보다는 비유와 은유 등 예술적인 방식으로 얼마든지 미학적인 시도를 할 수 있고 그렇게 했을 때 작품의 수준은 더욱 높아질 것입니다. 사실적인 묘사가 무조건 극찬의 대상이 되는 것은 시대착오적입니다.

만약 현실을 개선하고자 한다면 그것을 공감할 수 있어야 합니다. 리얼리즘 자체보다는 공감을 통해 인식의 변화를 이끌어내고 행동을 바꿀 수 있어야 합니다. 이제 언더그라운드 장르에서 보편성을 가질 수 있고, 정서를 포함한 수용성을 생각할 때인데 전 세대 그리고 세계인들을 미래지향적 인권가치로 품을 수 있는 문화예술 장르로 웹툰이 거듭나기를 바랍니다.

39
예술인 고용보험이 전 국민 고용보험에 연계되는 이유

Q 그동안 고용안전망 사각지대에 있던 예술인들도 이제부터 고용보험 적용을 받을 수 있게 되었다는데, 예술인 고용보험은 어떤 제도인가요?

예술인 고용보험은 예술활동 준비 기간에 불규칙한 수입 등 불안한 처지에 놓인 예술인을 보호하려는 제도입니다. 예술인 고용안전망 강화에 필요한 '고용보험법' 및 '고용산재보험료징수법' 개정안이 국회에서 통과되면서 관련 시행령 개정에 따라 시행된 겁니다. 1993년 고용보험법이 제정되었고, 1995년 고용보험제도가 처음으로 시행된 지 약 25년 만에 예술인도 '당연적용 대상'에 포함된 것인데요, 전체 예술가 17만 명 가운데 7만 명이 될 것으로 예상되고 있습니다. 9개월 이상 가입을 하게 되면 이후에 혜택을 받게 됩니다. 정부는 예술인을 먼저 적용하고 이후 택배기사 등 특수고용직 종사자(특고), 프리랜서, 자영업자 등도 전국민 고용보험을 적용받을 수 있도록 하겠다며 고용안전망을 확대해나간다고 밝혔습니다.

Q 주요 내용도 살펴볼까요. 먼저 가입 자격은 어떻게 되나요?

고용보험 적용을 받는 예술인은 문화예술용역 관련 계약을 체결해야 합니다. 용역 계약을 하고 노동을 제공해야 합니다. 이런 노동 계약 없이 스스로 작품 활동을 하는 경우에는 제외합니다. 이는 사업주, 경영자라고 보는 것입니다. 자격은 '예술인 복지법'에 따라 예술활동 증명을 받은 예술인이 포함됩니다. 예술인활동증명서를 받은 사람이 문화예술 용역계약을 체결할 수 있는 것입니다.

이외에 신진·경력단절 예술인도 포함되도록 했습니다. 각 문화예술 용역 관련 계약으로 얻은 소득이 월평균 50만 원 미만이면, 고용보험 적용에서 제외됩니다. 적은 소득을 얻었다면 오히려 보호를 해주기 위해 적용되어야 하는 것으로 생각할 수 있지만 그 반대입니다. 취미 활동으로 예술작품을 발표하는 이들은 적용에서 제외한다는 취지입니다. 두 곳에서 돈을 받는 내역이 50만 원이 넘으면 본인의사에 따라 적용이 됩니다.

Q 앞으로 적용을 받는 예술가들에겐 어떤 혜택이 주어지나요?

예술인이 만약 노동계약 관계에서 실직한다면 구직급여를 받을 수 있습니다. 노동 제공직을 잃기 이전 24개월 가운데 9개월 이상 보험료를 납부해야 하는데요, 그렇게 하면 이후 120일에서 270일간 급여를 받을 수 있습니다. 소규모 사업의 저소득 예술인은 두루누리 사업을 통해 고용보험료를 80% 지원받을 수 있게 했는데, 지원대상은 근로자 10인 미만 사업장의 월보수 220만 원 미만을 받는 예술인과 그 사업주입니다.

일반 노동자와 대비되는 점도 있는데요. 임금노동자의 경우 스스로 그만둘 경우 구직급여를 받을 수 없으나 예술인은 소득 감소로 스스로 계약을 중단하면 적극적 재취업 노력에 따라 수급 자격을 줍니다. 또 대통령령으로 정하는 소득 감소로 이직하면 가능합니다. 소득 감소가 원인인 이직의 인정 기준은 이직일 직전 3개월 동안 소득이 전년도 같은 기간보다 20% 이상 감소해야 합니다. 구직급여 하루 상한액은 근로자와 동일하게 6만 6000원으로 정했습니다. 또한, 앞으로 임신한 예술인도 출산급여를 받습니다. 조건은 출산일 전 3개월 이상 보험료를 납부하고, 출산 전·후에 일을 할 수 없게 된다면 출산 전후 급여를 출산일 직전 1년간 월평균 보수의 100%를 90일간 받을 수 있는데요. 다둥이의 경우 120일 동안 받을 수 있습니다.

Q 보험료를 내야 혜택을 받는 제도인데, 예술인들이 보험료를 어느 정도나 내야 하나요?

우선 보험료 산정을 위해서는 소득 기준이 필요하겠지요. 예술인이 받는 보수가 기본인데요, 여기에 실업급여 보험료율(1.6%)을 곱해서 정합니다. 이를 예술인과 사업주가 각각 절반씩 부담하게 됩니다. 월 보수 220만 원 미만인 저소득 예술인과 예술가의 고용 사업주는 고용보험료의 80%를 정부에서 지원받을 수 있습니다. 애초에 보험료를 낼 수 없는 예술인들이 있다는 지적이 있어서 정부가 지원하는 예산이 늘었습니다. 산업화가 안 되어 영세한 업체들이 많기 때문에 배우나 스텝을 고용한 제작사는 부담이 있을 수 있습니다. 이렇게 되면 그들에 대한 일자리를 과연 유지할 수 있을 지도 불안하기 때문에 이런 점은 개선과 극복해야 할 과제입니다.

한편, 예술인과 일을 하기로 계약을 한 사업주가 해야 할 일이 있는데요, 예술가에도 일을 준 날의 다음 달 15일까지 해당 예술인의 고용보험자격취득 사실을 근로복지공단에 알려야 합니다. 사업장에 노동자가 없어 고용보험에 가입되지 않았다면 첫 예술인에게 노동을 제공받은 날에서 14일 이내에 고용보험 가입도 신고해야 합니다.

Q 그런데 현실적인 문제점들도 지적되고 있더군요. 예술가들의 소득이 제대로 파악되지 않는다는 점, 또 하나는 예술인활동증명서를 발급받은 문화예술인이 얼마나 되는가 하는 점 아니겠어요?

개인 소득이 없다고 대답하는 예술가들도 상당한데 그렇다면 이들이 취미로 활동하는 아마추어라고 규정하는 것도 무리가 있습니다. 문체부의 2018년 실태조사에 따르면, 수입이 연 500만 원이 되지 않는 예술가들이 56.2%에 달했습니다. 또한, 일정한 수입을 증명할 수도 없는 경우도 많습니다. 계약서를 체결하고 일을 하지 않는 경우도 많기 때문입니다. 더구나 올해는 코로나19 때문에 일이 대폭 줄었기 때문에 소득이 0원에 가까운 예술가들도 많을 것입니다. 또한 예술인 활동증명서 발급이 그렇게 쉬운 것만은 아닙니다. 한 조사에 따르면, 2019년 기준 "예술활동증명을 신청하지 않았다"는 응답이 전체의 67.1%였나 되었습니다. 이렇게 한정적인 숫자인 것은 증명 과정이 복잡하고 시간이 오래 걸리기 때문입니다. 예술가들의 특성상 자신을 예술가라고 스스로 밝히라고 하는 것은 자존심이 상하는 일입니다.

Q '예술인' 정의가 협소하게 규정되어 있는 것도 문제로 꼽히던데요. 이 때문에 대거 빠지는 문화예술인들도 있다면서요?

방송작가가 대표적입니다. 해당 시행규칙은 방송작가를 '1편 이상의 대본을 드라마·예능·교양 프로그램을 통해 발표한 자'로 정의했습니다. 이렇게 되면 보도 분야나 예능 프로그램의 방송 작가는 고용보험 적용 대상에서 아예 배제가 됩니다.

더구나 방송작가들은 대부분 계약서를 쓰지 않습니다. 방송작가 유니온이 2019년 방송작가들을 대상으로 조사한 결과에 따르면 74.8%가(434명) 구두계약을 맺고 일을 하고 있었습니다. 3년 전 문화체육관광부의 표준계약서 마련은 권고에 불과합니다. 또 문학 분야 작가는 문화예술인에 포함하지만 실제 출판에 관련한 이들은 빠지게 되는데 예컨대 책 편집자, 디자이너, 일러스트 등에 종사하는 노동자들은 제외가 되는 것입니다. 출판이 어렵다보니 계약서 없이 외주로 일하는 이들이 더 늘고 있습니다.

과연 예술인복지법상 예술활동 증명을 근거로 고용보험에 가입하게 하는 것이 과연 적절한 방식인지 생각해 보게 됩니다. 방송작가는 물론 출판 등 문화예술계에 종사하는 이들이 폭넓게 고용보험을 적용받을 수 있게 해야 한다는 목소리가 점점 높아지고 있습니다. 또한 방송사, 플랫폼 거대기업들이 보험 미신고, 하청 외주사에 보험료 떠넘기기를 할 수 있는데 이때 처벌이 과태료 수백만 원에 불과한 현실은 모순이기 때문에 강력한 벌칙 규정도 필요합니다.

Q 그렇겠네요. 이런 표현이 어울리지는 않는 것 같은데요. '다른 사람을

사용하지 않고 직접 노무를 제공해야 한다'는 조항도 한계가 있다는데, 왜 그런 건가요?

이러한 조항이 예술인들이 고용보험의 적용을 받을 수 없게 할 수 있다는 것입니다. 방송이나 공연 제작 현장에서 스텝들은 팀별로 계약을 하기 때문에 동료나 팀장과 계약을 하게 되는데 이들은 고용주나 사용자가 아닌 법적 지위에 있게 됩니다. 따라서 고용관계가 성립할 수가 없어서 고용보험 적용대상 자격을 가질 수 없습니다. 또한 예술계에서는 조수를 쓰는 경우가 있는데 이럴 경우 조수를 쓰게 되면 고용 보험의 혜택을 받지 못합니다. 협업이나 공동창작을 하는 경우에는 직접 노동을 제공하는 것이 아니라 다른 사람을 쓴 경우가 되기 때문입니다. 이러한 점은 문화예술계의 특수성을 반영하지 못한 것입니다. 용역 계약이 다단계로 이뤄지는 경우 사업주가 누가 될지 분명하지 않을 수 있습니다.

Q 그 외에 또 어떤 문제가 있을까요?

피보험단위기간을 2년에서 9개월 이상으로 줄였는데요. 이것이 과연 실효성이 있는지 지적되고 있습니다. 공연의 경우 3~4개월짜리가 많고요. 폐막일을 정하지 않은 오픈런 공연도 6개월 이상을 하지 않습니다. 더블 캐스팅을 하는 경우도 있고요. 그래서 2~3명이 요즘에는 나눠서 배역을 하기도 합니다. 그렇기 때문에 9개월 이상 활동을 했다고 해도 실제 따지면 그렇지 않을 수 있는 것입니다. 또한 9개월 동안 가입을 하기 때문에 실제 혜택을 받는 것은 거의 1년 정도 이후에 가능합니다.

한편 9개월 중 3개월은 피보험 가입 요건을 채워야 한다고 했는데 겸업을 하는 경우 통상 6개월을 피보험 가입 요건을 채우는 것보다 3개월이 많은 셈이 됩니다. 또한, 예술 강습이나 강의, 강연 등의 문화예술교육 활동도 문화예술활동으로 봐야 한다는 것입니다. 고용보험법의 특례규정으로 편입시킨 것도 문제입니다. 노동자 지위 불인정, 쪼개기 용역계약 등이 우려됩니다.

Q 이런 문제들에 관해서 정부는 어떤 입장을 보이고 있는 건가요?

정부는 자격 조건은 불가피한 점이 있다고 말합니다. 고용보험이 본래 일정 소득 이상 있는 분들이 납부한 재원으로 실업급여 등을 지급하기 때문에 어쨌든 소득 기준이 필요하다고 봅니다. 현행법을 최대한 폭넓게 해석해 적용할 것이라고 했고요, 적용 여부가 모호한 문화예술계 종사자에 대해선 피보험자격심의위원회의 운영을 통해 심도 있게 자격 여부 등을 판단하겠다고 했습니다. 계약서의 경우, 서면계약서가 없어도 계약이 입증될 수만 있다면 직권을 통해서 보험에 들 수 있게 한다는 것입니다. 간이 계약 양식도 개발하고 서면계약서 미작성 집중단속을 하겠다고 했는데 단속으로만 해결될 일은 아닌 것 같습니다.

근로복지공단에 예술인가입 지원전담팀과 예술인 가입확대 추진 TF가 만들어지고 운용 지침서를 제작·배포하고 있습니다. 제도적으로 정책을 펴도 결국에는 이러한 정책적 수혜를 거부하거나 응하지 않는 예술가들이 외려 도움이 필요한 진정한 정책 대상자라는 점을 인식하고 특수 사각 지대에 있는 그들에게 정말 필요한 것이 현금지원인지도 생각해 볼 필요가 있습니다. 이런 맥락에서 작품 발표의 기회를 통해서 많은 국민들과 직접 소통할 수 있는 플랫폼을 많이 만드는 것이 문화간접자본이라는 점을 생각해 봅니다.

40
자선 기부문화의 변동은 어떻게 이뤄지고 있을까?

Q 코로나19로 인해 자선단체 모금 행사를 찾는 발길도 뜸하다고 하던데, 예년에 비해 얼마나 줄었습니까?

연말에 생각나는 자선냄비인데요. 구세군자선냄비본부는 자선냄비 거리 모금액이 전년 대비 40% 줄었습니다. 자선냄비의 종소리도 듣기 힘들어졌지요. 자선냄비 모금소 수를 사회적 거리 두기 강화 조치 때문에, 서울에서 약 20%, 전국적으로 약 10% 줄였거든요. 뿐만 아니라 자원봉사자 수도 줄어들었습니다. 이전 해와 비교할 때, 50% 이상 줄었고요. 봉사 방식도 2인1조에서 1인1조로 변경해서 그렇게 되었습니다. 코로나19로 밖에 다니시는 분들이 적어지고 이에 따라서 자선냄비 수도 줄고 모금액도 적어진 것입니다.

사랑의열매 사회복지공동모금회에 따르면 개인 기부액은 지난해 대비 70% 수준입니다. 500대 대기업의 기부액은 이전 해 같은 기간 대비 9%, 1천114억 원 줄었습니다. 개인 기부액이 더 많이 줄었는데 특히 자영업자들이 참여하시던 기부가 많이 급감했습니다. 코로나19로 자영업자 매출이 급감하면서 일어난 현상입니다. 공동모금회는 목표 4257억 원에서 연말연시 모금 목표액을 3500억 원으로 낮췄습니다.

Q 연탄이 없으면 겨울을 나기 어려운 이른바 에너지빈곤층에게는 더욱 혹독한 계절이 될 수밖에 없는 것 같아 안타깝네요.

지난 22년간 연탄나눔운동을 해온 전국 31개 연탄은행이 기부 받은 연탄은 예년에 비해 47% 정도 줄었고, 연탄 배달 봉사자도 53% 줄었습니다. 전국적으로 연탄을 사용하는 열악한 10만 가구가 있어, 약 100만 장 정도는 기부가 되어야 하는 상황입니다. 저소득층에 연탄을 무료로 지원해 온 연탄은행에 연탄기부가 줄고 자원봉사 약속 취소도 많아지고, 연탄값도 해마다 상승해 저소득층이 감당할 수 있을지 의문인 수준입니다.

지난 2015년 장당 373원이었던 연탄 가격이, 639원으로 두 배 가까이나 상승했습니다. 이렇게 오르는 것은 몇 안 되는 연탄공장이 문을 닫았기 때문입니다. 2010년 50곳이었던 전국 연탄 공장이 생산비용과 물류비 인상으로 현재 30곳으로 줄었습니다. 그럴수록 가격에 반영이 될 것입니다. 연탄 부족으로 하루 5~6장씩 때던 연탄을 2~3장으로 줄인다는 사연도 안타까움을 더했습니다. 긴급하게 정부가 정책적으로 지원을 해야하는 부문이 아닌가 싶습니다. 코로나19 재난이 더해진 상황이니까요.

Q 일부 모금액이 늘어난 단체도 있다고 하던데, 오히려 늘어난 지원 요청 때문에 고민이라는 얘기도 들리던데, 어떤가요?

일부 모금액이 증가한 곳도 있지만 코로나 때문에 어려워진 분들이 많고, 도움의 손길이 적어졌습니다. 미국에서는 비영리기구가 모은 기부금은 절반 이상 줄었고, 식료품비와 필수생계비를 요청하는 빈민의 숫자는 1.5배 이상 증가해 기부단체들이 경영난에 빠졌다는 소식도 들립니다. 2020년 한 해 대한적십자사는 회비가 전년보다 약 20억 원 늘었습니다. 2021년 적십자 회비만 보면 2019년 같은 기간과 비교할 때 약 30% 늘어난 셈입니다.

이렇게 늘어난 이유는 코로나 상황 속에서 여러 사회봉사 활동을 했고 그것에 대한 고마움의 표시로 회비가 증가한 것입니다. 계좌를 통한 정기 후원을 하고 현장 모금은 코로나19 때문에 하지 않아서입니다. 기부금이 좀 늘긴 했지만 쓸 곳은 많아져서 어디에 써야할지 고민입니다. 예컨대 코로나19 확산 이후 저소득 가정 아이들 그리고 20대 여성들의 긴급지원 신청이 늘었습니다. 일자리를 잃은 취약계층에 대한 도움이 필요합니다. 앞으로 더 늘어날 것이기 때문에 고민은 더해질 수밖에 없습니다. 한편, 펭수 캐릭터를 활용한 크리스마스 씰을 만든 대한결핵협회는 현상 유지를 하고 있지만 결핵 돌봄 때문에 지원에 어려움이 있다고 합니다.

Q 각 분야 단체들이 릴레이로 연말연시 모임 대신 기부 캠페인을 하고 있는데요. 한 지자체는 연말 모임을 취소하는 시민들에게 상품권을 주기로 했다면서요?

코로나19에 연말연시 행사 취소 행렬이 이어지고 있는 가운데 동참 아이디어들도 눈길을 끌고 있습니다. 전북지역 민간·문화·종교 분야 25개 단체는 연말 모임을 취소하고 그 비용으로 소외계층을 위한 마스크 등 방역물품을 자치단체를 통해 사회복지공동모금회에 기부했습니다. 그리고 소상공인과 재래시장 활성화를 위해 지역사랑상품권도 구매했죠.

안전·보건복지·소방 분야 22개 단체도 모임 비용을 아껴 소상공인과 어려운 이웃들에게 기부했습니다. 안전한 연말을 위한 이벤트가 열리기도 합니다. 한 지자체는 연말 모임을 취소하고 인증사진을 SNS에 올리면 시민들에게 상품권을 줍니다. 참여를 원하면 '우리는 연말 모임을 취소하겠습니다'라고 적고 사진을 찍어 페이스북 이벤트 게시글에 댓글을 적으면 되었습니다.

Q 기부단체들이 상황이 상황인지라 QR코드와 같은 간편결제 서비스를 도입하는 등 비대면 모금방식을 확대하고 있다면서요?

코로나19 상황 속에서 직접 기부를 하는 점이 불편할 수도 있을 것이고요. 디지털 모바일 환경에 맞게 편리하게 기부를 할 수 있게 하는 것도 중요합니다. 특히 젊은 세대들이 익숙한 방식으로 기부할 수 있게 해야 합니다. 현금 소지자가 줄었죠. 전통적 현금 기부 외에 디지털화한 방법으로 기부할 수 있게 했습니다. ARS나 문자, 신용카드와 계좌이체는 물론이고요. 눈에 띄는 것은 디지털 자선냄비입니다. 누구나 모바일 URL이나 QR코드 기부 페이지에 쉽게 들어갈 수 있고, 별도의 회원가입이나 애플리케이션을 설치하는 과정이 없습니다. 본인 명의의 휴대폰 인증 절차에 따라 쉽게 기부합니다.

또한 디지털 자선냄비는 스마트폰으로 제로페이 QR 코드를 인식하거나 단말기에 후불 교통 카드를 태그해서 기부할 수 있도록 했습니다. 현장 결제하기 들어가서 자선냄비 QR코드를 찍고 기부하고 싶은 금액을 입력하게 되면 자선냄비에 기부가 됩니다. 연말정산 때 소득공제도 받을 수 있고 국세청에서 바로 확인할 수 있습니다. 같은 종교기관에 결제하는 경우는 금액은 약간 줄어 0.9배로 하락을 했는데, 온라인 결제의 경우에는 1.19배나 성장했습니다.

Q 걷기만 해도 기부가 자동으로 이뤄지는, 이색적인 기부 사례들도 등장하고 있다고요?

반드시 돈이 아니어도 일종의 리워드앱을 활용한 방식이 계속 주목을 받고 있는데 올해는 더욱 활성화 되는 분위기입니다. 모바일 애플리케이션에 500걸음을 걸을 때마다 마일리지가 쌓이는 기능이 있습니다. 500걸음 걸을 때마다 '포인트 워크 마일리지'(젤리) 5점이 앱에 적립됩니다. 청각장애아동, 유기견 후원 등에 기부할 수 있는 '포인트 기부' 기능이 있습니다.

또 다른 사례를 보면, 1걸음에 기부금 1원을 할당해 전체 구성원이 5000만 보를 걸으면 저소득 취약계층 1000여 세대에 총 5000만 원 상당의 김장김치를 기부하는 사례도 눈길을 끌었습니다. 다른 사례를 보면 5일간 매일 1만보(총 5만 보) 걷기를 하면 복지포인트 9988점을 주고 점수를 돈으로 환산해 9988원의 기부금에 쌓이게 합니다. 적립된 기부금 전액은 아동복지시설과 노인요양기관 등 지원에 사용되는 것입니다. 기부하는 개인에게도 도움을 주는데요, 어플리케이션은 걸음수를 분석해 운동량, 영양 상태 등 개인 건강 데이터를 분석 제공합니다. 걸음을 걷는 동기 부여가 개인적으로도 가능하게 하는 것입니다. 지자체들도 시민들이 자발적으로 걷기 운동에 참여하면 자동으로 사회복지 기관이나 불우한 이웃에 기부하는 방식을 도입하고 있습니다.

Q 건강도 챙기고 기부도 하는 일석이조의 효과가 있는 거군요. 그런데 한편에선 코로나19로 판매가 되지 않는 상품의 재고가 많이 쌓여서 명품 업체들이 이를 모두 불태운다고 하는데, 재고 상품을 기부하는 방법은 없을까요?

영국 명품 의류 업체는 향수·의류 등 2860만 파운드, 우리 돈 약 420억 원 규모의 재고 상품을 불태웠고 많은 비판을 받아야 했어요. 재고를 태우는 이유는 그것을 태우지 않으면 다른 유통 채널로 들어가서 희소성이 떨어지니 브랜드 가치 훼손으로 이어질 수 있다고 본 것이죠. 세계 최대 전자상거래업체도 역시 그렇게 재고를 처리했습니다. 프랑스 물류센터에 쌓아뒀던 300만 점에 이르는 장난감, 주방 기구 등 재고를 매립하거나 소각했어요. 이 때문에 엄청난 비판을 받았습니다.

이런 처리 방식은 자원 낭비는 물론이고 환경오염을 낳기 때문입니다. 기업 대표는 '지구 환경 파괴범'이라는 비난을 들어야 했습니다. 해외 명품업체들은 재고를 기부하기 시작했습니다. 구직 여성에게 무료로 면접 복장을 빌려주는 영국 사회적 기업에 재고 의류를 기부하거나 의류·신발 등 재고를 자선단체에 무료로 기부하고 있습니다. 남은 원단을 패션 전공 학생들에게 기부합니다.

세계 최대 전자 상거래 업체는 '재고 기부 프로그램'에 따라 물류 센터에 쌓인 재고를 자선단체에 보내 필요로 하는 사회적 약자에게 기부하고 있습니다. 물론 기부는 온라인몰에 상품을 올린 판매자의 결정에 따릅니다. 프랑스 상원은 의류·신발·화장품 등 재고에 대한 폐기를 금지하고 자선단체 등에 기부하게 하는 '폐기 방지와 순환경제법안'을 통과시켰습니다. 매년 프랑스에서만 폐기되는 물품이 6억 5000만 유로, 약 8533억 원에 이른다고 합니다.

Q 그렇군요. 코로나19 상황이 아니더라도 최근 몇 년 사이 기부참여율이 낮아지고 있다던데요. 기부 모금의 신뢰와 투명성 문제 때문일까요? 어떻게 봐야 할까요?

기부금을 모으는 단체 가운데 일부가 모금액을 빼돌리는 등 비리가 드러나면 전체 모금 상황이 매우 좋지 않을 정도로 타격을 입습니다. 통계청 사회조사에서 기부하지 않는 가장 큰 이유로 '경제적 여유 부족'이 1위이지만 그 비중은 지속해서 줄고 오히려 '기부단체 불신'의 비율이 급증하고 있습니다. 회계의 투명성을 확보하는 것이 필요한데요. 관련 단체들의 공동의 플랫폼 같은 것을 만들지 않으면 신뢰가 떨어지는 흐름이 바뀌지 않을 가능성이 높습니다. 전반적으로 기부 참여율은 낮아지고 있는데요. 하지만 기부 모금액수는 늘어나고 있습니다. 이유에는 화폐 가치가 감소하고 있기 때문입니다. 그렇기 때문에 명목상의 금액은 늘어납니다. 이중고를 겪고 있는 것입니다.

아울러 기부에도 '부익부 빈익빈' 현상이 나타납니다. 전체 기부에서 법인과 개인의 기부 비율이 대략 7 대 3 정도인데요, 기업 기부액수는 늘어나지만, 개인 기부자 가운데 기부에 참여하는 사람의 수가 기부를 하지 않게 되는 사람보다 많아지고 있어요. 코로나19 때문에 어려운 사람들은 늘고 있죠. 하지만 주식시장과 부동산 등 자산시장은 오히려 돈이 많아져 자산 가격이 높아졌고 양극화된 위기의 모습이 기부 모금에서도 재확인된 것이라는 분석도 있습니다. 가계경제의 저축 규모는 같은 기간에 비해 25.9% 늘었는데 기부를 적게 하는 것은 미래 불확실성이 크기 때문에 대비하려는 욕구가 커졌다는 것입니다. 따라서 이런 미래 불확실성을 줄이는 정책적 노력도 중요합니다.

41
외면받는
문화소득공제에
대하여

Q '13월의 보너스'라고 불리는 연말정산 시기를 앞두고 소득자들의 문화비 소득공제 방법에 대한 궁금증이 높아지는데요. 문화비 소득공제란 어떤 제도인가요?

지출한 문화비에 대해서 추가공제를 해주는 제도입니다. 예컨대 도서 구입비, 공연 관람비 및 박물관·미술관 입장료를 연말정산 할 때 최대 100만 원까지 추가공제해서 혜택이 돌아갈 수 있게 하는 제도입니다. 박물관, 미술관 입장료는 2019년 7월 1일부터 소득공제가 포함이 되었습니다.

2020년 1월 1일부터는 종이신문 구독료도 적용이 되고 있습니다. 소득 공제율은 30%입니다. 1년 동안 총 급여액이 7천만 원 이하인 소득자가 직불카드, 선불카드(기명식), 현금 등으로 사용한 액수가 총 급여액의 25%가 넘는 경우 받을 수 있습니다. 7천 10만 원이라면 정말 안타까운데요. 이런 점은 개선 과제라고 생각합니다.

Q 중고책이나 종이책이 아닌 전자출판물도 소득공제 대상이 되는지 궁금하군요?

국제표준도서번호가 표기된 도서라면 중고책도 가능합니다. 주의할 점은 중고거래사이트에서 개인 사이에서 사고파는 경우는 안 됩니다. 중고도서 판매자가 한국문화정보원에 등록된 사업자일 경우에만 소득공제를 받을 수 있습니다.

전자책도 발행인, 발행일, 출판사, 국제표준도서번호(ISBN)가 기록된 도서이어야 소득공제 대상입니다. 구체적으로 도서의 경우 뒷면 우측 하단 바코드에 표기된 ISBN 코드가 979, 978로 시작되는 경우입니다. 전자책에서는 국제표준도서번호로 ISBN 외에, ECN도 가능합니다. ECN은 전자출판물에 관한 고유 번호입니다. 전자책은 ECN과 ISBN 두 가지 번호를 부여 받을 수 있습니다. 앞으로 전자책의 번호는 단일화 시키는 것이 혼동과 불편함을 막는데 도움이 될 것이라고 생각합니다.

Q 공연비에서 공연의 기준은 무엇인지, 공연비의 인정 범위는 어떻게 될까요?

공연법의 규정을 보면요, 공연이란 '음악·무용·연극·연예·국악·곡예 등 예술적 관람물을 실연에 의하여 공중에게 관람하도록 하는 행위'를 말합니다. 다만, 상품 판매나 선전에 따라 이뤄지는 공연은 제외합니다. 공연법을 따를 때 공연은 배우, 무용수, 연주자 등의 참여자가 무대 등에서 실제 연기하는 등 '실연'을 기준으로 합니다. 따라서 녹화영상 관람행위는 공연이 아닙니다. 이런 공연을 관람하기 위해 티켓 구입에 지출한 돈을 공연비라고 합니다. 티켓 예매, 취소 수수료, 배송료 등도 공연비에 해당합니다.

현장 공연시설, 공연장, 공연기획사 등이 운영하는 매장에서 공연 프로그램북, 캐릭터 상품 등 기획상품(MD)을 구입한 경우에는 공연 티켓과 별도로 판매하는 것이므로 소득공제 대상이 아니기에 유의해야 합니다. 또한 회원권(멤버십·마일리지 포함)이 무료 주차권, 음료 이용권 등을 적용하고 있으면 해당되지 않습니다. 이럴 경우 공연티켓 결제분만 별도로 영수증을 발행한다면 소득공제를 받을 수 있습니다. 이 부분도 포괄적인 접근이 언제든 필요해 보입니다.

Q 박물관·미술관의 입장료도 소득공제가 된다고 하던데, 입장료의 인정 범위는 어떻게 되는지요? 교육 강좌는 해당이 되나요?

전시 및 관람, 교육·체험프로그램 참여에 필요한 관람권, 입장권 등의 구입비가 해당됩니다. 공연과 마찬가지로 입장권 예매, 취소 수수료, 배송료 등도 공제대상입니다. 교육·체험비는 당일 입장에 유효한 일회성 비용(1일권)만 인정받을 수 있습니다.

박물관과 미술관에서 진행하는 장기 교육 강좌 수강료는 소득공제 대상인지 궁금하실 텐데요, 장기 교육 강좌 등록으로 수강하는 행위는 박물관·미술관에 입장하는 것이 아니라는 점이 있습니다. 즉 강의 수강이 주목적이기 때문에, 문화비 소득공제 대상이 아닌 것입니다. 현재는 관람행위가 정확하게 해당되어야 하는데, 시대의 변화에 맞게 좀 넓히는 것도 필요하다고 봅니다.

Q 문화비 소득공제 사용 금액은 어디에서 확인할 수 있는 건가요?

문화비 소득공제에 해당되는 문화상품을 구매를 한 경우 알쏭달쏭하기도 하고 전체 얼마나 되는지 본인도 정리가 안 될 수 있지요. 연말정산 기간에 국세청 홈택스 연말정산간소화 자료에서 문화비 총 사용금액을 확인할 수 있습니다. 카드사별로 확인을 할 수 있도록 되어 있습니다. 연말정산간소화 자료에서 '도서 공연 등 사용분'이 바로 '문화비 사용액'입니다.

이제 연말정산부터 기존 공인인증서 외에도 민간인증서로 홈택스 접속이 가능합니다. 그렇기 때문에 모바일에서도 쉽게 연말정산 간소화자료를 수정하고 작성해서 제출할 수 있게 되었습니다. 모바일 문화에 맞게 쉽게 접근할 수 있게 할수록 더욱 많은 혜택이 주어질 수 있겠는데 그렇게 하려면 모바일 디지털 문화 격차를 해소하는 노력도 필요해 보입니다. 특히 노령층에 대해서는 더욱 필요해 보입니다.

문화비 소득공제는 영수증 제출 등 노동소득자가 별도로 신청하지 않아도 공제 혜택을 받습니다. 한국문화정보원에 제공 사업자로 등록된 사업자에게 문화 상품을 카드 등으로 결제하면 자동으로 해당되기 때문입니다.

Q 그렇군요. 문화 상품과 서비스 제공사업자를 찾는 방법은 어떻게 됩니까?

판매자가 문화비 소득공제를 제공하고 있는 사업체 소속인지는 한국문화정보원을 통해 확인할 수가 있습니다. 문정원의 문화비 소득공제 홈페이지를 찾아 접속하고 사업자명을 검색하면 됩니다. 실제 오프라인 매장을 방문하셨을 경우에는 포스터, 스티커 등 홍보물 등에 문화비 소득공제 사업체인지 알 수 있도록 표기를 하고 있습니다.

Q 온라인 구매 아이디 소유자와 결제자가 다를 땐 어떻게 해야 하나요?

결제자와 아이디 소유자가 다를 경우에 대해서 설명을 드리면요, 이는 주로 가족이나 연인 사이에 발생할 수 있습니다. 문화비 소득공제는 문화상품 결제를 실제로 한 카드 소유자에게만 혜택이 주어집니다. 본인의 아이디로 로그인 하고 결제는 가족이 카드로 했다면, 문화비 소득공제는 아이디 소유자가 아니라 카드 소유자 아버지가 공제 혜택을 받게 되는 것입니다. 당연히 카드 소유자의 연 총급여가 7천만 원 이하일 때만 가능하다는 점 기억하시고요.

Q 문화비 소득공제가 누락되는 경우가 많다는 지적이 있어 오진 않았습니까, 누락되는 경우 어떻게 하면 될까요?

여기에서 누락이라는 것은 문화비로 사용했는데 일반 사용분으로 조회되는 경우를 말하는데요. 문화비로 사용한 금액이 도서·공연 등 사용분에 누락되어 일반 사용분으로 조회되는 경우도 절차를 통해 문화비 소득공제 받을 수 있습니다. 세법에 따라 거래 사실을 확인할 수 있는 증빙자료 예컨대 구매내역, 영수증 등을 재직 중인 회사에 '근로소득자 소득·세액 공제신고서'로 누락된 금액을 기재하여 연말정산할 때 문화비 사용분으로 소득공제 받을 수 있습니다.

제출 방식은 재직 중인 직장의 방침에 맞춰 진행합니다. 무엇보다 작성한 공제신고서는 반드시 소득공제 신고기간 안에 재직 중인 직장에 제출해야 합니다. 다만 종이신문의 경우 결제방식이 이전 방식인 경우가 많아서 불편함이 있을 수 있는데 계속 개선이 필요하겠습니다.

참고로 제로페이, 카카오페이 등 간편결제 시스템을 통한 결제도 문화비 소득공제가 됩니다. 일부 간편결제 시스템에서는 소득공제가 아직 되지 않는 경우도 있어 그것을 확인해야 하는 번거로움이 있습니다. 이러한 점은 빨리 개선되어 새로운 결제 시스템을 통한 문화소비 행위도 장려되어야 할 것입니다.

코로나19가 여전히 지속되는 상황 속에서 문화 향유가 코로나 우울증을 극복할 수 있는 방법이 될 것입니다. 또한 관련 업계종사자들이 생계를 유지하고 더 좋은 작품과 콘텐츠를 만들 수 있는 토대가 될 것입니다. 노령자와 가난한 이들도 문화예술 향유를 통해 행복한 생활이 되도록 정책적 관심과 시행이 여전히 필요하다 하겠습니다.

42
알페스가
왜
젠더 논쟁의
중심에 있는가?

Q 남성 아이돌을 성적 대상화하는 알페스 제작자와 독자들을 처벌해달라는 청와대 청원이 올라와 논란이 일었는데요, 알페스라는 게 뭔가요?

알페스는 팬픽(Fan Fiction)이라는 장르로 팬 입장에서 픽션 즉 소설이나 만화를 창작하는 것입니다. 주로 아이돌이 등장하는 팬픽 창작은 H.O.T, 신화 같은 초창기 아이돌 시대까지 거슬러 올라갑니다. 최근에는 이미지나 동영상으로 진화하고 있습니다. 알페스의 정확한 명칭은 리얼 퍼슨 슬래시(Real Person Slash)입니다. '알페스'는 'Real Person Slash'의 약자를 따온 RPS(알피에스)를 줄여서 말하는 것입니다.

알페스는 실존인물을 대상으로 커플을 등장시키는데, 대개 그 가운데에서도 동성 커플링(Slash)을 묘사하는 창작 장르입니다. 한국에서는 아이돌 팬덤 문화에서 발생한 팬픽의 중요한 부분 가운데 하나입니다. 동성 커플은 주로 '비엘(BL·Boy's Love)'이라고 해서 남성 아이돌이 주류를 이룹니다. 하지만 알페스가 팬픽션의 전부도 아니고 같은 개념이 아니라 일부에 불과합니다. 하나의 팬덤 현상으로 불려져 왔는데 이것이 논란의 중심에 등장했습니다.

Q 그런데 알페스 팬픽션이 왜 청와대 청원으로까지 올라온 것일까요?

성적 대상화를 넘어서서 범죄 행위라고 여기기 때문입니다. 청원인은 "이미 수많은 남자 연예인이 이러한 알페스 문화를 통해 성적 대상화되고 있다"고 하고 있는데 성적 대상화 수준에 머물지 않고 실제 실명이 등장하기 때문에 범죄 행위라는 주장입니다. 청와대 청원인은 "알페스는 실존하는 남자 아이돌을 동성애 소설 주인공으로 등장시켜 차마 입에 담기도 어려운 적나라한 표현을 통해 성관계나 성폭행을 묘사하는 성범죄"라고 주장했습니다. 무엇보다 그 대상자들이 나이가 어리다는 점을 들고 있고 "피해자 상당수는 아직 미성년자이거나 갓 사회초년생이 된 아이돌"이라고 주장했습니다.

또한 "아직 가치관 형성도 덜 된 이들이 이토록 잔인한 성폭력 문화에 노출돼 받을 혼란과 고통이 감히 짐작도 되지 않는다"라고도 했습니다. 또한 청원인은 그들이 범죄행위라고 인지하면서도 자행하기 때문에 조치가 더 필요하다고 합니다. '알페스 이용자들 또한 자신의 행동이 범죄라는 사실을 알고 있다'면서 팬덤 시장을 유지하는데 도움이 되는 것 아니냐면서 뻔뻔히 자행하고 있다는 것입니다. "적극적으로 알페스 이용자들을 수사해 강력히 처벌해달라. 실존 인물을 대상으로 적나라한 성범죄 소설이 유통되지 않게 하는 규제 방안도 마련해 달라"라고 청원을 했지만, 범죄행위 요건이 되는지 구체적으로 따져봐야겠습니다. 특히, 고의성 여부를 판단하는 것도 중요해보입니다.

Q 이렇게 논란이 일어난 것은 래퍼 가수들이 문제를 제기했기 때문이라

는데, 어떤 주장을 한 건가요?

알페스 논란은 래퍼 '손심바'가 SNS에 언급하면서 시작되었는데, 그는 "실존인물을 대상으로 변태적 성관계를 하는 소설과 그림을 판매하며 심지어 옹호하기 바쁜 사람들이 있다"고 했습니다. 그는 알페스만 지적한 것은 아닙니다. 알페스 외에도 "힙페스, 딥페이크를 합리화, 옹호하며 꿋꿋하게 소비하는 사람은 '음지문화'가 아니라 '성범죄'를 즐기는 것"이라고 주장했습니다. 무엇보다 "모르고 저지른 것은 용서받을 수 있지만, 알면서도 저지르는 것은 용서하기 어렵다"고 했습니다. 이러한 언급이 있고 나서 다른 래퍼들도 이 주장과 같은 맥락의 글을 올리기 시작했습니다. 자신이 이런 알페스 소설에 올라와 있는 것을 예로 들며 비판한 사례도 있었습니다. 래퍼 이로한은 자신을 대상으로 한 알페스 소설 일부를 발췌해 올리며 "역하다. 알페스는 성범죄"라고 했습니다. 이런 가수들이 주장하는 것은 당사자들이기 때문이겠는데 당사자만이 아니라 인터넷에서는 성착취물이기 때문에 n번방 사건과 같다는 주장도 비등합니다.

Q 경찰이 수사에 나선 것으로 알려지고 있는데요. '알페스' 문제에 대한 법적 처벌 가능성, 어떻게 볼 수 있을까요?

알페스 콘텐츠는 여성·남성 아이돌을 가리지 않지만 특히 미성년자 아이돌 멤버가 등장해 아동청소년보호법(아청법) 위반일 수 있습니다. 집단적으로 구성원을 모아 시도하면 범죄단체 수괴죄가 될 수 있다는 주장도 있습니다. 다만, 이 법에서 규정한 '아동·청소년이용음란물'은 필름·비디오물·게임물 또는 컴퓨터나 그 밖의 통신매체를 통한 화상·영상 등의 형태로 된 것 등 주로 영상물에 한정됩니다.

그 다음으로 음란성 정도가 문제가 되는데요. 음란성이 밝혀지면 정보통신망법상 음란물 유포죄가 적용될 수 있습니다. 성폭력특례법 제13조에 따르면, 본인 또는 다른 사람의 성적 욕망을 유발하거나 만족시킬 목적으로 인터넷 등 통신매체를 통해 성적 수치심이나 혐오감을 일으키는 말, 글, 영상 또는 물건을 상대방에게 도달하게 한 사람은 2년 이하의 징역 또는 2000만 원 이하의 벌금에 처할 수 있습니다. 이런 알페스를 미성년자가 작성한 경우 부모가 책임을 질 수도 있습니다.

민법 제755조(책임무능력자의 감독자 책임)에 따라, 미성숙 등의 이유로 법적으로 책임을 물을 수 없는 상대(책임무능력자)라면 법적인 책임이 있는 사람. 즉, 부모 또는 보호자가 대신 처벌을 받거나 배상을 하게 될 수 있습니다. 다만 사이버명예훼손은 친고죄가 아니라 당사자가 아닌 팬이 고소할 수 있습니다. 음란성이 인정되지 않아도 당사자인 연예인이 명예훼손 등의 혐의로 창작자·유포자를 고소할 수 있습니다. 아직 고소한 사례는 없는 것으로 알려집니다. 팬픽션이 적절한 창작행위인지 본격적인 법적 판단이 이뤄지는데는 당사자들의 의견과 입장이 우선 되어야 할 겁니다.

Q 반면 일각에서는 '팬덤의 놀이문화일 뿐'이라는 취지의 반박이 나왔다면서요?

이들은 이러한 알페스 콘텐츠에 실존인물의 이름이 나오지만 실제로는 팬들이 창작하는 연애 소설 정도라고 주장합니다. 또 실제 피해를 입은 사람이 없는데 성범죄라고 하는 것은 억지라는 주장도 하고 있습니다. 또 여성을 성착취하고 음란 동영상까지 만들어 공유한 n번방 사건과 알페스를 직접 비교하는 것이 적절한지에 대해 의문을 표기기도 합니다. 피해자가 버젓이 있는 사례와 가상 팬픽션을 동일하게 비교하는 것은 맞지 않다는 주장입니다.

알페스 콘텐츠를 만드는 사람들 대부분은 비판적 의식을 가지고 있기 때문에 조심하고 있는 분위기도 있는데 알페스 전체를 비판하는 것은 적절하지 않다는 의견도 있습니다. 더구나 기획사들이 이러한 문제에 대해서 일부러 방관하고 있는 점도 생각해야 한다는 주장도 있습니다. 악플러는 고소하면서 알페스 같은 팬픽션은 방치하는 속내에 대해서도 비판이 있어야 한다는 것입니다.

Q 알페스 문제만이 아니라 팬문화 안에 성차별적이고 편견에 가득 찬 그런 내용들이 많다는 지적도 생각해봐야 하지 않을까요?

맞습니다. '알페스'만이 아니라 케이팝 팬덤 안에서 성적 대상화 관성은 완전히 빠졌다는 점이 지적됩니다. '알페스' 처벌을 주장하는 남초 커뮤니티에서 이를 확인할 수 있습니다. 지금도 여성 아이돌의 신체 부위를 성적 상품화, 대상화하면서 품평하는 글들이 베스트 게시판을 지배하다시피 합니다. 알페스라는 것에 대해서 의식이 있는 것처럼 지적하지만 여성 아이돌을 성적 도구화, 노예화하고 있는 행위는 모순적이고 자가당착이라고 할 수 있습니다.

또한 아이돌 팬덤에는 '알페스'보다 노골적이고 직접적인 방식의 성희롱이나 모욕도 많습니다. 팬 사인회 등의 이벤트에서 여성 아이돌에게 반말을 하는 것처럼 하대를 하고, 실시간 방송 채팅창에서는 언어 성희롱이 빈번합니다. 단지 여성이라는 이유로 이런 모욕을 감내해야 하는지 의문이고 미성년자 청소년들에게 이런 언어의 횡포들이 가해지고 있습니다. 인터넷에서 검색을 하거나 콘텐츠를 볼 때 당사자가 느끼는 심리적 고통이나 상처를 생각하지 않는 것입니다. 이런 것도 범죄라고 볼 수 있으며 팬덤 문화가 아닙니다.

Q '알페스' 논란 자체가 성대결을 부추기려는 도구에 불과하다는 비판도 있던데요, 이건 어떻게 봐야 할까요?

진심으로 아이돌 그룹 멤버들의 인권에 관심이 있어서가 아니라 남성 위주의 성착취 논란이 부각될 때마다 여성 쪽을 비판하는 대응으로 나왔다는 지적입니다. 미성년자와 여성을 대상으로 한 텔레그램 n번방 성착취 사건에서도 남초 커뮤니티를 중심으로 팬픽 문화가 인권 유린을 하고 있다는 비판이 비등했는데 이 팬픽을 주도하는 중심에 여성들이 있기 때문입니다. 남성 아이돌들이 주로 피해를 본다는 점을 지적하는 것인데 이에 맞서서 여성들은 불법 촬영 등의 피해를 부각시키게 되는 것입니다.

한편, AI 인공지능 채팅 로봇 '이루다' 논란을 희석시키기 위해서 알페스 논란이 키워졌다는 지적도 있습니다. AI '이루다'의 사용자들이 주로 남성들인데 여성, 장애인 등 사회적 소수자에 가해지는 성희롱과 성차별적인 발언을 많이 유도하다보니 결국 서비스를 중단하는 사태까지 일어났습니다. 이런 점이 알려지면서 비판에 직면하게 되자 다시 남초 커뮤니티에서 알페스를 들면서 공격을 하기 시작했다는 것입니다.

심지어 인공지능 '이루다'보다 알페스라는 팬픽션이 더 성착취적이고 인권침해적이라고 주장하는 것은 여성을 공격하기 위한 수단화 때문이라는 것입니다. 과연 이렇게 같이 비교할만한 대상인지, 성 대결 양상이 본질인지, 놓치지 말아야 할 점이 무엇인지 더 생각해야겠습니다.

Q 여성의 얼굴을 기존 영상에 합성하는 '딥페이크(Deepfake)'물에 대한 수사와 강력 처벌을 요구하는 국민청원도 올라와 하루 만에 20만 동의를 넘겼더군요. 여기에도 남녀 성대결이 불거지고 있다는데 어떻게 봐야 할까요?

청와대 국민청원 게시판에는 '여성 연예인들을 고통 받게 하는 불법 영상 딥페이크를 강력히 처벌해주세요'라는 글이 올라왔습니다. 해당 청원은 하루 만에 기준 20만이 넘는 동의를 받았습니다. 국민청원 글이 30일 내에 20만 명이 동의하면 청와대나 관계부처가 답해야 하죠.

청원인은 "딥페이크는 명백한 범죄"라고 하며 "피해자의 영상은 각종 소셜미디어에 유포되어 걷잡을 수 없이 퍼지고 있으며, 피해자들은 성희롱, 능욕 등 악성 댓글로 고통받는다"라고 주장했습니다. 또한 청원인은 "피해자 가운데에는 사회 초년생인 미성년 여성들도 있다"라고 하면서 "그들이 공공연하게 성범죄에 노출되고 있는 현실에 딥페이크 사이트 운영자와 이용자에 대한 강력한 처벌과 수사를 촉구한다"고 주장했습니다.

그런데 남초 커뮤니티에서는 알페스 논란을 물타기 위해서 이런 청원이 올라왔다고 비판했는데요. 심지어 알페스는 팬픽션이고 딥페이크는 팬아트라는 해괴한 주장도 나오고 있습니다. 하지만 이는 그렇지 않습니다. 딥페이크는 그 자체가 전부 가짜 콘텐츠이거나 음란물이기 때문에 비교 대상이 될 범주가 아닙니다. 가짜를 정체성으로 삼는 딥페이크가 팬픽션과 같은 비교 대상이 되는 것은 합리적이지 않습니다. 딥페이크와 팬픽션을 남녀 이분법으로 접근하는 것 자체가 잘못입니다. 우리 사회의 성차별, 성대상화, 상품화, 착취적인 내용들이 반영된 무엇이라도 그것을 바꾸고 개선하는 데 힘을 모아야 하는 것이 본질일 것입니다. 그러한 남녀 성대결을 조장하고 반사이익을 얻는 포털과 커뮤니티, 언론 미디어의 반성과 제재도 필요해 보입니다.

43
생각하지 못한
평점 테러의
효과

Q 과거 영화, 도서 등에서 이뤄진 별점이나 평점 리뷰가 각종 서비스업을 평가하는 수단으로 활용되면서 평점으로 속앓이를 하는 분들이 늘고 있다죠. 평점이 왜 생긴 건지 그것부터 알았으면 합니다?

각종 플랫폼 서비스에는 리뷰 게시판이 있습니다. 긍정적인 점을 보면 평점은 소비자에게 긍정적인 길잡이 역할을 할 수 있습니다. 워낙 많은 정보가 있어서 TMI(Too Much Information, 지나치게 많은 정보)의 줄임말이라는 말을 쓰게 할 정도입니다. 정보 비대칭 현상을 줄일 수 있어야 하고 그것을 소비자들이 원하는 것이 당연한데, 그 방법 가운데 하나가 평점 리뷰나 별점입니다. 이전 고객의 별점이나 후기가 영향을 미치게 되는 경우가 많고, 평점 리뷰가 많을수록 좋은 업소라고 생각하고 선택할 수 있습니다. 평점이 좋을 경우 업주들에게 좋은 홍보 효과가 있어서 잘 관리를 하면 따로 비용을 들이지 않고 평판을 유지하고 매출액도 끌어올릴 수가 있습니다. 소비자들이 지적하는 것을 잘 받아들여 서비스를 개선할 수 있는 기회도 되겠죠. 그렇기 때문에 신경을 많이 쓰게 됩니다.

Q 물론 그런 순기능도 있겠죠. 그런데 코로나19도 무섭지만 평점 테러도 무섭다는 말이 있을 정도로 자영업자들을 더욱 힘들게 하고 있다면서요?

터무니없이 너무 낮은 평점을 줄 때 이를 평점 테러라고 부르지요. 특히 배달앱의 리뷰 공포증과 불안증이 확산하고 있다는 것입니다. 객관적으로 이뤄져야 할 평가가 그렇지 못하기 때문입니다. 평점을 잘 달아준다는 이유로 상품과 서비스의 무료 제공을 요구하거나 추가 서비스를 처음에 아예 노골적으로 요구합니다. 이렇게 무료나 추가 서비스를 요구하면 자영업자들에게는 남는 게 없게 됩니다. 만약 이를 거부하면 매우 낮은 점수를 주기 때문에 요구를 들어주게 됩니다. 결국, 가격을 올리게 될 것이고 다른 소비자에게도 피해가 갈 수 있습니다.

보복성 리뷰를 남기는 것도 문제입니다. 주관적인 기분 나쁨임에도 낮은 점수와 혹평의 리뷰를 작성하여 그것이 객관적인 듯 싶게 작용을 합니다. 자세한 중간 과정이 생략되어 있고 일방적인 주장만이 난무하기 때문에 더 애를 먹고 고통을 당합니다. 한번 달린 평점이나 리뷰는 삭제할 수 없는 것도 문제입니다.

Q 구체적으로 어떤 사례들이 있습니까?

우선 자신이 시킨 주문 내역을 살피지 않고 낮은 평점을 주는 경우입니다. 전골을 주문했는데 전골이 왔다고 쓰레기통에 버리고 평점 테러를 가하거나 컵을 빼달라고 해놓고는 없다고 낮은 점수를 줍니다. 짜장을 두 개 시키고 원래는 짜장 짬뽕을 시키려 했는데 그걸 점주가 알아채지 못했다고 센스가 없다며 나쁜 리뷰를 쓰는 경우도 있고, 배달 기사에 대한 불만을 음식점 평가에 반영하는 경우도 있습니다. 약간의 국물이 흐르거나 한 것을 점주 탓으로 돌리는 것은 억울하다는 입장입니다.

폭설에 어렵게 배달을 갔는데 돌아온 건 평점 테러가 돌아왔다는 하소연이 보도가 되었고요. 배달 시 미성년 주류 주문 여부 확인 과정에서 변호사가 폭언과 이후 별점 테러를 가한 사례가 있었고요. 간장게장집에 음식을 재사용한다고 허위 사실을 리뷰에 써서 결국 폐업에 이르게 되자, 해당 운영자가 허위 사실을 유포하는 이들을 처벌해달라는 청원을 해 이목을 집중시켰습니다. 좋은 평점 1점이 평균 5~9%의 매출액을 발생시킨다는 하버드대의 연구 결과가 있지만 그 반대는 이루 말할 수 없습니다. 코로나 감염 방문자가 다녀갔다는 리뷰를 수십 곳에 쓴 사례는 새로운 고민입니다.

Q 이런 평점이나 리뷰가 권력화되고 있기 때문에 벌어지는 일 아닌가 그런 생각도 드는데요. 어떻게 보세요?

몇 몇 배달앱의 경우 독과점이 이런 문제를 부추기고 있기도 합니다. 최근에는 국내 최대 배달앱 업체 가운데 평점이나 리뷰가 좋은 업체는 상단에 노출을 시키고 있어서 더욱 이런 권력화 현상을 부추기고 있습니다. 상단에 노출시킬수록 매출액에 영향을 받기 때문입니다. 좋지 않은 리뷰가 달리면 주문이 급감한다는 것이 현장의 목소리입니다. 이를 악용해 갑질과 군림의 수단이 된 지 오래입니다. 터무니없는 별점이나 리뷰 때문에 고통을 당해도 마땅히 표현하거나 문제를 해결할 방법이 없고, 막강한 영향력 때문에 문제가 있는 평점이나 리뷰에 대해서 항의할 수가 없습니다.

법적으로 근거 없는 비방 등은 명예훼손이나 업무방해죄가 성립할 수 있지만, 코로나19 시대에 배달앱을 많이 사용하여 포장 판매를 하고 있는 상황에서 전적으로 여기에 목매는 경우 더욱 더 항변조차 할 수가 없습니다. 배달을 하면 모든 것이 문제가 해결되는 듯이 접근하는 시각이 있는데 이런 평점이나 리뷰가 어떤 영향을 미치고 있고 그것을 악용하고 있는지 잘 알려져 있지 않은 듯합니다. 특히 블랙 컨슈머들이 자신들의 이익을 위해서 자영업자 등 약자의 위치에 서게 된 이들을 착취하는 도구로 이용하고 있는 실정입니다. 그렇기 때문에 차라리 리뷰가 달리지 않았으면 좋겠다는 반응도 나오는 실정입니다.

Q 이렇게 영향력이 크다 보니 조작을 하기도 한다면서요?

지금까지는 서비스제공자의 피해의식만 말씀 드린 듯합니다. 평점이나 리뷰 영향력 때문에 서비스 제공자들도 잘못을 저지르는 경우가 생기는 것입니다. 자체 조작인데요, 자신의 점포를 과대 포장 시키는 짓입니다. 타인의 정보를 이용해 여러 아이디를 만들어 평점이나 리뷰를 남깁니다. 업주들끼리 돌아가면서 서로 평점과 리뷰를 달아주는 이른바 품앗이 형태도 있습니다. 아는 사람들끼리 주문을 하고, 댓글이나 평점 달아주기를 합니다.

이런 일을 대행하는 업체도 있어서 좋은 평점이나 리뷰를 달아주는 대가로 수백만 원을 요구합니다. 코로나19 상황에서 불안한 위치에 있는 자영업자 분들이 유혹에 흔들릴 수 있어 보입니다. 각 플랫폼 업체들은 이를 걸러내기 위해 노력을 하고 있지만 평점 리뷰는 방송 통신법에서 저작물에 해당하기 때문에 원저작자의 동의 없이는 쉽게 삭제할 수 없는 맹점이 있습니다.

Q 평점이나 리뷰 때문에 고통을 받는 것은 자영업자만이 아니라 플랫폼 노동자들도 마찬가지 아닌가요?

회사에 소속되어 있는 것이 아니라 스마트폰 앱과 같은 플랫폼에 등록해서 활동하는 노동자들을 플랫폼 노동자라고 합니다. 플랫폼 노동자라고 하면 대개 배달을 하는 라이더나 택배기사, 운전기사를 떠올릴 수가 있습니다. 그들은 특정 회사에만 소속되어 있는 게 아닐 뿐이지 임금 노동자들이죠. 모바일 플랫폼을 매개로 노동을 하는 이들의 서비스에도 별점이나 리뷰를 답니다. 특히 별점이 낮으면 근무 정지를 당하거나 일감 배치가 달라지기 때문에 필사적으로 관리를 하는 것입니다.

하지만 객관적이지 않고 기분풀이식의 별점에 걸릴 경우 아무런 이유 없이 불이익을 당하게 되기도 합니다. 만약 5점 만점을 계속 받던 노동자도 만약 1점 대의 평점을 받게 되면 거의 추락하게 되는 것이고 일감을 못 받게 되어 경제적 손해로 타격을 받게 되는 것입니다.

Q 현재 별점 테러나 악성 리뷰를 막을 수 있는 장치가 마련돼 있는 건지, 또 어떤 한계가 있는 건지 살폈으면 합니다.

전자상거래법상에서 소비자의 권리 지침에 따라 서비스 제공 자에게 불리한 리뷰나 혹평도 이용자의 권리에 해당하기 때문에 함부로 지울 수가 없습니다. 업계에서는 욕설이나 난데없는 비하 등은 사전이나 사후에 계속 모니터링을 해서 걸러내고 있다고 합니다. 또한 악성 리뷰에 대해서는 업주의 요청 반영 과정이 있다고 밝히고 있습니다. 서비스 제공자가 게시에 대한 문제 요청을 하게 되면, 30일 동안 블라인드 처리를 하는 경우도 있습니다. 하지만 30일 이 지나면 자동적으로 해제가 되는 문제가 있는데 그래서 반복 상습적인 행위자인 경우 이용을 못하게 하기도 합니다.

하지만 업주들은 요청을 할 수 있다고 해도 허위를 증명하는 것이 쉽지 않기 때문에 대부분의 경우에 포기를 하게 된다고 말합니다. 허위를 증명하는 절차를 쉽고 명확하게 할 수 있는 제도적 조치의 보완이 요구됩니다. 또 평점의 경우, 일방적으로 왜 그런 평점을 주었는지 설명조차 들을 수가 없어 답답해합니다.

Q 이런 현실을 해소할 수 있는 방법은 없는 것일까요?

고객만이 평점이나 리뷰를 매기는 일방적인 방식에서 벗어나 야 한다는 지적이 제일 많습니다. 배달앱을 제외하면 많은 플랫폼 운영자들은 서비스 제공자들도 고객을 평가합니다. 한 플랫폼 택시의 경우 승객이 연락이 안 되거나 지연이 되는 경우, 중간에 다른 서비스 이용 행태가 반복되면 영구정지 처분을 내립니다. 고객들의 매너도 중요하게 평가되어야 하겠죠.

숙박공유업체인 에어비앤비는 상호 블라인드 평가 시스템을 운용

합니다. 제공자와 이용자의 상호 평가가 모두 완결되어야 확인할 수 있습니다. 이용자도 평가가 안 좋고 누적되면 이후 서비스를 이용할 수 없게 합니다. 이렇게 되면 제공자도 조작을 못하게 됩니다. 우버, 페이스북, 아마존 등등 많은 기업들도 여기에 해당됩니다.

또한, 고객의 리뷰를 다른 고객이 평가할 수 있도록 해야 합니다. 이른바 상호 평가 시스템입니다. 한 업체는 먼저 고객 이용자의 리뷰가 도움이 되었는지 안 되었는지 평가를 하도록 하고 있습니다. 도움이 되는 리뷰를 많이 남기는 이용자는 그에 따른 대가가 있습니다. 스스로 다른 이들에게 도움이 되었다는 것에 자긍심이라는 비물질적인 인센티브를 제공하기도 합니다. 또한, 리뷰 항목을 좀 더 구체적으로 세세하게 평가할 수 있도록 해야 한다는 견해도 많습니다. 예를 들면 음식이라면 청결, 맛, 향, 포장 등으로 세밀한 평가가 있어야 하는 것입니다. 제공자들은 고객들이 왜 그런 평점을 다는지 알 수가 없으니 일방적으로 피해를 보는 경우가 많습니다. 아울러 악성 블랙 컨슈머 즉 악의적인 댓글을 쓰는 사람들의 명단은 공유해야 합니다.

Q 요즘 브이로그 활동을 직장인들도 많이 한다고 하던데, 우선 브이로그가 무엇인지 살펴볼까요?

또 영어인데요, 좀 풀어보면 브이로그는 '비디오 로그'(video log) 또는 '비디오 블로그'(video blog)의 줄임말입니다. 보통 인터넷 블로그에 글과 사진을 올리지만, 브이로그는 영상을 올립니다. 보통 블로그처럼 시간의 역순으로 보이는데요, 순화어로 영상 일기로 하자는 제언도 있습니다. 그런데 이 영상일기라는 말은 좀 미흡한 점이 있는데 브이로그는 다른 사람들에게 공개하고 공유하기 위해 만들어진다는 점입니다. 그렇기에 '공유 영상일기' 정도가 적절하다고 생각해 봅니다. 언제 어디서라도 쉽게 촬영하고 업로드할 수 있는 환경이 되어 있다 보니 스마트폰 문화가 확산하면서 증가 추세에 있습니다.

Q 일기를 영상으로 만들어서 공개하고 공유하는 이유가 있을까요?

한 전문 조사기업에 따르면, 설문 응답자의 44.9%가 평소 일상생활의 경험을 기록하고 있었습니다. 이런 기록활동을 하는 사람들은 순간순간을 그대로 기록하고 싶어서라고 합니다. 특히 20~30대가 압도적으로 많습니다. 동영상을 다루는데 익숙한 사람들일수록 많이 활동을 하고 있는 것을 알 수가 있습니다. 글로 일기를 쓰는 것보다 더욱 편하다는 것이지요. 단지 영상으로 하루하루를 일기 형식으로 남기는 것도 있지만 다른 이들과 소통하고 싶고 공감대를 얻으려는 마음도 있어서, 10명 중 7명 정도가 "브이로그를 통해 다른 사람의 삶을 공유할 수 있고, 공감대를 형성하며 소통할 수 있을 것"이라는 대답을 했습니다. 이런 가운데 수익을 얻기 위해서 뛰어드는 경우가 있는데, 자칫하면 부작용을 낳을 수도 있을 것 같습니다.

Q 코로나19 이후에 더 많아졌나요. 어떤가요?

그렇습니다. '코로나 블루'라고 하는 우울증 현상도 자주 언급이 되고 있는데요. 이런 활동을 통해서 스트레스 해소를 하고, 기분 전환과 동시에 생활의 활력소를 찾으려는 것이지요. 찍는 것 자체가 활력이 된다는 것이죠. 실내에 머무르는 시간이 많아지다 보니 다른 사람들과 소통하고 싶어서 이런 브이로그 활동을 더 많이 하게 되었다고 말합니다. 뭔가 하루를 알차게 보내는 느낌이 들어서 하게 된다고도 하고, 성취감을 이렇게 얻으려고 하는 심리도 있을 것입니다. 코로나19 이후에 심화된 외로움 때문이라는 지적도 있습니다. 앞선 조사에서 보면 외로움이 높을수록 브이로그 영상을 더 많이 시청하는 것으로 나타나고 있습니다. 영상에 달리는 댓글에 너무 의존하는 것은 오히려 정신 건강에 나쁘다는 지적도 있기에 주의해야 할 것입니다.

Q 최근에는 실직을 한 분들의 브이로그가 호응을 얻고 있다면서요?

사회관계망 서비스에는 '코로나 퇴사', '코로나 실직' 같은 열 쇠말이 눈에 들어옵니다. 인력 감축이 많아지고 있는 상황입니다. 코로나19 이후에 실직을 당한 분이 10명 가운데 3명이라는 조사도 있었습니다. 실직을 당하고서 실직 과정을 브이로그에 올리고 소통하는 분들이 있습니다. 그런 것까지 올리는가 생각할 수도 있는데요, 브이로그는 정말 모든 것을 기록하는 영상이니까요.

무엇보다 같은 처지에 있는 분들과 소통과 연대감을 공유하기도 합니다. 이런 심정적인 면만 아니라 실용적인 면도 있습니다. 실직 당할 위기에서 해결 방법을 모색해 주기도 합니다. 만약 실직 이후에는 퇴직금이나 실업수당을 받는 방법을 알려주기도 하고요, 재취업 도전기도 공유합니다. 위로와 응원의 댓글이 올라오기도 할 때면 힘이 된다고 합니다. 퇴사가 하나의 콘텐츠화되는 것이 씁쓸하다는 반응도 있음을 주의해야 할 것입니다.

Q 직장인들이 이런 브이로그 활동을 하면서 갈등이나 마찰을 빚기도 한다던데, 어떤 사례들이 있을까요?

직장인들도 브이로그를 많이 하게 되는데요 직장인이 브이로그 활동으로 큰 인기를 끌면서 회사와 마찰이 생기고 아예 회사를 그만두고 전업 유튜버로 나서는 경우가 있습니다. 우려스러운 점은 기업의 기밀이 유출되기도 한다는 것입니다. 특히 요식업의 경우 레시피가 그대로 공개되기도 합니다. 신차 공개 일정을 미리 무단으로 공개한 사례도 있습니다. 방영 예정인 드라마 대본이 브이로그를 통해 유출이 되는 사례도 있었습니다.

기밀 유출만이 아니라 이미지 타격을 우려하기도 합니다. 회사 내부의 좋지 않은 모습까지 그대로 영상에 기록되기 때문입니다. 요즘 많은 기업들은 이런 브이로그를 홍보 수단으로 사용하고 있는데 그런 영상 홍보와 직원들의 브이로그 내용이 다를 경우에는 신뢰성에 타격을 입을 수 있을 것입니다. 너무 자세한 정보를 올리는 것은 적절하지 않다는 것인데 한편으로 직장인들의 부수입원으로 이용되다 보니 무리하게 활동하는 점도 지적이 됩니다. 물론 기업도 고쳐야 할 점은 개선해야겠지요. 어쨌든 브이로그 활동 가이드라인이 필요한 상황이 되었고 기밀 유출 등에 관한 규정이 필요하게 된 상황입니다. 일부 기업에서는 직장인들의 사내 지적 사항을 경영에 활용하기도 합니다. 어떻게 좋은 과정과 결과물로 활용하는가가 중요한 것입니다.

Q 직장인뿐만 아니라 일상생활에서도 주의할 공간과 장소 등이 있는 듯 싶은데요. 그런 사례는 어떤 게 있을까요?

공식적인 행사 등에 대해서 생각해 볼 점이 있는데요. 장례식장에서 브이로그 활동을 해서 빈축을 산 사례도 있습니다. 장례식장에서 참석하는 사람들이나 나오는 음식까지 촬영해서 가족 구성원에게서 쫓겨나는 손자가 비판을 받았습니다. 친할아버지 장례식이지만 영상을 촬영하고 공개하는 것은 수단화하는 것으로 보이기 때문에 적절하지 않아 보입니다.

응급의학과 교수는 응급실에 실려 온 환자의 모습을 브이로그로 올려서 비난을 당했습니다. 사망하는 모습이나 내밀한 신체 부위까지 담아 의료법 위반에 심각한 윤리의식 실종을 낳았고 징계위원회에 회부되었습니다. 본인은 교육용으로 촬영했다고 하지만 그 영상을 유튜브에 올리는 것이 적절한지 의문이었습니다. 많은 분들이 의사면허를 박탈해야 한다고 주장할 정도였습니다.

Q 순수한 브이로그 활동인줄 알았는데 그렇지 않은 경우도 있을 텐데, 아무래도 광고에 주의를 해야겠죠?

최근에 문제가 되었던 것은 국제결혼 광고였습니다. 개인의 일상생활인 줄 알았는데 나중에는 결혼하고 싶으면 연락하라는 광고라는 것이죠. 문제는 이뿐만 아니라 나이와 이름, 신체조건 등이 그대로 들어 있기 때문에 인권침해 요소가 있습니다. 이주 여성을 상품화할 뿐만 아니라 양성평등 원칙에 어긋날 만큼 왜곡된 남녀 인식을 담고 있는 것이죠.

또한 자신의 영상이 이런 용도로 사용되는지 모르고 있는 외국 여성들이 상당하다는 것이고 이런 용도로 사용당하고 있는 사실을 뒤늦게 알고 충격을 받기도 한다고 하네요. 이런 광고를 게시하는 이들은 해외 서버를 두고 있어 단속이 쉽지 않은데요 이런 폐해를 근절시키려면 당해 국가들의 협조가 필수적입니다. 참고로 결혼중개업 관련 시행규칙 개정안이 시행되어 이제 얼굴·키·몸무게 등의 정보 표시·광고를 금지합니다. 위반하면 행정처분 즉 영업정지 1~3개월, 등록취소 등이 될 수 있습니다. 또한, 3년 이하의 징역 또는 3000만 원 이하의 벌금에 처해질 수 있습니다.

Q 브이로그 활동을 할 때 또 주의해야 할 점은 없을까요?

거리에서 본인 영상을 찍을 때 다른 이들의 얼굴이 들어가지 않도록 항상 주의를 해야 합니다. 길거리에서 들리는 음악도 주의를 해야 합니다. 음악소리가 영상에 들어가는 것도 저작권법 위반이 됩니다. 식당 등을 방문했을 때 음식을 함부로 찍게 되면 나중에 곤란할 수 있습니다. 그 음식점 주인의 동의가 필요합니다.

또한, 카페의 경우에는 실내 디자인에 관한 저작권 보호를 중시하는 곳이 있음을 생각해야 합니다. 본인의 가족을 촬영하는 경우라도 아이들은 되도록 조심해야 합니다. 본인들이 동의하지 않았을 때 아이들의 의사결정권 침해가 염려가 되며, 무엇보다 소아성애자들의 범죄에 악용될 수도 있습니다. 일상을 모두 기록해서 의미가 큰 브이로그지만, 영향력이 커질수록 그 책임에 더 각별한 주의가 필요합니다.

Q 영화 〈미나리〉가 해외에서 화제인데, 영화 이름이 〈미나리〉에요. 혹시 그 뜻이 뭔지 설왕설래했는데 정확한 뜻이 뭔가요?

영화 〈미나리〉가 미국의 시상식을 휩쓸며 세계적 관심을 끄는 가운데 국내외를 막론하고 영화 제목에 대한 궁금증이 일고 있습니다. 〈미나리〉가 사람 이름(Mina LEE)인지 아니면 따로 심오한 의미가 있는지 의견이 많았죠. 새로운 단어인지 의견이 분분한 상황이었습니다.

정이삭 감독은 우리에게 익숙한 채소 〈미나리〉라고 했습니다. 여기에는 개인 경험이 들어 있는데요. 미국에서 나고 자란 정 감독은 자신을 돌봐주기 위해 한국에서 온 할머니가 가져온 미나리가 어떤 채소보다 잘 자라는 모습을 보고 놀랐다고 하면서 미나리의 의미도 밝혔습니다.

정 감독은 미나리는 가족 간의 사랑이라고 했습니다. 미나리는 심은 지 1년이 지나야 잘 자란다고 하면서 1년 동안은 적응 기간이고 그것이 자리를 잘 잡으면 어떤 채소보다 잘 자란다는 점을 강조했습니다. 미나리의 질긴 생명력과 적응력이 정 감독의 가족과 닮았다고 했는데 그것은 한국인 모두에게 해당하는 점이 아닐까 싶습니다.

Q 미나리를 중심으로 이야기가 펼쳐졌는데요, 이 영화가 좋은 평가를 받는 이유는 뭘까요?

일단 작품의 내용입니다. 영화 〈벌새〉처럼 이 영화도 한국의 가족주의에 대해서 희망적으로 다룹니다. 〈미나리〉는 1980년대 미국 아칸소로 이주한 한국인 가족 이야기입니다. 맞벌이를 하는 부부에게 심장이 좋지 않은 남자 아이가 있어 돌봐줄 사람이 필요해 어머니를 한국에서 부릅니다. 할머니와 손자는 서로 다른 언어를 쓰기 때문에 소통이 되지 않습니다. 하지만 지혜와 노력을 통해서 가까워집니다. 병아리 감별사가 하찮은 일이라고 생각하는 사위는 농장의 꿈을 일구지만, 아내와 갈등을 일으키는데 뜻하지 않는 화재사건이 일어납니다.

『로스앤젤레스타임스』가 〈미나리〉에 대해 '최선을 다해 서로를 사랑하는 가족, 진실하고 따뜻한 이야기'라고 평한 것이 적절해 보입니다. 특히 순자 할머니 역의 윤여정은 일반적인 한국 할머니 같지만 전혀 다른 독특한 연기의 세계를 보여주어 호평을 받았습니다. 따뜻한 감동과 깊은 여운이 감도는 대사와 몸짓이 미국인들에게도 감동을 불러일으키고 있습니다. 윤여정만이 아니라 팀 미나리라고 불리는 출연 배우들의 연기가 훌륭합니다.

주제의식도 생각해 봅니다. 주연 스티븐 연이 말했듯이 미나리는 오염된 물을 정화하는 데 탁월합니다. 그리고 그 미나리는 모두 뿌리가 연결되어 있기 때문인데, 그 미나리의 뿌리가 가족 혈연이고 그

뿌리가 형성되기까지 시간이 필요합니다. 이런 주제의식이 여타 영화제에서 작품상을 받게 했습니다. 엄마 모니카 역의 한예리는 "미나리는 사랑이다"라고 했습니다. 카메라 테크닉도 뛰어나죠. 참고로 정이삭 감독은 제60회 칸 영화제에서 이미 〈문유랑가보〉로 황금 카메라상을 받은 바 있습니다.

Q 논란도 있었는데요, 골든글로브를 주관하는 할리우드 외신기자협회(HFPA)는 〈미나리〉를 외국어영화상 후보에 올렸지만 인종 차별 논란이 계속 이어졌지요. 어떻게 된 건가요?

영화 〈미나리〉는 미국의 매우 많은 협회 시상식에서 상을 받아왔기 때문에 오스카(아카데미) 수상작으로 유력하게 손꼽혀 왔습니다. 미국 매체 버라이어티와 『할리우드리포터』 등 다수 외신은 〈미나리〉가 오스카 작품상, 감독상, 각본상, 연기상 후보에 내정될 것이라는 전망이 우세했습니다. 영화 〈미나리〉는 실제로 감독상 작품상 연기상 등 많은 상을 받아왔고 전체 61관왕을 기록했죠. 미국 영화연구소(AFI)가 선정한 10대 영화에도 미나리가 들었죠.

사실 AFI의 10대 영화 수상작들은 오스카와 골든글로브에서 좋은 성적을 거둡니다. 하지만 골든글로브의 발표에서 작품상, 감독상, 연기상 후보에 〈미나리〉는 없었습니다. 애초에 작품상 등이 아니라 외국어 영화상 후보에 오를 것이란 현지 매체의 예측과 전망이 나오면서 인종차별 주장이 제기되어 왔는데 최종 후보 발표를 통해 더 불이 붙었습니다. 아시아계 영화계만이 아니라 현지 영화인들은 "아시아계 미국인을 향한 고질적인 인종차별 문제가 드러났다"고 비판했

습니다. 설마 했는데 역시나 그런 결과가 되어 씁쓸함을 넘어 분노를
일으켰습니다.

**Q 〈미나리〉를 외국어 영화로 보는 것이 타당할까, 이것이 논란의 핵심인
가요?**

네, 골든 글로브를 주관하는 HFPA는 규정을 두고 있는데요,
영화 대사의 절반 이상이 영어가 아닌 외국어로 되어 있
으면 외국어 영화로 구분하는 규정입니다. 2021년에도 〈페어웰〉이
이 규정 때문에 외국어 영화상 후보에만 올라 파장이 있었습니다. 중
국계 미국인 룰루 왕 감독이 제작했는데도 말입니다. 〈미나리〉의 외
국어 영화 분류도 인종차별 논란이 되었습니다. 정이삭 감독은 미국
국적 감독이고 미국에서 태어나 학교를 다녔고 활동을 미국에서 해
왔습니다.

이 영화의 제작사는 할리우드 스타 배우 브래드 피트의 제작사 플
랜B입니다. 〈문라이트〉, 〈노예 12년〉 등 아카데미 작품상 수상작을
만든 제작사입니다. A24가 북미 배급을 맡았는데 〈문라이트〉, 〈룸〉,
〈레이디 버드〉, 〈더 랍스터〉, 〈플로리다 프로젝트〉 등의 작품을 통해
오스카 수상을 이끌어 낸 배급사입니다.

더구나 소재도 미국에 정착한 사람들의 이야기입니다. 단지 피부
색이 다르고 영어 이외의 단어를 좀 더 많이 썼다고 외국영화라고 하
는 것이 맞는지 의문이었죠. HFPA 외신기자들이 스스로 골든글로브
가 '로컬 시상식'이라는 점을 자인했다는 평가가 나오는 이유였습니
다. 백인 미국 국적자들의 시각이 반영되는 시대에 뒤떨어지는 영화

제라는 것이죠. 이런 자기모순적인 영화제는 미국이 유일할 것입니다. 더구나 객관적 저널리즘을 실현하는 기자협회가 그렇다니 더 문제가 되었습니다.

Q 할리우드 외신기자협회(HFPA) 규정대로 선택한 결과라고 해도 문제가 되는 게 앞서 외국어가 절반 이상 포함된 영화도 작품상 후보에 오른 경우가 있기 때문이었죠?

대표적으로 쿠엔틴 타란티노 감독의 〈바스터즈: 거친 녀석들〉(2009)입니다. 영어 대사가 약 30%에 불과합니다. 나머지 70%의 영화 대사 대부분이 프랑스어·독일어였습니다. 하지만 작품상 후보에 올랐습니다. 알리한드로 곤살레스 이냐리투 감독의 〈바벨〉(2006)도 그렇습니다. 역시 영어 대사가 절반에 못 미쳤는데 작품상 후보를 올랐고 수상까지 했습니다. 이 영화에는 일본어, 스페인어, 아랍어 등 6개의 언어가 등장하기 때문에 이런 점은 골든 글로브의 모순을 말해줍니다.

유명 작가이자 퓰리처상 수상자 베트남계 미국인 비엣 타인 응우옌은 워싱턴포스트 기고문에서 '미국적이란 무엇이냐'라고 물었습니다. "언어가 '외국'의 기준이 된다는 주장은 미국에서 백인에게만 사실이고, 아시아계는 무조건 외국인으로 인식되는 듯하다"고 했습니다. 형평성에 맞지 않는 골든 글로브의 행태를 지적한 것이죠.

덧붙여 이러한 논란 속에서 정이삭 감독은 골든글로브 후보 발표 뒤 미국 매체 『베니티 페어』에서 "아시아계 미국인인 나는 외국인이 아닌데도 외국인처럼 여겨지기도 했다"면서도 "할리우드 외신기자협회는 악마화 대상은 아니다"라고 했습니다. 골든 글로브의 자발적 변화가 필요합니다.

Q 2021년 골든글로브 시상식 후보 발표의 가장 큰 이변은 윤여정 씨가 후보에 들지 못한 것이죠. 현지 언론이 더 비판적이었다고요?

윤여정은 영화 〈미나리〉로 미국 내 협회를 비롯 시상식에서 배우상 21개를 휩쓸다시피 했습니다. 74세 한국 배우로는 놀라운 기록이라고 할 수밖에 없는데요. 골든글로브에서는 여우조연상 후보에 지명되지 않았습니다. HFPA 규정상 외국어 영화상 후보에 오르면 작품상 후보로 지명될 수 없지만, 작품상 외에 다른 후보에는 오를 수 있는데 말입니다.

『LA타임스』는 "가장 큰 실수"라고 했고, 『할리우드리포트』는 "대한민국의 메릴 스트립 윤여정을 제치고 〈힐빌리의 노래〉로 글렌 클로즈가 후보에 오를 자격이 있다고 생각하지 않을 것이다"라고 했습니다. 〈엔터테인먼트 투나잇〉은 "더 큰 충격은 여우조연상 후보의 가장 유력한 후보로 예측된 윤여정이 조디 포스터의 깜짝 지명 때문에 빠졌다는 사실이다"라고 했습니다. 참고로 아카데미에서 아시아계 후보는 〈사요나라〉의 우메키 미요시, 〈모래와 안개의 집〉의 이란계 미 배우 아그다슐루 쇼레, 〈바벨〉의 일본 배우 키쿠치 린코 등 골든글로브 78년 역사에서 단 3명밖에 없습니다.

결국 '아카데미' 상이 '골든글로브'보다 진보적이었습니다. 아카데미는 여우조연상 후보에 윤여정을 올렸을 뿐만 아니라 수상의 영광까지 안겨주었기 때문입니다. 그렇게 세상은 진일보하며 바람직한 방향으로 바뀌고 있습니다.

　다만, 다시 역행하는 일이 없도록 지켜나가야 합니다. 그것이 많은 시간이 걸려도 진보해나가는 문화의 본질이자, 힘입니다.

이 도서는 한국출판문화산업진흥원의 '2021년 출판콘텐츠 창작 지원 사업'의
일환으로 국민체육진흥기금을 지원받아 제작되었습니다.

문화로 읽는 세상

시사프로에서 사라진 새로운 문화 이야기들

초판 1쇄 인쇄일   2021년 11월 20일
초판 1쇄 발행일   2021년 11월 25일

지 은 이   김헌식
만 든 이   이정옥
만 든 곳   평민사
           서울시 은평구 수색로 340 〈202호〉
           전화 : 02) 375-8571
           팩스 : 02) 375-8573
           http://blog.naver.com/pyung1976
           이메일   pyung1976@naver.com
등록번호   25100-2015-000102호
ISBN   978-89-7115-783-1 03300
정   가   17,000원